国家安全情报研究丛书

反恐情报研究

张薇 | 主编

金城出版社
GOLD WALL PRESS
·北京·

图书在版编目(CIP)数据

反恐情报研究 / 张薇主编 .—北京：金城出版社有限公司，2021.5（2023.3 重印）
ISBN 978-7-5155-2118-3

Ⅰ.①反… Ⅱ.①张… Ⅲ.①反恐怖活动—信息工作—研究 Ⅳ.① D815.5

中国版本图书馆 CIP 数据核字（2020）第 245165 号

反恐情报研究

主　　编	张　薇
责任编辑	蔡传聪
特约编辑	白燕琼　万园园　王平军　王　菊
特约校对	贺小利　刘影梅　王育英
文字编辑	王　璐
责任校对	盛菊艳
责任印制	李仕杰
开　　本	710 毫米 × 1000 毫米　1/16
印　　张	20.25
字　　数	300 千字
版　　次	2021 年 5 月第 1 版
印　　次	2023 年 3 月第 2 次印刷
印　　刷	天津旭丰源印刷有限公司
书　　号	ISBN 978-7-5155-2118-3
定　　价	55.00 元

出版发行	**金城出版社有限公司**　北京市朝阳区利泽东二路 3 号 邮编：100102
发 行 部	（010）84252396
编 辑 部	（010）88637126
总 编 室	（010）64228516
网　　址	http://www.jccb.com.cn
电子邮箱	jinchengchuban@163.com
法律顾问	北京市安理律师事务所　（电话）18911105819

序

2001年，“基地”组织制造了“9·11”事件。以此为标志，恐怖主义进入了全球化、宗教极端化的新阶段，并成为当今时代危害世界和平与人类安全的重大威胁。2011年5月，“基地”组织头目本·拉登被击毙，但“基地”组织并没有因此而瓦解。2014年6月，阿布·巴克尔·巴格达迪宣布建立“伊斯兰国”。以“基地”组织、“伊斯兰国”为代表的国际恐怖组织甚嚣尘上，猖狂至极。与此同时，长期企图分裂中国的恐怖组织“东伊运”也与国际恐怖势力沆瀣一气，在中国境内外制造了一系列恐怖袭击事件。日益严峻的全球反恐形势迫切需要从理论研究和实践工作层面全面系统地研究恐怖主义与反恐怖问题。

作为人类社会中存在的一种暴力形式，恐怖主义既不同于战争，也不同于盗窃、贩毒等普通刑事犯罪。恐怖主义自身的特点决定了在反恐怖斗争中，反恐情报具有至关重要的优先地位。从理论研究层面看，需要回答涉及反恐情报的一系列问题：反恐情报是什么？有何特征？反恐情报与国家安全情报、军事情报、犯罪情报（公安情报）等类型有何异同？除了这些学理层面的基础性问题之外，在理论层面还需要回答的问题包括：信息化时代，恐怖组织的结构特征及其对反恐情报工作的意义是什么？如果说恐怖主义与反恐怖主义是“文明冲突”的一种形式，那么，多元文化背景对于反恐情报建设到底意味着什么？如果在传统的情报工作中，情报政治化是影响决策科学性的羁绊与陷阱，那么，在反恐情报中，情报政治化的桎梏是否存在？诸如此类的问题亟需理论上的梳理与回答。

反恐情报作为理论研究的一个方向和领域，在过去近20年的快速发展中受到了反恐实践的积极推动。以美国为例，虽然自20世纪初期以来，多次遭受不同形态的恐怖主义威胁，但“9·11”事件对美国的沉重打击超出了人们的常规想象。世人很难想象被称为世界头号军事强国的美国遭受如此打击。美国人痛定思痛之后，开始反思：美国强大的情报系统为什么没有能够预测并阻止“基地”组织发动的这次恐怖袭击？与此相关，人们开始更进一步地思考在全球反恐的背景下，如何重塑传统的情报系统以应对传统安全与非传统安全双重安全威胁的挑战？在反恐现实的迫切需要和强大推动下，美国先后颁布实施了《爱国者法案》（2001年）、《国土安全国家战略》（2002年）和《情报改革和防范恐怖主义法案》（2004年）等一系列旨在强化反恐和情报能力的法律或行政文件。通过这些法律或行政命令的授权，美国试图建立一个以情报为先导、能对恐怖分子进行有效监测和预警的新型安全情报体系，并把这种体系广泛应用于签证审核、出入境人员管控、机场安检、雇员背景审查等诸多方面。反恐现实以及法律层面的回应，促使美国的执法机构与情报机构在多个方面发生了重大转变：反恐从犯罪治理模式到战争模式的转变；权利保障从自由优先到安全优先的转变；危机管理从被动反应模式到先发制人的转变；安全工作的重心从收集证据到搜集情报的转变；执法与情报部门之间的关系模式从割据与竞争到协同与合作的转变。在这种转型过程中，美国政府和企业实施了一系列反恐情报创新计划，包括后来由爱德华·斯诺登披露的代号为“棱镜”的秘密监控项目、由DARPA组织实施的“恐怖主义信息全知项目”（TIA）等等。这些为满足反恐实战需求，基于人工智能、大数据等新技术开展的工作极大地提高了反恐情报的搜集、分析能力，有效地支撑了美国的反恐预警和决策工作。

由于当代恐怖主义威胁是全球性的，因此，美国在反恐实践中遇到的问题也具有比较普遍的意义。其他一些国家在“9·11”事件之后，也都调整了安全与情报战略。面对反恐形势的发展和反恐实践提出的各种理论性和应用性问题，反恐研究也呈现一派繁荣景象。有学者研究发现，1971年至2002年期间，英文期刊上共发表了 1.4 万余篇反恐专题的文章，其中约 54% 发表于 2001 年和 2002 年。由此可见，“9・11”事件及其之后的全球反恐战争现实对反恐研究的影响是巨大的。

“9・11”事件以来，我国反恐学术研究也呈现出一派繁荣景象。在反恐情报领域，相关的学术论文和著作引起了广泛的关注，产生了积极的学术影响。综合分析我国近 20 年反恐情报研究，可以发现我国反恐情报研究具有如下特点：

第一，问题导向突出反恐情报的实战性。我国反恐情报研究始终坚持理论与实践紧密结合的原则，以实践需要为研究导向，聚焦反恐实践中需要解决的重要问题、关键问题和疑难问题，努力从理论层面进行研究分析。例如，情报在涉恐风险评估、反恐预警、反恐决策、反恐融资中的作用，大数据技术与反恐情报建设、反恐人力情报等，都是反恐实践中迫切需要探索与解决的问题。这些问题都来自反恐实践，带有明确的实践指向。围绕这些问题所开展的反恐情报研究，从应用层面看，具有鲜明的实用性，能回应实践中的问题，满足实战需要。

第二，跨学科研究反映了反恐情报的复杂性。由于恐怖主义问题本身比较复杂，涉及领域较广，反恐情报研究也需要借鉴多学科的理论与方法，特别是需要从政治学、社会学、管理学、心理学、法学、历史学、宗教学等人文社会科学，信息与计算机科学，军事学等诸多学科的角度分析恐怖主义问题，因而形成了反恐情报研究的跨学科特点。例如，反恐情报系统建设既需要从信息与计算机科学的角度规划反恐情报系统的框架、功能、方法等，也需要从社会学、心理学等学科的角度设计反恐情报系统中一些要素、指标、指数等。再例如，搜集情报对恐怖组织利用核生化技术、装备或设施实施恐怖袭击进行风险评估或预警，那么，就需要生物化学、核安全、传染病及公共卫生等学科和专业的知识。

第三，国际比较研究强调反恐情报的本位性。毋庸讳言，以美国为首的西方大国，在反恐情报实务和学术研究方面都积累了不少开创性的经验与成果。如何借他山之石为我所用？从我国反恐工作的本位出发，立足于我国反恐情报工作的实践需求，充分学习和借鉴其他国家的经验，就成为我国反恐情报研究的一个重要议题。美国、英国、俄罗斯等国在战略、立法、行动、技术、策略、保障等方面对反恐情报开展了全方位的建设。此外，联合国、欧盟、国际刑警组织、上海合作组织等国际组织也加强了反恐情报工作。在过去 10 多年中，一批反恐情报研究成果聚焦这些国家或国际组织的反恐情报建设，努力从其他国家或国际组织的开创性做法中提炼出有益于我国反恐情报建设的经验，积极服务于我国反恐情报实践。

第四，规范研究着力打造反恐情报的科学性。反恐情报既是实务工作的具体领域，也是学术研究的知识体系。从实务工作到学术研究，从经验探索到知识建构，如果离开了规范的过程、方法和标准，那么，知识建构的结果很难成为一种有价值的东西。反恐情报研究遵循了知识生产的范式与要求，围绕着“是什么”“为什么”“怎么样”等问题，努力描述反恐情报的各种现象（如反恐情报政治化、反恐情报共享与融合等），揭示其中的本质与规律。

我国反恐情报研究的繁荣与发展离不开一批在情报、安全及相关领域长期耕耘的领导、专家和学者，更离不开为反恐情报研究积极搭建交流平台的学术期刊。《情报杂志》在张薇主编的带领下，以习近平总书记总体国家安全观和关于国家安全的重要讲话精神为指引，以促进国家安全情报的学术发展为使命，在杂志编委会的热情支持下，长期以来积极倡议、主持、引导、鼓励反恐情报研究，将反恐情报研究作为重点关注的方向之一，推出了一系列有影响的反恐情报优秀学术成果。这些成果既是对过去 10 多年全球及中国反恐工作现实的积极回应，也是在深入学习和贯彻总体国家安全观的过程中，对国家安全情报理论体系建设的学术贡献。这些成果在研究方法和思路上具有如前所述的问题导向、跨学科研究、国际比较和规范研究等特点，突出了当前反恐情报实战性、复杂性、本位性和科学性的底色。

当今世界正面临百年未有之大变局。一方面，世界多极化、经济全球化、文化多样化、社会信息化深入发展，人类发展充满了多重崭新的机遇；另一方面，全球政治、经济与安全形势具有更加突出的不稳定性、不确定性，人类面临的全球性安全挑战更加严峻。在反恐方面，虽然“基地”组织和“伊斯兰国”的头目先后被击毙，国际恐怖组织势力被大大削弱，但恐怖主义的威胁并没有得到根除。反恐任重道远，反恐情报研究也需要与时俱进。

作为《情报杂志》的编委、作者和热心读者，我获知张薇主编策划从近几年刊发的130余篇有关反恐情报研究的文章中，遴选了40余篇有代表性的研究成果，摘编整理成“专辑”出版，倍感振奋。收录进来的文章涉及基础问题（概念和理论等）、域外反恐情报纵览与借鉴、反恐情报技术、反恐情报保障等几个方向，议题广泛、视角独特、分析透彻、讨论深入。

在本书即将付梓之际，我有幸应邀写点个人感想，表达对本书出版的衷心祝贺，同时，也期待《情报杂志》推出更多更优秀的学术研究成果，为繁荣我国安全情报理论做出新的贡献。是为序。

梅建明

2021年春

目录

第一章 反恐情报基础

一、我国反恐研究的知识体系构建 ……001
二、反恐困境中的情报政治化因素 ……007
三、反恐文化情报 ……018
四、多元文化背景下的反恐情报融合 ……023
五、“伊斯兰国”情报机构的组织运作 ……030
六、基于反恐情报的恐怖主义渗透力评估 ……037
七、互联网时代反恐情报系统组成要素 ……047
八、反恐情报信息搜集重点及策略 ……055
九、恐怖威胁形势与国家反恐情报战略 ……063
十、国家反恐情报现状及改进策略 ……069

第二章 国际反恐情报

一、欧盟反恐政策与策略透视 ……078
二、欧洲反恐情报体系建设 ……086

三、网络恐怖主义国际治理的制度与路径 ……………094
四、融合思维下的美国反恐情报变革 ……………………101
五、美国反恐情报融合机构的管理运行 …………………111
六、反恐情报预警体系建设思路 …………………………116
七、美俄反恐预警机制比较 ………………………………122
八、反恐怖融资情报的国际合作 …………………………128
九、中国反恐情报国际交流的推进策略 …………………133

第三章　反恐情报技术

一、技术情报在反恐工作中的应用 ………………………144
二、基于大数据的反恐情报决策系统设计 ………………151
三、反恐情报分析系统构建 ………………………………155
四、SOA架构的反恐情报协同共享系统 …………………162
五、反恐数据库构建的国际比较 …………………………170
六、全球恐怖主义数据库的建设与发展 …………………180
七、反恐情报数据仓库架构设计 …………………………188
八、互联网反恐情报搜集系统设计 ………………………198
九、面向反恐智库的知识库构建 …………………………211
十、反恐预测算法的“双黑箱”问题 ……………………220
十一、涉恐个体识别中的数据挖掘 ………………………228
十二、反恐情报分析中的数据障碍及改进思路 …………233

第四章　反恐情报保障

一、情报导侦模式下的反恐情报工作 ……240
二、反恐人力情报应用对策 ……251
三、反恐核心区作战的情报保障 ……256
四、反恐情报危机决策机制 ……265
五、反恐情报与决策、行动的一体化联动 ……278
六、反恐智库决策中的情报保障 ……287
七、反恐情报预警与响应体系构建 ……297
八、智慧城市的反恐预警机制 ……304

第一章
反恐情报基础

一、我国反恐研究的知识体系构建[1]

（一）我国反恐研究中的观点分歧

当前国内有关反恐研究，从微观层面看，对滋生恐怖主义的源头，即宗教极端基本概念、内在本质和外在表现，缺乏认识深度和广度，存在分歧和争议；从宏观层面看，缺乏完整统一的知识体系和理论框架，缺乏认识高度和宽度，存在零碎分散和自说自话的现象。

1. 对宗教极端认识和理解的分歧

目前，学界对极端主义的认定缺乏共识，特别是对极端主义的政治性和宗教性的理解分歧很大。代表性的观点主要有以下几类：

一是层次说，认为宗教极端有内部的，也有外部的，属于政治范畴而不是宗教所特有的现象，但又和宗教有着千丝万缕的联系。层次说概括了宗教极端的形态特征，但对宗教极端的本质在认识上模糊不清。

---

[1] 山丹、王利、王定：《我国反恐研究的现实困境与路径选择》，载《情报杂志》2018年第3期。摘编后收入本书。

二是范畴说，把宗教极端分解为宗教内的和宗教外的两种表现形式，由内部的偏执和外部的行为两部分组成。范畴说对宗教极端的界定，其研究视角和切入点是正确的，但对宗教极端缺乏明确的定义。

三是特征说，试图对宗教极端进行一番描述，认为宗教极端是用偏执的、无限扩大化的、绝对化的观念来诠释某一宗教，煽动宗教狂热。特征说对宗教极端的特征进行了描述，没有紧扣其内在本质和外在表现，也没有概括出宗教极端的基本定义。

四是目的说，认为宗教极端是打着宗教的幌子，利用宗教实现其夺取政权的目的。在组织的目的上，宗教极端具有鲜明的政治性，以建立神权政治为终极目标；在社会作用上，宗教极端利用暴力手段进行反社会、反人类的恐怖行为，不仅对所在国的安全构成严重威胁，而且制造不同信教群体之间的仇视和斗争。目的说的概念界定存在一些局限性。以反动的政治思潮为特征的政治极端只是宗教极端的一部分，反恐斗争要突出源头治理的目标指向和功能，就不能忽视那些泛生活化和泛民族化的宗教极端。

五是主张说，认为宗教极端是“宗教”与“极端”的复合概念，是一种与宗教有关的、具有由偏激而致极点的主张要求。它表达的本意是宗教极端不是宗教，而是宗教的异化和蜕变。在伊斯兰教的某些教义里，本身就含有极端抗争的报复因子，只要平移这些教义到世俗空间就带有暴力色彩，不能简单理解成异化和蜕变，只能说谁放大和鼓吹这些负面教义和极端因子，就是宗教极端，就是法律规制的对象。

六是对抗说，认为宗教极端是以极端的方式歪曲、宣传、实践宗教教义，或者借助宗教在社会生活的各个领域制造对立和对抗的主张和行为。对抗说是相对更接近宗教极端本意的概念界定。法治要为政治服务，就必须体现鲜明的阶级性和反宗教极端的原则立场。如果放弃对宗教执着的规制和管理，很容易形成宗教极端和宗教狂热并最终走向恐怖主义。

2. 缺乏完整统一的知识体系

目前，国内反恐研究可归纳为以下四种研究模式：

一是战争模式，把应对恐怖主义威胁视为一场战争，视反恐为符合战争形态的特种作战行动，倡导以反恐军事情报搜集使用为支撑，实现基于反恐国际合作的主动进攻、定点清除和精确打击。

二是犯罪模式，通过规范反恐工作主体行为、工作机制及体系制度建设，进而控制恐怖主义扩散蔓延，减少和遏制恐怖主义犯罪。犯罪模式把恐怖主义作为普通刑事犯罪，忽略了犯罪动因的宗教意识形态要素，割裂宗教极端与犯罪动因之间的联系，这是犯罪模式的研究缺憾。

三是治安模式，以打击控制恐怖主义犯罪为重点，着力于现场处置指挥和完善战术层面的手段方法。治安模式在实践层面要面对基础工作薄弱、发现能力不足、反恐实战经验匮乏的严酷现实。

四是治理模式，把恐怖袭击纳入社会应急管理范畴，试图通过社会治理的网络式反恐体系建设来降低风险和减少损失。治理模式把民族和宗教问题置于更加突出的位置，把反恐视为一场全民战、持久战和人心战，这对反恐实践和理论研究是有益的。

长期以来，我国反恐研究的本土意识不强，对国内恐怖主义危害缺乏危机感和紧迫感，动辄欧美模式、国外经验，空洞化、碎片化和脱离实际的问题非常突出，是形成反恐研究现实困境的重要原因。构建中国特色反恐研究知识体系和理论框架，是反恐研究界的重大历史使命和现实责任担当。

（二）国外对宗教极端的法理认识和实践经验

国外对宗教极端的主流认识，既有规制宗教极端和邪教的法律规则，也有运用法治思维针对宗教极端的各种实践经验和研究成果。

1. 美国

美国在法理上承认邪教和极端主义，不承认宗教极端。美国宪法第一修正案被认为是针对宗教极端立法的司法障碍，它有两个立法原则，一是国家不得为宗教立法（设立原则）；二是国家的任何立法不能在任何意义上影响宗教的发展（禁止原则），简言之就是“国家不为宗教立法也绝不因为宗教而立法”。近年来，在宗教极端的冲击和影响下，各类恐怖袭击事件不断增多，美国法学界据此又提出“暴力推手理论”，认为如果暴力利用宗教是可以原谅的，当宗教本身就包含着暴力的教义时，就不是暴力在利用宗教，而是宗教在推动暴力，宗教就变成了邪教，在这种情况下，宗教就成为法律规制的对象。“暴力推手理论”有可能改变美国的一些做法，使它的立法矛头由针对信教个人而变成针对整个宗教。

2. 英国

英国司法界对宗教极端的界定简单明了，认为凡是企图用暴力来推进宗教就是宗教极端。英国国会通过的法案认为，“凡是用暴力来推进宗教，永远是不合乎法律规则的”。英国遵从自然法的天赋人权观，组织是没有那些与生俱来的权利的。如果宗教纯属个人私事，就有天赋人权，但宗教形成组织即世俗化，则自动丧失天赋人权观的保护。英国法律有规制组织型宗教活动的条款，认为宗教组织活动必须符合法律规定，法无规定则不准。对于个人宗教行为则采用宽容原则，法无禁止则自由。此外，英国法律还有社会认同价值取向的规定，认为社会认同是维系社会存在的前提。社会认同的顺位取向首先是国家认同，然后是民族认同，最后是宗教认同。

3. 德国

德国法学界认为，只要宗教与政治不搭界，宗教就不会走向极端。宗教走向极端的原因是宗教和政治的联姻。所有和政治不搭边的所谓宗教极端，一概被视为宗教执着，只要和政治搭边，宗教执着加政治，就是宗教极端。德国为应对恐怖袭击风险，出台了紧急状态下的反“扎堆法”，紧急状态下不能三五成群聚堆或形成组织，否则警察就可以采取强制措施限制自由或被拘留。德国还对宗教自由进行了限制，通过规则设定，限制如宗教言论、宗教出版、宗教财产自由等方面的基本人权。

4. 俄罗斯

俄罗斯的法律非常注重实效。俄罗斯的反极端法并未给“极端”下定义，但列举了极端行为的 13 种表现形式，既有政治极端，也有恐怖煽动类的宗教极端。俄罗斯立法普遍采用适用性、准用性规则，甚至把关联性行为也列为极端行为，以扩大立法的调整范围。俄罗斯还建有严格的宗教事务检查制度，在法理上认为“我可以不管你信什么，但我得知道你信什么”，还规定了反极端手段优先于其他手段的原则。俄罗斯反极端立法有很多刚性的内容，以维护执法的权威性和严肃性。

5. 中亚国家

哈萨克斯坦的反极端主义法将极端分为政治极端、民族极端和宗教极端。它对宗教极端的定义是："煽动宗教敌视或仇视，包括以暴力相关或以致暴力的敌视或仇视，开展对安全、生命、健康、道德、权利、自由产生威胁的宗教活动。"乌兹别克斯坦是中亚第一个颁布反恐怖法的国家，对非法宗教活动、不正当宣教等进行了限制。吉尔吉斯斯坦颁布了反极端主义活动法，明确阐述了被认定为极端主义的行为及其预防方式、反对极端主义的原则、主体等内容。塔吉克斯坦的打击恐怖主义法规定对宗教极端主义活动予以严厉打击，最高法院有权禁止恐怖组织在塔国的活动等。

（三）构建中国特色反恐研究知识体系

构建中国特色反恐研究知识体系，应当建立模块化学科分类和反恐研究体系，既要注意学科分类的科学性和合理性，也要注重模块化研究体系的实用性和可操作性。

1. 反恐研究的知识体系设计

反恐研究知识体系应包括基础性、前瞻性问题研究和专业性问题研究。

基础性、前瞻性问题研究是反恐问题研究的理论基础，主要包括：国际反恐形势的发展变化和特点规律，境内外恐怖组织形态、发展脉络及其变化，恐怖主义法律问题研究，恐怖主义意识形态问题研究，反分裂斗争发展史，宗教历史成因和发展变迁等。基础性、前瞻性问题研究，体现反恐研究领域的宽泛性、内涵的丰富性、内容的繁杂性等特征。

专业性问题研究属于应用性问题研究，是针对反恐实践的研究。根据职业、爱好和学识的不同，在不同方向、领域开展专业化研究。例如，反恐情报体系化问题研究，反恐处突体系化问题研究，城市应急处突社会化问题研究，反恐舆情管控和风险评估体系化问题研究等。在此基础上，还有更为细化的专业化研究，例如网络反恐、金融反恐、边境反恐等。

2. 反恐研究体系的模块化设计

构建模块化反恐研究体系是反恐研究的重要方法和手段，可有效避免逻辑上的混乱和理解上的错误。

模块一：反恐情报体系化问题研究。反恐情报体系化问题研究，既包括对情报信息人员、情报交流工具、情报对象和情报交流过程四要素的精细化研究，也包括在宏观层面对系统构建的深度研究。反恐实战以信息主导和情报支撑为前提，反恐情报为证实和揭露暴恐犯罪提供依据和诉讼证据。反恐情报的宏观决策功能和预警防控作用，是实现精确打击和精准防控的重要保证。反恐情报体系问题研究既能自成一体，又与其他研究模块密不可分，互融共通。狭义的反恐情报体系涵盖公安工作打防两端的全部工作内容，广义的反恐情报体系是去极端化背景下的国家安全战略的重要组成部分，具有更加丰富的内涵。

模块二：反恐现场处置指挥和战法问题研究。这一问题的研究，要贴近实战，找准薄弱环节。重点研究涉恐情报发现能力不足、指挥联动不协调、指挥决策经验和能力欠缺、单兵实战技能缺乏等问题。此外，要对“刀斧砍杀、驾车冲撞、投掷爆炸物、袭击基层政权”等四类暴恐袭击的处置应对方法开展精细化深度研究。对多点、多波次暴恐袭击、劫持人质和交通工具等类型的暴恐犯罪，开展精准实用的战法研究。

模块三：城市应急处突体系化问题研究。暴恐袭击事件导致的城市应急管理和应急处突问题，已成为非常重要而紧迫的研究课题，已引起相关学者的极大关注。城市基础设施的复杂性、运行机制的脆弱性、人财物流动的随机性等特点，在应对超大规模的暴恐袭击和意外事件时，应急管理与反恐处突的深度融合是大势所趋，使城市应急处突体系化问题，成为一个很值得研究的领域。

模块四：反恐舆情管控和风险评估问题研究。反恐舆情管控要牢牢把握舆论主导权，抢占舆论制高点，掌握话语权。开展反恐风险评估是提升反恐防控水平的重要方法，是提高国家安全层面风险预警能力的重要内容，是对反恐综合实战能力的全面检验，需要以大量的基础数据和技术参数为依据。

恐怖袭击发生后，媒体传播和扩散的负面效应显而易见，谣言扩散的放大效应会引起全社会的更大恐慌，各类不稳定因素急剧增加。研究谣言传播规律和谣言控制方法，尤其是立足于社交网络平台主战场，防止谣言的扩散蔓延，是未来反恐研究的一个关键领域。

模块五：去极端化问题研究。去极端化策略和源头治理是反恐研究的基础和基石，是反恐实践和理论研究的核心。在国内，极端主义主要表现为宗教极端、暴力恐怖和民族分裂，其表现形式呈现出多样性和复杂化的特点。围绕去极端化策略和源头治理各项措施，维护社会稳定和长治久安，事关国家安全。在重点领域和重点人群跟踪研究去极端化源头治理成效，是模块化研究体系的重中之重。

综上所述，构建反恐研究的模块化学科分类体系，涉及当代政治、经济、军事、文化、历史、宗教、法律等各学科领域，需要消化吸收相关学科知识和现代科技成果，从不同角度开展跨领域、跨学科研究，把不同学科、领域的研究成果互融共通，为我所用，构建具有中国特色的反恐研究知识体系。

二、反恐困境中的情报政治化因素[1]

（一）反恐困境与情报政治化

“9·11”事件后，世界各国加强了各领域的反恐力度，虽有成效但并没能阻止恐怖主义的蔓延和肆虐，国际反恐行动陷入“越反越恐”的困境。不少学者对此进行了研究，认为西方政府在处理反恐问题时策略不当、双重标准，反恐理念和方式缺失，不断恶化的政治矛盾、经济失衡以及民族宗教冲突，是导致“越反越恐”困境的主要原因。

反恐情报工作同样面临诸多问题和挑战，其中情报政治化对其影响深远。虽然人们对情报政治化认识不同，普遍观点认为情报政治化是故意而为之的行为，也有观点认为这是不得已带有政治色彩的情况，但是其对情报工作的

---

[1] 张静、肖疆、蒋飞：《反恐困境中的情报政治化因素》，载《情报杂志》2016年第12期。摘编后收入本书。

影响和干扰是显而易见的。长期以来，情报政治化导致各种偏差，极大地制约了反恐行动，导致恐怖主义屡禁不止，国际反恐行动陷入困境。

（二）情报政治化影响反恐情报工作

1. 政治化决策干扰反恐情报

国际社会的反恐困境，从表面看，似乎部分归因于反恐情报保障不力，但从根源分析，反恐行动的决策层难辞其咎。为了达到某种政治目的或使行动的理由更加可信，决策层可能利用人们对情报的信任和神秘感，迫使情报机构搜集或制造符合其需要的特定情报，故称之为被动政治化。但是，这种决策层主导的情报政治化会传递、放大上级的失误，严重干扰下级的反恐情报活动，影响情报工作效果。

（1）反恐理念认识偏差，阻碍反恐情报工作开展

政府决策层对反恐理念的认识存在偏差，主要在于对“恐怖主义土壤”这一概念认识不到位，致使反恐情报的目标不明确甚至是错误的，严重阻碍反恐情报工作的开展。

“恐怖主义土壤”是一个抽象的社会概念，它包括导致恐怖主义滋生、蔓延、存续和产生影响的特定国际、区域和国内政治生态、经济结构、文化宗教状态所构成的社会政治综合环境。

一方面，过于关注“恐怖主义土壤”具体的地理存在，而忽略其抽象的社会政治背景，将对“恐怖主义土壤”的认识集中于特定的区域、民族、宗教。这导致西方国家将恐怖主义与伊斯兰世界画上等号，错误地把伊斯兰世界当作其反恐的目标，不可避免地造成斗争对象的扩大化，阻碍反恐情报的正常开展。“9·11”事件后美国发动反恐战争，有针对性地打击带有伊斯兰色彩的恐怖组织，在美国国务院 2016 年公布认定的 60 个外国恐怖组织中，有 42 个与伊斯兰文化有着不同程度关联。

另一方面，低估了“恐怖主义土壤”包含的影响因素，视野局限于恐怖袭击的直接根源，很少从社会历史发展和国际政治角度考虑，这会误导反恐情报工作。很长一段时间以来，反恐情报着重关注导致恐怖主义行为的直接

因素，试图从犯罪、刑侦的角度去破解恐怖主义问题，而忽视了社会矛盾和国际政治畸形发展等因素，没能进行更深入的研究。

（2）反恐手段选择错误，误导情报工作方向

西方决策层希望通过反恐战争彻底铲除“恐怖主义土壤”，使用军事力量打击恐怖主义，误导了反恐情报工作的方向，注定事倍功半。

由于国际恐怖主义问题的复杂性，简单的“铲除”方式无法解决“恐怖主义土壤”的问题，反而会招致民族之间的仇恨，反恐情报工作也容易忽视其他方向的威胁。近些年，西方各国恐怖袭击频发，从 2015 年 11 月法国巴黎恐怖袭击到 2016 年 3 月比利时布鲁塞尔恐怖袭击，以及 2016 年土耳其发生多次大规模恐怖袭击，反恐情报机构加大防范伊斯兰极端组织的同时，却忽视其国内滋生蔓延的“本土恐怖主义”，致使恐怖主义四处开花式出现在西方各国。

受此影响，反恐情报工作忽视研究评估类情报，无法有效应对恐怖主义的发展变化。为军事行动服务的反恐情报多为基本描述类和动态报告类情报，这类情报“见效”快，能迅速支援军事打击行动，因此需求量大。但当情报界过于关注此类情报时，容易忽视评估类情报。其危害不言而明，情报机构和决策层会失去“预见未来”的能力和眼光，无法预判恐怖主义的发展和趋势，就会在反恐斗争中失去先机。

（3）反恐附带政治目的，分散情报工作焦点

西方国家的反恐行动往往动机并不单纯，还掺杂了许多政治目的，这会分散情报机构的工作重点，令其无法提供有力的情报支援，从而使反恐行动举步维艰，甚至会起到反作用。

一方面，西方国家在反恐问题上实行双重标准，阻碍各国实现情报合作。美国借人权问题对中国、俄罗斯等国的反恐行动指手画脚，以社会矛盾、刑事犯罪等问题弱化恐怖主义的威胁，妄图制造反面舆论。这使得西方情报机构与中俄等国的反恐情报交流变得更加困难，加大了情报失误的可能性。

另一方面，西方国家企图借恐怖组织打压竞争对手，扰乱了反恐情报工作，最终引火烧身。中东乱局中，西方国家欲借极端武装之手推翻叙利

亚阿萨德政权，情报机构对恐怖组织“伊斯兰国”态度暧昧，忽视了其危害性，无异于纵容其发展。最终，羽翼渐丰的“伊斯兰国”在欧洲发动一系列恐怖袭击，使得西方国家引火烧身，严重打击了反恐情报工作的权威性和积极性。

2. 政治化分析妨碍情报支援

情报机构及人员为满足自身利益或决策层的政治需要，不得不在激烈的政治竞争中保护自身利益，做出政治化的分析判断，拒绝共享情报或提供虚假情报，混淆视听，误导决策，其中情报机构主导政治化的过程，这就是主动政治化。在多数情况下，主动政治化会导致情报工作过于迎合政治需要，而无法对反恐行动提供有力支援，制约反恐行动。

（1）情报对象不明，阻碍反恐行动

受到多重政治目的的影响，反恐情报工作的对象往往不明确，严重阻碍反恐行动的进行，其情报工作对象也随政治需要摇摆不定，致使反恐行动沦为政治博弈的筹码。

20 世纪 80 年代，美国情报机构扶植“基地”组织对抗苏联军队，把其当作合作和团结的目标；但苏联解体后，随着“基地”组织发展壮大，美情报机构又把其当作重点打击目标。近些年，活跃在中东战场上的恐怖组织“伊斯兰国”也与之类似。在这些行动中，西方情报机构虽然名义上打击恐怖分子，但实际上以打压竞争对手为主要目的，无形中纵容了恐怖组织。事实也表明，这种以政治目的为主的反恐行动，由于情报工作对象不明确，往往流于形式，并无实际效果。

（2）情报共享不畅，制约行动效率

情报共享不畅是各国情报界普遍存在的难题。情报主动政治化表现在情报共享领域，就是情报机构之间存在严重的门户之见，形成一道无形的“情报壁垒”。该“情报壁垒”则会导致各情报机构被封闭在相对孤立的状态中，工作重复，浪费资源，情报甚至无法满足反恐需求，严重制约着反恐行动。

俄罗斯国内的反恐任务主要由情报安全机构和内务部门承担，但两者互不信任，情报共享不畅，造成了许多惨痛的教训。“别斯兰人质事件”中，俄内务部门事先收到相关情报却没有通知情报安全机构，导致防范不力，酿成惨案；2001 年，俄罗斯联邦安全局交给内务部两张女性恐怖分子的照片，这两人从车臣前来莫斯科发动袭击，而照片是由安全局间谍拍摄的，且出于保护情报来源的考虑原本不应散发，但内务部警察却到处张贴照片，造成了安全局间谍暴露。与情报共享不畅相比，情报共享失败更加会打击情报机构之间联合反恐的积极性。

从“9·11”恐怖袭击、莫斯科地铁爆炸案，到巴黎恐怖袭击案，各国情报机构之间、部门之间、情报机构内部之间都或多或少存在共享不畅的问题，再加上西方国家反恐问题上的双重标准，致使联合反恐情报合作难以开展，国际反恐行动更加举步维艰。

3. 情报政治化的恶性循环

情报政治化过程的复杂性会使得各要素互相交织，互相作用，形成情报政治化的恶性循环。在主动和被动政治化共同影响下，情报工作容易出现失误。一旦出错，决策层会把责任推卸给情报机构，以掩盖自身决策失误，并且要求进行所谓的情报改革以彰显决策层的清白，但这样的改革反而加强了决策层对情报机构的控制和干预。

2004 年美国颁布《情报改革与恐怖主义预防法》，对情报界进行改革，成立国家情报主任总揽全美情报工作，加强了对情报界的控制，一定程度上限制了机构的自主性。在这样竞争性的体制机制下，情报机构和人员为了生存和发展，就会陷入更加严重的情报政治化过程，通过情报政治化反过来影响决策层的决策判断。情报政治化则始终萦绕在决策与分析之间，相互作用，越进行改革则越会加强政治化的问题，继续导致更加严重情报失误。

这种周而复始的情报政治化循环（如图 1.1 所示），严重干扰反恐情报的正常工作，妄谈对反恐行动提供有力的情报支援，恐怖主义无法被彻底的清除，反而得以在夹缝中生存，于是形成了如今的反恐困境。

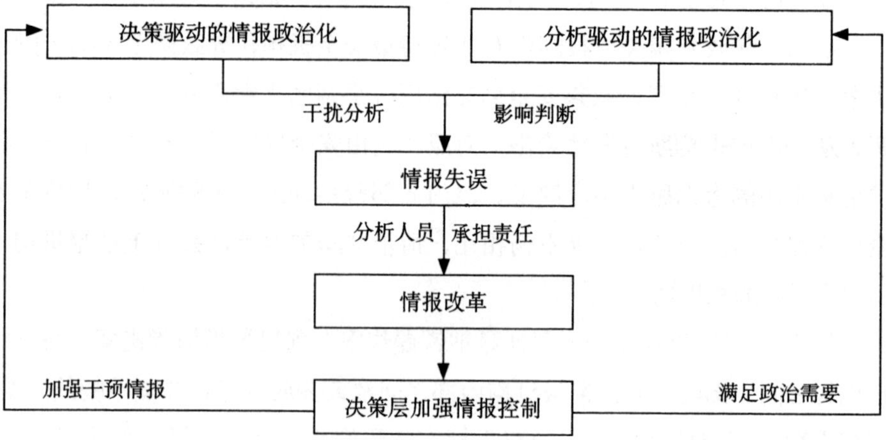

图1.1　情报政治化的恶性循环

（三）反恐情报政治化的诱因

情报政治化是各种因素交织的结果，其诱因复杂多样、难以捉摸。情报组织是情报活动的承载主体，是影响情报机构的运作、情报的生产等诸多活动的主要因素。

1. 情报组织高度集中的管理模式

各国情报机构普遍采取高度集中的管理模式，设有各式各样的“中央情报机构”，以集中的方式来统领、协调情报界工作。虽然集中统一的情报机构在很大程度上结束二战前情报机构各自为战的零散局面，并取得了一定成效，但是这种高度集中的管理模式仍存在很多弊端，导致情报政治化的出现。

（1）破坏情报用户与生产者之间的信任关系

情报用户和生产者的关系直接影响情报工作的质量，二者理应相互信任和支持，但是高度集中的情报管理模式拉远了两者的距离，人为地设立了隔阂，破坏了信任关系。

在高度集中的情报机构中，基层的情报分析人员要将评估判断的报告交给上级，由主管决定是否上报决策层。这样无形中在情报用户和生产者之间设置了障碍，所上报的情报更多体现了上级主管的判断和喜好，而不是分析人员真正的意见和结论，但用户则认为这代表了情报分析人员权威的观点。而且，用户与分析人员之间悬殊的职位差异也拉远了两者的距离，无法有效沟通，更遑论相互信任。决策者相信的是情报机构的主管，而非情报分析人员，这就为情报政治化提供了可乘之机，任何政治偏见都会带来不同的选择倾向。

此外，在高度集中的情报机构中，情报工作的低容错性也使情报用户和生产者之间关系紧张。一旦情报失误，用户会归咎于情报生产者，而用户与生产者脆弱的关系会更加难以维系。用户在紧要关头更不愿意依据他人意见执行一项危险的任务，会更多地相信自己的判断。此时，决策者就会倾向于选择那些符合自己观点的情报。这样就导致了情报政治化。

（2）无法顾及所有部门的利益关切

作为情报界的协调机构，高度集中的组织并不能做到面面俱到，它在指导情报工作时无法考虑到每个部门的利益关切，也不能有效调动各机构的积极性，难以协调机构间合作，从而引发情报政治化的不良竞争。

以美国中央情报局为例，1947 年中情局成立，负责协调美国情报界，但在实际工作中，其并不能考虑到海军、陆军、国务院、司法部等部门具体的利益需要，对于各部门而言，这远不如自己部门的情报机构实用有效，因此他们会更加依赖本部门提供的情报，情报共享的积极性不高。在把握宏观和微观、整体与局部方面，高度集中的情报机构确实难以发挥更大作用，以至于后来中情局自身也发展成一个需要被协调的独立情报机构。

2. 组织结构过于严格

情报机构严格的组织结构，增加了大型组织的惰性，不利于不同观点的表达和自由流动，形成“一言堂”或一叶障目式的局面，造成情报政治化的结果。

（1）“服从命令”的原则

尤其对于军队情报机构而言，“服从命令”似乎天经地义，但却与情报分析的客观性相违背。在情报机构中，下级忠诚于上级是基本原则，任何违背上级的行动和观点都可能被认为是“不忠”或“背叛”。这就极大限制了情报分析人员自由地表达观点，而且对上级唯命是从，情报工作就会陷入政治化的困境。正如美国海军上将、前中情局局长斯坦菲尔德·特纳所说，军事统治集团为了贯彻他们的主张将会施加巨大的压力，这种压力甚至可以使军事情报专家放弃实事求是的报告，以表示一个军人对上级决定的衷心支持。例如，美国政府在编制预算过程中，总迫使军队篡改情报，夸大敌情，以获得国会对巨额军费的批准。实际上，这种严格的命令式原则令情报机构陷入了矛盾境地，使其不得不选择情报政治化。

（2）阻碍信息交流

情报机构中严格的组织结构能够保证人员分工明确、各司其职，但是按官阶模式建立起来的情报机构往往趋于封闭、保守甚至在信息交流方面充满惰性。

情报机构中有不同领域的专家，主要职责就是使上级主管了解该领域的问题，次要职责是帮助其他同僚理解这些问题。在“烟囱式”的垂直管理模式下，下级对上级的忠诚放在首位，也就是说，下级情报分析专家首先对其所在部门忠诚，然后才对整个机构忠诚，至于机构之外的忠诚则是排在较为靠后的位置。这种现象就导致了两个问题。第一，情报主管很难从其他部门主管那里获得信息和指导，因为主管要对更上级的决策层保持忠诚，之间还存在竞争关系；第二，不同机构的下级之间很难保持有效的沟通交流。于是，情报界中的信息交流受到了极大的阻碍，从机构主管到下层人员，信息难以有效地交流共享。正如前文所述，情报机构缺乏共享的动力，则彼此间情报政治化的竞争不可避免。而且，信息的匮乏还会掩盖情报政治化，使人难以发觉。

3. 美式情报改革加剧情报政治化的恶性循环

过去几十年里，美国情报机构经历了几次大重组和数次小变动，却始终没有取得令人满意的效果。实用主义的急躁心态不利于情报改革发挥作用，酿成下一次情报失误；而对情报控制的不当使用则激化了情报政治化，陷入恶性循环。

（1）实用主义文化传统无助于改革

长久以来，美国人引以为傲的实用主义文化传统鼓励人们“重实用、求速效”，但是在情报改革领域，这样的急躁心态无法奏效。“9·11”事件后，美国情报界加大力度获取动态情报，但在把大量人力物力投入到动态情报工作的同时，却忽略了对情报的深入研究和体系思考，使得情报界整体分析能力不升反降，因此这次情报改革得不偿失。这样的改革往往仍会留下隐患，为下一次情报失误埋下伏笔，进入下一个恶性循环，无助于改变情报政治化存在的体制机制基础。

（2）改革中误用“情报控制”手段加剧情报政治化

情报控制的主要目的有两个：一是保证情报职能的正常发挥，二是保证情报活动的合法性。情报控制的主要任务就是努力寻求两者间的平衡，在不侵犯他人基本自由权利的情况下为国家安全提供最佳保护。但是，在美国情报界的历次改革中，情报控制往往使用不当。大多数情报控制采取了“救火式”的工作方法，只有当出现重大情报失误或政治事件时，有关部门才针对暴露出来的问题进行补救。这种控制方式往往“头痛医头，脚痛医脚”，不能有针对性地解决不同性质的影响因素，因而无法取得预期的控制效果，制约情报工作效率。

另外，滥用情报控制也为政治利益集团提供情报政治化的工具，借情报监督、审查等借口干涉情报工作，通过国会委员会、行政监督、司法监督、舆论监督等手段，迫使情报机构做出让步。正如前文所述，情报改革中加强情报控制，令情报机构失去自主性，陷入更加严重的政治化局面。

所以，情报控制的不当使用是造成情报政治化的重要原因。“救火式”的情报控制措施使得改革效果有限，而滥用控制手段则加剧情报政治化的恶性循环。

（四）应对情报政治化的策略

1. 减弱情报政治化的影响

情报与政治的关系既紧密又矛盾，因此在考虑情报政治化问题时，必须理清二者的联系。

对于情报机构而言，其最终目的是服务政治决策，且受体制、人员等因素的制约，情报机构工作时无法完全摆脱政治的影响。在情报与决策互动的过程中，情报的价值在于是否被决策者采纳，也就是情报不得不听命于政治。尤其是反恐情报，涉及大量政治、民族、宗教因素，很难不受这些现实条件影响。所以，情报不可能脱离政治，政治也不能脱离情报。那么，面对的问题就不是情报要不要完全脱离政治，而是情报该如何为政治服务，即考虑如何降低情报政治化的不利影响，而不是避免。

2. 把握客观性和政治性的平衡点

情报与政治紧密相关，情报政治化与追求客观性也是一对矛盾，困扰着情报机构和人员，长期以来美国情报界对此也展开了激烈讨论。

20 世纪 40 年代，美国“战略情报之父”谢尔曼 · 肯特提出情报要与政治分离的“理想化模式”，强调情报的客观性。而进入 80 年代后，以罗伯特 · 盖茨为代表的新一代情报分析人员则提出“以政治为导向”的情报分析理论，主张情报分析不能强求“绝对客观独立”的标准，要以政治决策为导向，这就是所谓的“情报政治化”现象。然而这样的主张也遭到了许多批评，被冠以“官僚主义”“投机主义”的恶名。在这种情况下，美国情报专家理查德 · 贝茨提出了一种修正模式，旨在把握好情报政治化的尺度，做到趋利避害，在追求情报客观公正与符合政治需求之间达成最优的平衡点，因而更具有实践意义。

贝茨认为，情报客观性和政治需要之间的矛盾源于情报机构采取“唯一的最佳评估”方式，尤其当涉及重大问题时，一致性的意见往往毫无意义，因为它大多是相互妥协的产物，其背后必然存在政治利益的交换和影响。要把握好这对矛盾的平衡点，关键在于让决策者明白情报的局限性，自觉地认识到不同选择源于不同的政治倾向。因此，可以通过科学的分析方法，实现政治偏见的最小化。通过完善情报分析的逻辑过程，在情报分析人员和用户之间建立明确的目标，将用户纳入情报流程之中，使之不断与分析人员交流互动，增进理解，也能减少政治偏见造成的误解和不利影响，提高情报工作的质量。

3. 构建扁平化情报组织机构

针对情报机构传统的烟囱式结构和高度集中的管理模式，可以借鉴现代科技企业，采取扁平化的组织结构，容许信息和人才的自由流通，营造鼓励创新和求实的文化氛围。

就情报机构而言，扁平化的组织结构应突破部门和管理层次的界限，让分析人员不再拘泥于部门的限制，而是在信息技术的辅助下实现信息共享和人才流动，从而形成“短、平、快”的指挥链，压缩管理层级，让系统和协作观念贯穿在组织结构建设和运作中。另外，最重要的一点在于下放决策权，权力地位不再取决于职位，而在于他们所拥有的不同信息和资源，使机构的权力和资源侧重于基层，激发基层情报人员的积极性。总之，扁平化组织结构可以使情报分析人员直面情报用户，把更多精力放在如何满足用户需求的层面上，而不是如何应对上级，从而尽量克服情报政治化的干扰和影响。

当然，扁平化的组织结构也会对情报组织提出更加严峻的挑战。第一，压缩管理层级后，对管理人员的素质提出更高要求，管理者不仅要掌握娴熟的技术和丰富的知识，还要善于沟通并富于战略眼光。第二，基层情报分析人员必须直面情报用户，如何与情报用户进行有效互动是一个颇为棘手的难题。第三，灵活的人员配置、流动共享的信息给情报组织的保密工作带来更大压力。

综上所述，从情报与决策的关系分析造成反恐困境的原因，可以发现决策层和分析者的情报政治化活动深刻影响着反恐情报工作。政治化的决策行为会干扰情报生产过程，阻碍反恐情报工作的开展，误导工作方向，分散工作焦点；政治化的分析行为也会影响情报判断，妨碍反恐情报支援。这些影响无疑会大大增加情报失误的可能性，情报失误又引发的情报改革反而加强了政治化趋势，酿成更加严重的失误，这便是情报政治化的恶性循环。在这些因素的共同作用下，反恐情报难以有效支援反恐行动，制约反恐行动的开展，造成“越反越恐”的反恐困境。

在分析当前反恐困境时，不妨审视反恐情报工作，反思从决策层到分析者中存在的情报政治化问题。其中，情报机构的组织结构会对其工作、人员和文化产生重要影响，高度集中的管理模式和严格的组织结构，会导致情报机构过于保守、陷入不良竞争，也会阻碍信息的自由流通，影响情报质量，导致情报政治化及其恶性循环。以此为突破口，通过把握情报工作中客观性和政治需要的平衡点，构建扁平化的组织结构，努力减少情报政治化带来的不利影响，从而提高情报工作质量，为反恐行动提供准确、可靠、及时且有预见性的情报。

三、反恐文化情报[1]

2011 年，美军以消灭“基地”组织首领本·拉登为契机宣告反恐战争的胜利，但世界恐怖主义并没有因为拉登的死亡而消亡，反而出现“越反越恐”的怪现状。美国虽然消灭了拉登，但也付出了惨重的代价。美军事后发布的报告认为：导致人员伤亡的真正原因在于忽视了反恐作战中的文化情报，更没有全面掌握当地社会文化特征对作战行动的重要作用。

近些年，新的恐怖组织 ISIS 积极利用当地的宗教文化，编制其组织网络，反恐战争进入了 4.0 时代，恐怖组织的目的是建立新的世界，宗教狂热、集权统治欲望或制造极端混乱的冲动是这种新恐怖组织发展的动力，这种宗教文化吸引了更多的激进青年加入其组织，效忠其特定的恐怖文化。“东突”恐怖组织也不断通过网络发布各种暴恐视频，视频中，许多宗教思想通过包装后，蛊惑人们的思想。

分析恐怖组织发展背后的原因，不难发现，恐怖组织正是利用宗教文化和激进青年的心理特征，利用各种文化符号，如本民族的宗教、历史等，不断招募或扩大其组织规模。反恐方在进入恐怖组织统领的区域时，必须重视对当地各种文化的融入，才能更好地进行反恐斗争，让普通民众接受反恐方

[1] 凌云翔、李本先：《论反恐文化情报》，载《情报杂志》2016年第5期。摘编后收入本书。

的管理与思想。

（一）反恐文化情报的内涵

从现有的文献来看，反恐文化情报还没有形成准确的定义。可以这样理解，反恐文化情报是指在反恐战争过程中，恐怖分子所在国家、地区的民族政治、社会网络、宗教影响、民族民众民情、山川地理特产、文化道德等系统化的综合信息的统称。

没有人天生就是恐怖分子，一个人成为恐怖分子更多的是受到后天的影响，这些影响因素主要有家庭、社会、文化等。在这些因素中，文化对个人的影响是巨大的，对带有极端宗教主义的恐怖分子来说，这种影响尤为深刻。这些成员所在的群体虽然组织分散，但意识形态非常集中。在群体中，他们充分利用文化加强对控制区域的熏陶，使其产生极化现象，凝聚人心，让生存在这些地区的人与外界信息产生隔离，接受其极端思想的教育，让组织成员产生存在感与归属感，从而控制人的精神，为其服务。引起杀意的仇恨是经人传授的，并且是强制性灌输才能滋长，这些谎言被包装成文化，受众都只能接受，拒绝从另一个角度来审视世界，从而加入了恐怖组织。

一个人蜕化成恐怖分子，文化在其中起到了极大的诱导作用，产生羊群效应，在一定程度上控制人的精神，这在极端主义恐怖分子身上体现得尤为明显。因此，注重文化建设，加强反恐文化情报建设对反恐工作成效具有深远的影响，注重对反恐核心区域的文化情报工作，将为反恐提供情报支持，有效阻止恐怖组织利用其特定的文化吸引年轻人加入恐怖组织，培养新的接班人，实现源头控制，特别是在去极端化思想方面，将取得较强的支持作用。具体来说，反恐文化情报主要包括以下几方面的内容。

1. 反恐文化的教育

群体极化是群体互动深入的结果。群体的极化现象在恐怖主义泛滥的地区是值得思考的，在这些地区，反恐方会惊讶地发现：当地人甚至为恐怖组织提供资金、信息等方面的帮助。因此，在反恐文化情报中，反恐方必须注重对当地人群的文化建设，通过教育引导普通人群对恐怖主义的本质认识，更为重要的是得到当地人的拥护与支持，才能消除恐怖主义生存的群众基础，赢得群众的支持，筑牢反恐的铜墙铁壁。

2. 反恐区域的民俗地理信息

一方水土养一方人。不同地方的人受到特定生存环境的影响，形成了独特的性格特征，即稳定的民俗文化及地理文化。生存在这些地区的人，更懂本地区人的需求，掌握他们的心理，熟悉周围的环境。对恐怖分子来说，他们是真正的“心理大师”，擅长运用洗脑术去清洗周围的人。因此，反恐方如果想在一个地区获得成功，那么必须要了解这些地区特定的风俗习惯，甚至是约定俗成的社会规则，才能融入这个群体中。要想融入，在收集其文化情报时，必须对这些地区的相关民俗习惯有清醒的认知，搜集大量的信息，并学会处理这些信息。另一方面，反恐方更需要详细掌握恐怖组织活动区域的地理信息，其主要目的有两个：一是防止恐怖分子在特定区域建立训练营，培养新的接班人。二是当恐怖事件发生后，对涉恐人员进行追捕时，为行动方案提供地理信息，以便及时追捕恐怖分子。

3. 恐怖分子的社交网络

网络已经成为恐怖分子的战场。恐怖组织的网络看似分散，其实背后遵循的法则为自组织原则。特别是在信息时代，他们利用网络技术，把分散在世界各地的人员汇聚在一起，通过网络传播各种“圣战”思想，制定各种规则等。分析网络，可以发现，在整个社交网络中，最基本的单元是家庭、朋友、同事，这些元素是他们编制网络最先关注的对象，然后以此为核心节点，不断扩大其网络规模，通过朋友的朋友，同事的同事，邀请各种具有共同信仰与想法的人加入网络中，最终形成全通道网络。这些因素，决定了反恐方在预防与打击恐怖主义的过程中，必须要注重对恐怖分子的社交网络文化进行关注，了解恐怖分子成长的经历，网络的活动规律，收集这些信息，并对这些信息进行关注与分析，提取他们的社交网络信息，以发现他们的活动规律，掌握其情报，发出早期预警，动态的掌握其网络变动情况。

4. 心理社会背景

心理社会背景是指促使某种行为产生和发展的社会心理环境，是一个建构出来的认知世界，这个认知根植于一种文化中个体的社会化过程。某些文化特征有助于恐怖组织的诞生。当一个群体或文化被另一个群体或文化当作意识形态的敌人时，文化贬抑就会产生，这样将会导致其无法找到归属感与认同感，从而诉诸暴力。在这样的背景下，在贫穷或其他因素的催促下，这种文化将会产生心理认同感，逐渐对恐怖组织文化产生同情心，进而加入恐怖组织。分析其产生暴力行为背后的文化，我们会发现其动机有多种多样，如复仇、上天堂等，这些动机在特定的宗教或其他暴力文化的激发下，新的暴力恐怖活动将会产生，特别是自杀式暴力恐怖活动。

（二）反恐文化情报建设策略

反恐文化情报的建设是一个社会系统工程，必须从多个层次，采取立体的方式进行建设。可以从以下几个方面来进行 ：

1. 普及反恐常识教育，筑牢反恐文化情报的群众根基

提高民众对反恐工作的支持与认同感，发动民众参与到反恐工作中，为反恐部门提供更多的情报与线索，将恐怖活动消除在萌芽状态，是反恐斗争取得胜利的关键性因素。因此，有必要在恐怖主义蔓延的地区进行反恐常识教育。一是在民众之中强化反恐意识，提高民众的防恐能力。为了让更多的人认清恐怖分子的本质，在恐怖分子活跃的区域，积极教育和引导民众参与反恐斗争，提高民众对恐怖主义的警惕性，增强民众对突发事件的应对能力，采取一系列的措施向普通民众宣传反恐常识。如借助当地的报纸、电视普及反恐常识，教育民众在面对威胁时如何行动、如何应对的建议，并号召民众在发现可疑线索时立刻举报。在宣传时，重点加强对青少年的教育。通过建立这些反恐文化情报，以便提早挫败恐怖袭击，在一定程度上阻止恐怖袭击的发生，减缓恐怖袭击风险。二是广泛开展反恐方面的教学与科研。在恐怖分子活跃的地区，从小学开始，各级各类学校增设反恐常识教育，聘请专业的老师讲授有关恐怖主义方面的常识，同时定期邀请反恐专家进行反恐培训，传授各种自救、急救知识，并在课堂上进行示范。在大学，特别是恐怖分子活跃的地区，成立反恐研究院或反恐研究机构，展开对恐怖主义的综合研究，为反恐方提供决策依据。三是强化媒体的反恐宣传与普及。媒体在反恐斗争中是一把双刃剑，一方面公众需要知道最新的情况，另一方面恐怖分子借助媒体宣传其恐怖活动，以扩大其恐怖效应，吸引激进青年加入其组织，获取资金支持。为了防止媒体被恐怖组织所利用，媒体可就恐怖主义的常识展开讨论，通过讨论澄清广大公民对恐怖主义的模糊认识，同时借助媒体宣传各种预防、避险、自救、互助等方面的常识。建立反恐宣传审核制度，对涉及反恐的有关新闻进行专业的审核，防止媒体被恐怖分子所利用。

2. 培养反恐文化情报线人，提供犯罪线索

人力情报是反恐情报最重要的组成部分，也是反恐文化情报建设的关键点。可以在恐怖分子的重点活动区域，培养大量熟悉本民族文化的情报线人，通过他们提供犯罪线索。培养时，可以从以下两个方面入手。一是培养威信度较高的群众。由于特定的文化习俗，信教群众较为信任本民族中威信度较高的人员。因此，反恐方必须采取合理合法的手段，积极吸纳这些人员加入反恐的队伍中，并为他们提供反恐方面的培训，提高他们的综合反恐能力。二是培养大量的少数民族干部。少数民族干部与本地区的人具有较强的认同感与存在感，他们在领导地区事务方面更具有便利，更能对这些地区的人员进行说服教育，引导他们走向正道。

3. 强化社区文化宣传，加强与宗教领袖的沟通

社区是恐怖分子活动的重点场所，是其编制社会网络的平台。社区由众多家庭组成，家庭是社区的细胞，家庭教育影响着一个人的人生观与价值观。在社区环境中，由于共同的宗教信仰与生活习惯，家庭成员非常容易与恐怖分子产生认同感与归属感，默认或被动接受恐怖分子的某些思想与行为，进而加入其组织，为恐怖组织服务。为了防止社区被恐怖分子所利用，可以从以下两个方面建立反恐文化情报：一是加强社区的宣传与教育。在社区的关键路段设立宣传栏，张贴反恐常识教育海报等；二是强化基层组织在反恐文化情报宣传中的作用。基层组织是反恐文化情报建设中的重要单元，在基层组织中，吸引少数民族干部，特别是宗教领袖加入其中，应用他们特殊的身份，展开对信教群众的宣传与教育，积极引导人们认清恐怖分子的本质，排斥恐怖分子的行为，孤立恐怖分子。

4. 加强关键区域的监测，建立动态数据库

反恐文化情报的关键区域主要指恐怖分子经常活动的区域，这些区域主要包括：活动社区、经常出入的寺院、恐怖分子有可能建立训练营的偏僻地区等。这些地区是恐怖分子生存的重要土壤，更是反恐方需要重点关注的区域。一是利用信息技术，加强监测。在这些区域可以利用现代信息技术，安装相关的监视设备，更可以借助交通或附近的其他已有的监测设备加强对这些地区的动态监控。对恐怖分子有可能建立训练营的偏僻山区，可利用空中的卫星实时监测，也可在这些地区安装无线传感器，收集这些地区的地理信息及动态变化信息，建立相关的数据库，为分析反恐文化情报提供数据支持。二是建立动态追踪数据库。在关键区域，建立人口动态数据库，对出入的人员进行动态监测：曾经有过犯罪记录的人员、到他国参加过宗教活动的人员、参与过恐怖活动的人员，对这些重点人员，建立风险评估机制，按照打分法对其行为进行风险评估，提早发出预警。

四、多元文化背景下的反恐情报融合[1]

“一带一路”沿线国家地区，跨越数个文化圈，这些地区具有各自不同的文化表现形式，交织着复杂的地缘文化背景，特别是中亚、非洲、东南亚等地区，由于宗教问题，发生严重文化冲突的可能性很大。

（一）多元文化环境中面临的恐怖主义风险

“一带一路”沿线国家有的是恐怖主义的高风险区域，特别是“伊斯兰国”恐怖组织与这些地区具有密切的关系，并且向中亚、南亚、东南亚、非洲等地渗透。越来越多的恐怖主义势力披着民族、宗教等外衣进行恐怖活动。近年来，这一地区在宗教信仰方面出现了较为明显的保守化趋势，导致这一

[1]　孙频捷：《“一带一路”背景下多元文化交流与反恐情报融合》，载《情报杂志》2018年第10期。摘编后收入本书。

地区更容易受到来自域外的极端主义思想的影响，为恐怖主义组织在当地发展提供了文化环境。总体来看，东南亚地区成为了新的恐怖组织大本营，并且文化因素较为复杂，宗教氛围日益浓厚，反恐形势较为严峻。

欧洲部分地区民族主义思想活跃，在许多经济发达地区，对外来文化具有强烈的排外思想，其排外思潮一直存在并有复苏的迹象，种族融合问题难以解决，族群冲突时有发生。随着不断爆发的恐怖主义袭击，部分右翼激进团体将伊斯兰教和外来移民“妖魔化”，强化了族群对立与排斥，进一步促进宗教极端主义盛行，这直接导致了一连串的暴力袭击事件和种族骚乱。失去实体的“伊斯兰国”恐怖组织更加专注于极端主义思想的传播，这直接导致了网络恐怖主义蓬勃发展，极端思想传播范围更广。同时，在欧洲有超过2000万的穆斯林人口，由于文化差异，受教育水平低下，就业困难，而更加贫穷，再加上种族歧视，导致这些人员更容易被极端组织所利用与收买，成为潜在的恐怖分子。

中亚各国具有复杂的文化背景，中亚的恐怖主义主要是由宗教极端主义和民族分离主义构成，具有较强的宗教意识、号召力和煽动性。各种极端组织和贩毒集团不断涌现，各个教派之间冲突不断，这些恐怖分子在威胁中亚的安全同时，对中国也构成严重威胁。

（二）文化视野中的反恐情报

恐怖分子不仅要实施其恐怖暴力活动，还需要通过宣传，实现对他人思想的影响、异化和控制，争取得到普通大众的支持和同情。这些宣传与文化密不可分。

1. 文化视野中的反恐情报的特征与结构

文化视野中的反恐情报是指在反恐行动中，从文化的角度去获取反恐情报，情报数据的采集、分析、整理过程中，注重从文化的角度去收集数据。文化视野中的反恐情报具有如下特点：一是文化的多样性。不同的国家、不同的民族具有不同的文化，这些文化一代一代传承下来，形成一种文化沉淀，这些文化在本民族中具有强烈的导向，民族文化是民族身份的重要标志。具有不同文化特征的地区会展现出不同的表象，需要情报分析人员进行细致的识别，否则极易导致误判。二是文化的历史累积性。各民族在历史的长河中，形成了本民族独特的文化基因，形成了一些约定俗成的习惯规则，在文化视野中的反恐情报工作中，必须尊重其独特的民族习惯，才有可能取得反恐的胜利。三是文化的稳定性与服从性。任何一个民族的文化都具有传承性，一个地区的文化特征是相对稳定的，不会轻易在短时间内发生根本性的变化，文化情报对于具有问题的解释力是长久有效的，这正是文化强大生命力的体现。

文化视野下的反恐情报融合是一种全方位的信息融合，也是开展具体情报信息分析前的基础性工作。可以将其划分为“社会基础信息—文化现象信息—态度观念信息—行为策略”这样四个信息层次结构（如图 1.2 所示）。

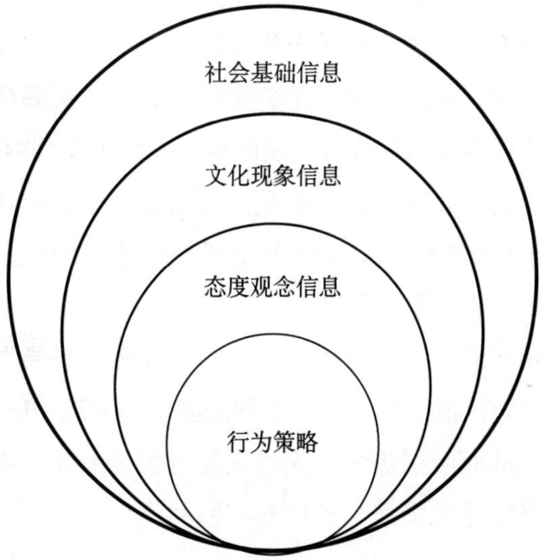

图1.2　反恐文化信息情报的层次结构

第一层次“社会基础信息”的数据量是非常巨大的，拥有的维度也是最多的，在这一层次进行情报信息融合，对信息数据进行分类归一后形成了对某一地区特殊文化现象的认知。第二层次是“文化现象信息”，对文化现象进行解读，理解其背后运行的逻辑，及其对个体生活的影响，能够对不同社会情景中的群体态度进行预测。第三层次的信息融合则更为具体，根据观念态度信息的分析，建立针对某一特殊情境下个体或者群体的决策模型，对具体行为进行预测。基于这种文化信息多层次分析与信息融合后，将产出的是一套完整的知识情报体系，引导不同需求下的情报分析工作。

2. 文化视野中的反恐情报意义

文化情报信息是一种基础性情报信息，虽然在很多时候其并不能直接应用于对特定问题的判断与决策，但它是所有情报信息分析与解读的基础条件。同一种情报信息在不同语境中的意义表达是完全不同的，同一种现象在不同文化背景下折射出的社会事实也是存在巨大差异的。

（1）文化是恐怖组织生存的思想基石

“欲灭一国，必先灭其文化。”文化作为一种精神力量，是国家存在的重要根基，是一个国家综合国力的重要组成部分；一个组织或群体存在精神因素，通过文化的影响，可以培养一个群体的三观，从而服从于该组织。恐怖组织的特定文化是恐怖组织生存与发展的根基，纵观恐怖组织的生存、发展，都离不开对本组织的文化宣传，特别是极端宗教主义，向其信徒传播其精神力量，从而服从于组织的领导，最后服务并听命于该组织。恐怖组织的头目更是其组织的精神领袖，洗脑大师。

特别是在互联网时代，恐怖组织利用网络宣传其恐怖文化，利用网络平台，通过视频、音频传播其教义，不断刺激群体的大脑，暗示其群体价值观，接受其人生信条，从而吸引更多的人加入其组织，为其组织效忠。在文化宣传过程中，恐怖组织还积极在学校培养年轻的代言人，利用他们宣传其恐怖文化，加入其恐怖组织。

（2）文化情报是反恐情报的重要组成部分

在去极端化工作中，文化的宣传与反宣传是消除恐怖组织思想根源的利剑。反恐斗争中，注重对恐怖主义泛滥区域的文化情报建设，可以从源头上有效治理恐怖主义。在进行反恐斗争过程中，反恐部门必须熟悉本地区的社区文化，民俗民情等系统化的信息，及时融合到社区之中，得到普通民众的支持，培养线人，及时掌握恐怖分子或恐怖组织的动态信息。在打击阶段，通过掌握本地区的文化情报，可以及时的展开行动，全面肃清恐怖分子的威胁。因此，反恐文化情报是对反恐情报工作具有重要的理论与实践意义。

（3）文化交流与反恐情报融合

交流与沟通才能取得人与人之间的互信。在反恐斗争过程中，必须注重反恐文化情报的建设，通过文化交流，可以融入本地民众之中，及时获取情报，实现情报的融合。在反恐斗争中，反恐部门通过技术手段掌握的情报，需要及时进行对比，核查情报的真伪，实现技术与人力情报的融合。通过文化的交流来促进情报的融合是反恐文化情报中不可或缺的环节。文化交流与反恐情报的融合，不仅可以通过民众提供的信息，丰富反恐数据库建设；同时还可以实现源头控制。

3. 文化视野中的反恐情报方法

不同的文化情景中需要不同的情报收集方法，文化视野中的反恐情报具有一些规律可遵循，一般可以采用以下的方法来获取其情报。

（1）了解各民族的文化

在反恐斗争中，首先要了解本地区的民族的文化，重点掌握其民族风情，独特的宗教习惯等；其次，要了解本地的气象、水文等自然因素，并对他们所崇拜的自然怀有敬畏之心，取得他们的信任感；最后，要积极与他们的族长或部落首领进行沟通，通过他们的影响力，让情报人员融入他们的生活，全面掌握他们的行动。

（2）增进交流，促进民族融合

通过交流与沟通，才能全面掌握其动向，可以直接或间接的获取恐怖组织群体在整个部落或群体中的地位，及时掌握他们的情况，发现其异常行为。在交流与沟通过程中，首先要与本民族或部落中威望较高的人进行接触，让他们消除防备之心。其次，拓展交流的范围与人群，走进普通人群的心田，消除恐怖主义生存的思想根源。最后，要善于发现可疑人员，及时进行沟通与转化，让他们放弃其激进行为，转化成为正常人。

（3）合理应用技术手段，拓展情报来源

通过技术手段，收集本地的网络舆情，特别是一些反映本地文化特点的情报。但在应用过程中，一定要合理合法，一定要让本地区的人理解，通过这些技术手段是保障他们的人身安全，而不是通过这些技术来监视他们。在技术应用过程中，一定要加强与本地的文化部门的交流与沟通，获得相应的文化情报数据，实现数据的共享与融合。

（三）多元文化背景下的反恐情报融合对策

1. 加强文化交流，发挥民间组织的作用

文化是恐怖组织生存的氧气，他们充分利用文化加强对控制区域的熏陶，使其产生极化现象，形成极端人群。文化也是恐怖组织凝聚其群体的黏合剂，让其群体成员更加忠实其组织，诱导普通大众加入其组织中，最终形成更加强大的恐怖组织。

首先，反恐部门与文化旅游部门进行充分的合作，融入国际文化交流之中，向相关国家展示我国的发展成就与文化传统，获得当地群众对中国文化与国家形象的正向认同。同时，这种文化交流也向相关国家公众介绍了我国的宗教与民族政策，消除误解，使得我国的反恐工作能够获得当地公众的理解与支持，为反恐情报活动创造一个有利的工作环境。

其次，发挥相关民间组织的作用，重视与当地民间组织的文化交流。通过与那些能够代表甚至影响很大一批当地居民的民间组织建立紧密的联系，在目标区域找到稳固的立足点，并通过这些组织获取许多有价值的反恐情报信息，甚至在发生突发事件时依靠这些组织进行应急处置。通过项目合作、互访交流等多种渠道巩固关系，并最终依靠他们建立一批稳定的反恐文化情报源。

最后，加强对反恐文化情报的收集、分析与处理工作。文化情报是一种社会背景情报，针对这一层面情报的分析具有很强的特殊性和专业性要求。需要建立一支具有社会学、人类学等多学科背景的文化情报分析队伍和跨学科情报分析人才，通过科学的分析消化吸收数量巨大的文化情报信息建构不同区域内的文化情报知识体系，才能高效地为其他各类反恐情报工作提供保障。

2. 构建跨国反恐情报体系，强化合作与交流

反恐情报具有特殊性，因此经常被神秘化，这导致反恐情报经常以孤立、分散、静态的模式出现。对各国的反恐情报部门来说，在预防与打击恐怖主义过程中，需要各部门之间实现情报共享与交流，才能制止与打击恐怖主义犯罪。首先构建情报信息网络，在现有的反恐公约下，建立地区反恐合作机构间的数据库，加强反恐情报的传递和共享。其次，建立协同作战体系，在本地区内进行反恐战术合作，展开反恐合作与培训机制，完善各国在起诉和引渡恐怖分子等方面的司法制度和执法体系，实现跨国之间的合作与交流。

3. 建立地区反恐联盟，共同打击恐怖主义

为了预防与打击恐怖主义，反恐相关部门与这些地区的反恐部门建立地区反恐联盟。使得各相关国家反恐文化情报融合工作有了可靠的工作平台和完整的制度化保障。联盟的主要职责是：在互利互信的基础上，展开情报交流、共享，共同预防与打击地区恐怖主义，开展各类联合反恐演习。利用这样一个合作交流平台，各个国家的反恐部门可以定期进行反恐情报交流与情报融合，互通反恐数据与情报，打造一个跨区域的大型反恐信息共享平台。

反恐联盟的机构主要由秘书处、反恐情报合作机构、反恐行动机构和反恐培训机构四个部分组成。秘书处负责管理和协调反恐联盟的日常工作；反恐情报合作机构主要负责各国情报交流工作，提供文化情报等基础社会情报支持；反恐行动机构主要负责协调各国侦办与打击恐怖主义的行动；反恐培训机构则是各国间交流反恐技术与反恐情报分析方法的平台。另外，利用培训平台，可以依托民间组织所开展的学术交流和培训援助等活动获得更为广阔的文化情报资源。

4. 发挥“上合组织”的作用，加强反恐情报融合

“上合组织”框架下的国际反恐合作已经日趋成熟，是地区反恐的重要组织机构，自成立以来，已经在地区反恐方面发挥了积极的作用。因此，由上合组织牵头，加强同地区政府之间的合作，加强对外宣传，特别是宣传“一带一路”倡议给这些地区带来的利益，让这些地区的底层群众认识到“一带一路”倡议给他们带来的利益，获得他们的认同与支持，争取得到这些不同文化背景的地方组织的支持与保护，利用当地的世俗力量平衡极端主义势力的威胁。同时展开与当地各利益团体的合作与沟通，形成真正意义上的融入，为反恐情报工作创造更为优越的环境，形成情报工作的良性循环。

五、“伊斯兰国”情报机构的组织运作[1]

对于恐怖组织“伊斯兰国”而言，组织内部的安全稳定和外部环境的态势感知是其长久生存的重要保证，情报机构Emni的建立和完善俨然成为“伊斯兰国”运转中的重要一环。

（一）“伊斯兰国”情报机构的组织架构

“伊斯兰国”情报机构Emni是其组织情报活动发展到一定阶段的产物，经历了从无到有、从简单到复杂的演进过程。在发展过程中，情报机构Emni的组织架构在保持其部门属性的同时，逐步与“伊斯兰国”高度集权化、严格等级制的领导体制相融合，形成披着“宗教外衣”的恐怖组织情报机构组织架构。

1.Emni的历史沿革

Emni一词来源于阿拉伯语，意思为安全、信任，在“伊斯兰国”话语体系里其意味着“情报”，即负责搜集“伊斯兰国”内外情报和在全球策划袭击的机构。

“伊斯兰国”情报机构Emni诞生于其组织战略领导人哈吉·贝克尔之手，是“哈里发国家”六大职能部门之一，在“伊斯兰国”兴起和扩张中发挥着

[1] 王奇、梅建明：《“伊斯兰国”情报机构的架构、职能与运作研究》，载《情报杂志》2018年第7期。摘编后收入本书。

重要的作用。

随着领土的不断扩张，“伊斯兰国”开始与叙利亚的其他武装力量展开斗争，Emni 确保内部安全和防范外部威胁的职能界限日趋模糊，组织内部安全情报事务和对外安全情报事务逐渐集合于一身。2014 贝克尔去世后，曾在叙利亚军事情报局担任中尉一职的经历使鲁克曼成为叙利亚 Emni 的主要负责人，并开始进行深入调整，形成适应形势需要的安全情报机构体系。

2.Emni 的现行体系

Emni 现行体制集合军事情报、执法情报、安全情报功能于一体，形成了以埃米尔负责制为核心，六大职能部门分工负责的情报机构体系。“伊斯兰国”情报机构现行领导体制如图 1.3 所示，总体上实行埃米尔负责制，即中央集权、地方施政、规矩严明。每个部门的埃米尔总管该部门的各项职能工作，并向上级埃米尔负责。六大职能部门，分别是：

（1）突击队。突击队常被当地居民成为敢死队，是“伊斯兰国”内部最为特殊的武装力量，其实施行动、进行抓捕和清除 Emni 指定的目标不需要经过沙利亚法官的批准。

（2）车臣部队与移民管理。车臣部队与移民管理部门主要由来自车臣的武装分子和 80 多个国家的外籍“圣战士”组成，是 Emni 内最为倚仗的武装力量，承担监视“伊斯兰国”内部成员的社交、通信和经济收入任务，发现试图渗透“伊斯兰国”的外国情报人员。

（3）伊斯兰警察。伊斯兰警察的职能是在“伊斯兰国”控制区监管包括从超速、偷窃到沙利亚法执行。

（4）宪兵队。该部门负责监视沙利亚法中参与“圣战”内容的执行情况，主要执行沙利亚法官在收到投诉后的处罚实施，从而确保“伊斯兰国”内部恐怖分子遵循严格的纪律约束和按照等级序列执行命令。

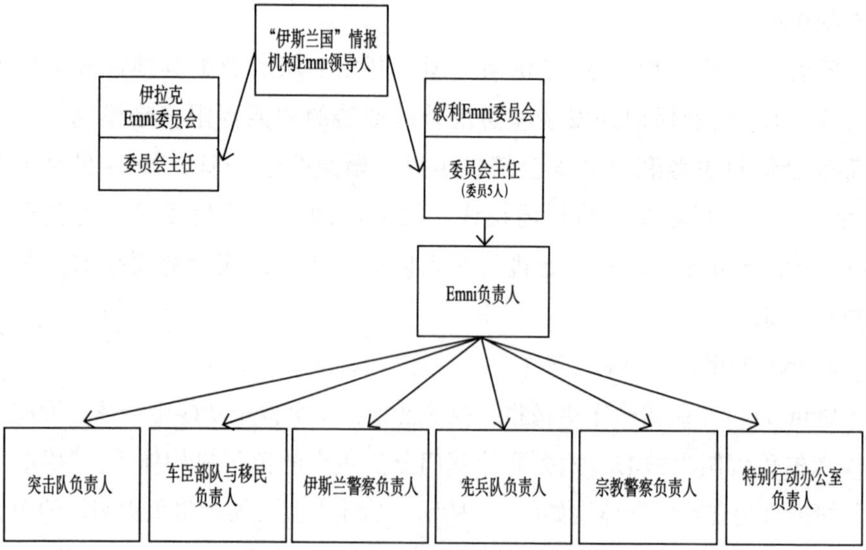

图1.3 "伊斯兰国"情报机构Emni的组织领导体系

(5) 宗教警察。宗教警察或道德警察区别于伊斯兰警察，其目标主要是针对不遵守"伊斯兰国"行为规范（如着装、举止、礼拜等）的控制区居民和战士。

(6) 特别行动办公室。该办公室拥有"欧洲事务特工处""亚洲事务特工处"和"阿拉伯事务特工处"，负责进行特勤行动和向海外输出恐怖主义。

（二）"伊斯兰国"情报机构的职能任务

"伊斯兰国"情报机构 Emni 的职能任务主要分为四大部分：搜集情报、决策支持、行动支援和特殊勤务（如图 1.4 所示）。

1. 搜集情报

搜集情报是 Emni 最为基本的职能之一，对于内部威胁的情报搜集和外部态势的感知是其日常工作的主要部分。主要包括两类任务：一是内部情报搜集。Emni 的内部情报是其进行反情报工作的重要依据，搜集对象主要针对"伊斯兰国"内的所有人员，包括控制区的居民和"伊斯兰国"组织成员，通过对目标对象的日常监视确保组织内部的安全和稳定。二是外部情报搜集。外部情报的搜集是“伊斯兰国”情报机构 Emni 对于外部态势感知的重要来源，主要分为三大部分：战场情报搜集、目标对象的情报搜集和可能威胁组织的情报搜。三大部分的情报搜集是“伊斯兰国”进行战略规划、领土扩张的重要指导依据。

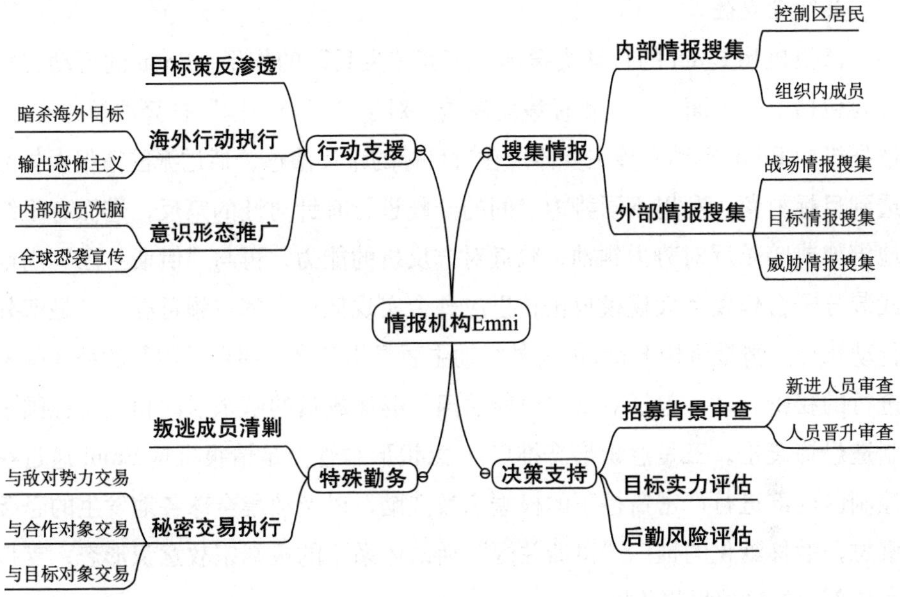

图1.4 “伊斯兰国”情报机构Emni的职能任务

2. 决策支持

情报部门 Emni 作为“伊斯兰国”决策体系的组成部分，为决策提供所需情报，将情报优势转化为决策优势是其重要职能。主要有三项任务：一是审查招募背景。在“伊斯兰国”中存在着来自多个国家的恐怖分子，壮大其战斗实力的同时，人员的多样性使其在任用和部署时面临着信任难题，情报机构 Emni 的背景审查情报成为领导者决定是否任用人员的关键。包括新进人员审查和人员晋升时的审查。二是研判目标实力。对于目标的实力研判是影响其决策的关键。Emni 通过秘密渗透、招募线人、策反对手等方式搜集研判目标的人员组成、武器装备等情报，评估其战斗力，从而服务于作战指挥人员制定相应的进攻方案和应对措施。三是评估后勤风险。后勤补给作为“伊斯兰国”战术实施的基础，供给链的隐蔽性和安全性是进行运输决策的前提。Emni 承担着对后勤运输的风险评估职能，确保组织在各地的资金、武器、粮食的储备地点没有被泄露。

3. 行动支援

情报机构 Emni 的行动支援体现了其“尖兵”的作用。Emni 的行动支援主要包括三个方面：一是目标策反渗透。对于“伊斯兰国”打算占领的目标，情报机构 Emni 行动支援主要体现在对目标的策反渗透，通过派驻情报人员渗透到目标村落，利用不同势力之间的分歧进行有针对性的策反，进而有组织地绑架或暗杀反对势力领袖，减低对方反抗的能力，再与“伊斯兰国”当地武装分子合作发动大规模攻击，里应外合实现低伤亡率占领目标。二是海外行动执行。情报机构 Emni 的海外行动主要是指其在“伊斯兰国”的敌对国家进行的秘密行动，包括对反“伊斯兰国”群体成员的暗杀活动和在目标国家制造恐怖袭击。三是意识形态推广。意识形态管控是情报机构 Emni 通过在控制区内部进行严密监控下的极端宗教洗脑，以及搜集全球各地发生的恐袭素材，潜移默化的推广“伊斯兰国”话语体系下的极端宗教意识形态，支援宣传部门的极端思想传播。

4. 特殊勤务

特殊勤务是“伊斯兰国”情报机构 Emni 执行的诸如组织内部人员清剿、秘密交易执行、互换人质等秘密行动，一般由 Emni 下属的特别行动办公室负责。主要任务：一是清剿叛逃成员。对于叛逃的“伊斯兰国”组织成员，由 Emni 情报人员进行暗杀清剿以防组织秘密泄露。二是执行秘密交易。秘密交易被称为“脏活”，包括与敌对势力情报人员进行秘密交易，与合作对象进行原油、文物等交易和与绑架对象进行资金勒索等。

（三）“伊斯兰国”情报机构的运作机制

“伊斯兰国”情报机构 Emni 的运作机制是指影响情报机构 Emni 日常运行和功能发挥的各种内外因素，主要包括机构人员的选拔招募，成员的培养训练，机构的资金来源，通信方式以及各部门的协作运转。

1. 人员招募

情报机构 Emni 成员选拔被认为是“百里挑一”，应聘者忠诚度和能力是选拔的关键指标，严格的选拔淘汰机制决定了该组织在“伊斯兰国”中的重要地位。主要涉及两类人员：

一是外籍成员招募，Emni 中外籍成员的招募是其搜集海外情报、执行海外任务和输出恐怖主义的重要保障。一般而言，外籍成员的背景审查是重中之重；另一项是对成员能力的考量，在母国有犯罪前科的外籍应聘者备受青睐。二是本地成员招募。区别于外籍成员加入 Emni 动机受极端宗教驱使较大，本地成员的动机更为多样，包括日常收入高、职务晋升快、权力级别高等方面。对于本地成员而言，信任和忠诚度最为重要。

2. 培养训练

情报机构 Emni 人员的培养训练根据其所部门任务不同，培训的科目也有所区别。特别行动办公室的成员需要从事执法、监视、情报、暗杀、渗透等任务，相应的培训技能包括各类酷刑审讯手段、消音武器、匕首、手枪、突击步枪、自杀背心、固体炸药以及 RPG 武器的组装与熟练使用。战士局中的女性成员以监视职能为主，培训由经验丰富的战士局成员进行，科目与 Emni 特别行动办公室成员相比无自杀背心、讯问和固体炸药方面的训练；而移民局的培训则包括除讯问外的所有项目。经过培训后的 Emni 在正式上岗前需要经历一段时间的实习期，在实习期后新加入成员将获得 Emni 永久的成员身份，接受新的工作任务。

3. 资金来源

Emni 在“伊斯兰国”财政预算中占有很大的份额，用于组织宣传、发放成员工资、支付线人费用和行动所需开销。在“伊斯兰国”未遭受俄罗斯等国家的反恐联盟打击前，其通过售卖原油、奴隶、小麦、文物、抢劫银行、征收赋税等方式在其控制区内拥有充足的资金来源。尽管 Emni 侧重于安全情报机构，但在经济活动中也发挥着相应的作用。

4. 通信方式

Emni 在通信工具的使用上严禁使用邮件和手机进行沟通，防止被外部情报机构监听计划细节和位置定位。面对面交流是首选，包括秘密地点的会晤，中间人传话等方式。当需要和回流母国的恐怖分子进行沟通时，多使用诸如 Telegram、WhatsApp 等进行点对点加密聊天。为彻底防止外部情报机构的监听，通过电子游戏进行沟通，隐藏在数以百计的游戏玩家背后，使用事先约定好的暗语进行指令的下达和情报的输送。此外，Emni 成员通过建立 VPN 来伪装 IP 地址。

5. 部门协作

在 Emni 的现行领导体制下，其下属各部门的协作运转模式如图 1.5 所示，命令下达和情报上报过程不可逆，在纵向上低级别单位无权越级进行情况上报；在横向上，当各部门发现管辖范围外的情形时，有义务通知相关部门进行处置。在 Emni 现行部门协助机制下，看似井然有序地运行，也存在一系列问题。另外，个别领导人的腐败和不作为使得情报共享上也存在障碍，影响机构职能作用的发挥。

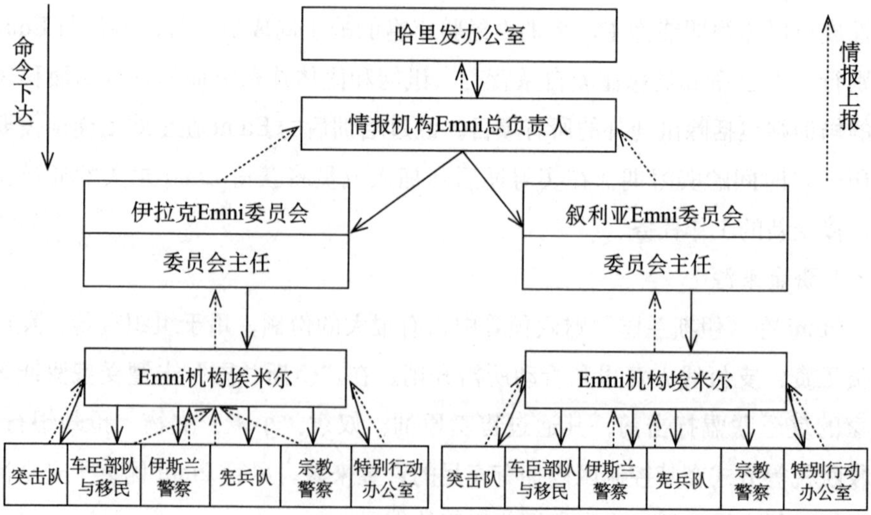

图1.5 Emni的部门协作机制

（四）“伊斯兰国”情报机构的特点分析

“伊斯兰国”情报机构 Emni 开创了恐怖组织情报活动实体化的先河，总体上负责安全事务的情报机构 Emni 呈现综合性和集权性的特点，表现为三个“一体化”。

首先是内保与外侦合为一体。在“伊斯兰国”意欲打造的权力实体中，包括执法情报、安全情报、军事情报在内的所有情报职能全部收口到情报机构 Emni 下，从而实现内部保卫与外部侦察工作合为一体。

其次是情报与行动合为一体。在 Emni 运作机制中，其将情报与行动合为一体，Emni 不仅具备情报搜集、监视和侦察能力，其下属的突击队、车臣部队等武装力量承担着各种决策任务的执行，在克服情报力量自身局限性的同时，有利于控制知情人员的数量，降低情报泄露的风险，也从侧面体现出“伊斯兰国”权力核心对 Emni 忠诚性的高度信任。

再次是安全与宣传合为一体。Emni 行动支援中的一大主要职能即意识形态的宣传推广，通过打造“品牌、文化、道义、宗教、可信度”等意识形态因素组成的恐怖组织权力实体形象，对内实现控制区成员的洗脑，对外以隐蔽形态实现战略输出，塑造国际“圣战”运动的领袖地位。意识形态安全的隐蔽活动是一种进攻与防御兼备的情报活动，在宣传上 Emni 通过提供外部恐袭认领素材实现对外隐蔽的意识形态输出；通过审核“伊斯兰国”宣传机构的新闻素材实现对话语体系的操控；通过对沙利亚法学堂和法官的控制，实现内部宗教极端思想的把控。

六、基于反恐情报的恐怖主义渗透力评估[1]

在国际反恐历史上，“9·11”事件是一个转折点，国际社会从此开启了“全球反恐”的新模式，联合打击恐怖主义。在这样的局势下，恐怖主义本应

[1] 郭继荣、蒋飞、赵玺：《基于反恐情报的恐怖主义渗透力评估思路探索》，载《情报杂志》2018年第5期。摘编后收入本书。

受到重挫，然而事实却是“全球反恐，越反越恐”。恐怖主义已渗透全球多个地区，极端思想蔓延、族群矛盾、移民融入难题、恐怖分子回流、独狼化恐袭等，已成为国际反恐的痛点和难点，这不得不引发反恐情报领域的新思考：如何有效评估恐怖主义势力在全球不同地区的渗透情况。

（一）新的研究思路

反恐情报是反恐行动中的关键因素，因此，有关反恐情报的研究在角度上展现了多样性。从反恐情报理念上来看，目前国内外反恐情报的研究可以体现以下三类主体思想：一是在反恐情报指导与规划上，强调反恐情报与反恐行动的体系化建设；二是在反恐情报的搜集上，强调利用新技术实施多源和开源情报的搜集；三是在反恐情报分析上，强调信息共享以及恐怖袭击预警机制的建立。以上研究都体现出全球反恐新形势下反恐情报在思想理念、技术手段等方面的更新，展现了反恐情报信息的多源性、可挖掘性以及共享性。这无疑是对全球反恐行动的有力支撑，也为进一步探索反恐情报新思路奠定了坚实的基础。

但从哲学观角度来看，上述研究都是在以西方分析哲学为依据的背景下展开，因此，无疑体现的都是分析哲学视角下反恐情报研究的逻辑化、科学化与分析化，将恐怖主义及其带来的问题分解成某一个单独的、特定具体的问题。然而，恐怖主义问题自身是一个复杂的系统，不妨换一个角度和思维，以东方整体哲学观来重新审视，聚焦恐怖主义全球蔓延态势这一现象，以新的思路来研究“如何有效评估恐怖主义势力在全球不同地区的渗透情况”。

（二）核心概念界定

在传统观点下，恐怖主义渗透主要是指恐怖分子在物理空间的侵入，多以某一地区是否发生恐怖袭击事件以及袭击可能造成的破坏程度为衡量标准。当该地区发生暴恐事件，即意味着恐怖势力已渗透至该地区，且暴恐事件越多，破坏程度越大，恐怖势力渗透越严重。基于这一传统理解，有关恐怖主义风险评估的研究在内容上主要以某一地区发生恐怖袭击事件的可能性以及可能造成的破坏程度为评估对象，构建恐怖主义风险评估的方法体系。影响力最大的是“全球恐怖主义指数”，已被世界范围内的政府、研究机构和学者所接受。该指数包含四个指标，即恐怖事件次数、死亡人数、受伤人数及财产损失，并依据全球和平指数确定每个指标的加权值。

然而，从词义的内涵和外延来看，能够与谓词“渗透”搭配的主词不仅可以是某一事物和人员，还可以是某一思想或势力。此外，在新媒体技术条件下，恐怖主义渗透已经不再仅仅是物理空间的入侵了，还包括其利用新兴媒体以及网络技术，通过赛博空间传播恐怖思想和恐怖势力。因此，在空间范围上，恐怖主义渗透不仅可以是物理空间上的入侵，还可以是赛博空间以及意识空间的入侵，不仅涉及“物”和“事”，还涉及“人”。而传统的恐怖袭击风险评估更多关注的是“物”和“事”层面的因素，这就使得其在内容上有所缺失，造成的直接后果便是恐袭预警的时滞。因此，有必要将物、事与人三个层面的变量综合纳入评估体系，以便在应对恐怖主义的过程中更好地“未雨绸缪”。

基于上述理解，恐怖主义渗透可以界定为：在恐怖主义全球蔓延的态势下，恐怖组织利用各种传统和非传统的手段，向一国或地区施加影响，宣扬其恐怖组织意识形态，以招募和吸引更多成员为其实施恐怖行动。这里的“影响”既可以是实际的恐怖袭击行动，也可以是意识形态上的认知和情感改变。渗透的形式具有多样化，或公开，或隐秘，如社交网络、新闻媒体，或难以被监控的 PS4 游戏机等，以实现行动的秘密性和社会影响的最大化。恐怖主义渗透力便是衡量恐怖组织在一国或地区渗透情况的客观指标。

（三）基于 WSR 系统方法论的恐怖主义渗透力评估思路

恐怖组织本身是一个复杂的系统，不但涉及自身的生存、发展以及行动方式，还涉及恐怖组织与环境之间的互动，因此，恐怖主义渗透力应当涵盖三个要素：恐怖组织自身、物理环境、恐怖组织与物理环境的互动（如图 1.6 所示）。这三个要素又是与上文所论及的人、物、事三层面变量息息相关。因此，我们便借鉴东方整体哲学观的 WSR 系统方法论来构建恐怖主义渗透力的评估指标体系。

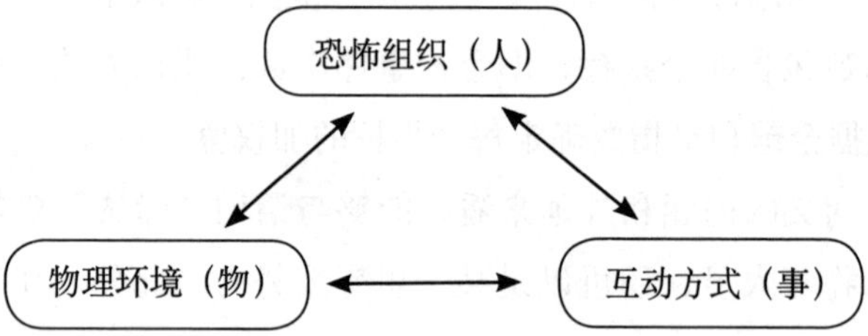

图1.6　恐怖主义渗透力三要素

1.WSR 系统方法论

WSR 系统方法论，即“物理 (Wuli)—事理 (Shili)—人理 (Renli) 方法论”，是由中国著名系统科学专家顾基发教授和朱志昌博士基于东方传统哲学思想而提出，具有明显的东方特色。WSR 通过对软、硬系统方法论进行互补融合，提出了分析和处理复杂事物时的新思路，其哲学理念的核心是：在处理复杂问题时，既要考虑对象物的方面 (物理—W)，又要考虑这些物如何更好地被运用于事的方面 (事理—S)，最后，由于认识问题、处理问题和实施管理与决策都离不开人的方面 (人理—R)，因此，有必要把 W、S、R 作为一个系统加以处理，达到“知物理，明事理，通人理”的实践效果。WSR 系统方法论体现的是一种解决复杂问题的基本思路，比传统的系统理论和方法更为有效。

在 WSR 系统方法论中，“物理”指涉及物质运动的机理。狭义物理中，通常运用自然科学知识解答“物”的具体所指；而广义物理则专注于探寻事物本质和真相。“物理”所指向的是事物的真实性，重在研究客观实在。“事理”指组织、系统管理和做事的道理，关注具体怎样做以及“物”如何被应用，强调做事过程的逻辑分析以及合理性。通常运用运筹学与管理科学方面的知识来回答“怎样做”的问题。“人理”主要研究人、群体、关系、为人处事的道理，通常运用人文社会科学领域的知识来解答人在处理具体事务时策略选择的问题，即“最好怎么做”的问题。现实中，处理“事”和“物”都离不开“人”的作用，因此，系统实践必须充分考虑人的因素。“人理”的作用能够反映在人生观、价值观、世界观、文化、信仰等多方面，同时也表现在对“物理”与“事理”的影响上。系统实践活动是物质世界、系统组织和人的动态统一，即应当涵盖“物理”“事理”“人理”三个方面（见表1.1）。从这个意义上来说，恐怖主义渗透力的三要素，即恐怖组织自身、周围环境、恐怖组织与环境的互动，恰恰反映了“物理”“事理”“人理”三个层次的因素。

表1.1　物理、事理、人理系统方法论内容

类型	物理	事理	人理
对象与内容	客观物质世界 法则、规则	组织、系统 管理和做事的道理	人、群体、关系 为人处事的道理
焦点	是什么 功能分析	怎样做 逻辑分析	应当/最好怎么做 人文分析
原则	诚实 追求真理	协调 追求效率	讲人性、和谐 追求成效
所需知识	自然科学	管理科学	人文知识/行为科学

2. 评估指标体系构建过程

（1）评估方法的选择

恐怖组织本身是一个复杂的系统，涉及自身的生存、发展、行动方式，以及恐怖组织与环境之间的互动。这也就决定了，无论是反恐情报的搜集，还是评估恐怖组织在某一地区的渗透情况时，涉及的因素都极为复杂，没有固定的规律可循。建议采用德尔菲法来确定评估恐怖主义渗透力的情报要素和维度。德尔菲法是20世纪50年代兰德公司创建使用的一种专家调查法，应用范围较广，特别适用于解决那些缺少情报资料，又多受政治、社会、人为因素影响，发展缺乏自身固有规律，难于用其他方法进行研究的课题。从恐怖主义渗透力评估问题的自身特点来看，德尔菲法是解决这一研究课题的较为合适的方法。

（2）专家调查过程

专家的选取是德尔菲法较为关键的一步，这一环节的好坏对结果会有很大的影响。本研究在专家选取过程中主要有两方面的考虑：一是对专家个体的要求。每位专家必须具备反恐情报研究或反恐实践工作经验，具备与本研究相关的知识。此外，考虑到德尔菲法耗时耗力的特点，选取的专家还必须确保有足够的应答时间。二是对专家组集体的要求。依据 WSR 系统方法论的哲学理念，将某一地区恐怖主义渗透力评价指标的一级维度设定为物理维度指标、事理维度指标，以及人理维度指标。在知识结构上涉及社会科学、管理科学、人文知识和行为科学等。因此，选取的专家组成员构成应包含来自上述学科领域的专家，共计 17 人（见表 1.2）。

表1.2　专家组学科专业领域构成及关注焦点

学科专业领域	专家人数	关注的对象与内容焦点	所属一级维度
运筹学	1	恐怖行动的策划与实施	物理、事理维度
金融学	1	反恐怖融资与洗钱	物理、事理维度
管理学	1	恐怖组织人、财、物的组织与配置	事理维度
情报学	2	反恐情报搜集与分析	物理、事理、人理维度
行为科学	2	恐怖分子群体与个体行为指标和模式分析	事理、人理维度
信息与计算科学	1	大数据搜集与分析	物理维度
法学	1	反恐法规制度对恐怖组织行动的束缚性评估	事理、人理维度
宗教学	1	恐怖主义渗透的宗教因素	人理维度
社会学	2	恐怖主义渗透的社会环境分析与评估	事理、人理维度

（续表）

文化人类学	1	恐怖组织社会与部落文化价值体系特征分析	人理维度
新闻与传播学	1	恐怖主义思想的传播与扩散，网络恐怖主义	事理、人理维度
犯罪与侦查学	2	恐怖行动的犯罪侦察与举证	物理、事理、人理维度
心理学	1	恐怖组织群体与个体心理分析	人理维度

在确定专家组成员后，调查表的设计主要围绕以下三方面问题：当前恐怖组织拥有哪些可供其利用的社会物质条件？恐怖组织如何利用已有社会物质条件并创造新的社会物质条件以实现自身势力的扩张？恐怖组织如何在人域范围内强化自身的抗毁性以及扩大影响力？

3. 评估指标体系形成

围绕上述核心问题进行了两轮专家调查，从中提取出了能够反映恐怖主义在某一地区渗透情况的焦点因素（二级维度）。依据 WSR 系统方法论理论体系，构建了适用于恐怖主义渗透力评估的 WSR 指标体系（如表 1.3 所示）。一方面，实际的评估必须以强有力的反恐情报为基础，另一方面，不同维度和层次的指标实际上也为反恐情报的搜集与分析提供了全盘系统的方向性指导。

从恐怖主义发展历史来看，随着技术手段的发展，恐怖分子扩张势力以及实施袭击行动的方式方法总是在推陈出新，因此，依据一级维度指标设立的二级指标是一个开放的体系，随着恐怖主义发展态势的变化而变化。但 WSR 指标体系的哲学理念不变，这就既确保了该评估指标体系的延续性，又保证了其与时俱进的开放性。

表1.3 基于WSR系统方法论的恐怖主义渗透力评估指标体系

目标	维度指标	二级指标(焦点)
恐怖主义渗透力评估	物理	渗透通道路径 需要的物质基础 社会环境 ……
	事理	建立渗透通道途径的能力与方式 利用已有物质基础的能力与方式 进一步开发物质基础的能力与方式 ……
	人理	法规制度建设 人员数量 人员特征 人员培训机制 宗教派别 组织结构 社会关系 ……

（1）物理维度指标

物理层分析的焦点在于人、事、物的原本，强调客观事实与真相，力求体现真实性与客观性。因此，在构建恐怖主义渗透力物理维度指标时，应主要考虑能够反映恐怖组织渗透事实与状态的因素。从内容上来说，物理维度的评估是现有有关恐怖袭击风险评估研究的主要关注对象。基于已有研究成果，本文设定的物理维度指标包括渗透通道路径、需要的物质基础、社会环境三个二级指标。其中，渗透通道路径指标包括网络渗透（如网站访问量及互动情况等）、人员迁移渗透等。网络渗透需要相关政府与反恐部门对赛博空间恐怖活动进行监测，如对恐怖分子发布的言论、传递的信息等情况进行监控，并应用大数据技术进行分析，掌握其动态活动并进行预测，从而提早掌握各地区恐怖主义网络渗透状态。人员迁移渗透需要掌握各地区人员流动情况的相关数据，并对其进行统计、分析，重点关注恐怖分子以及由关联分析得到的与恐怖分子相关联或正在影响的人的行动路径。

此外，由于恐怖分子在策划恐怖事件过程中，必须占有包括资金、武器等在内的足够的物质资源，因此，需要对恐怖分子的资金流向、武器购买活动、信息资源等情况进行实时监测，通过机器学习发现异常数据变动，及时对非法交易活动进行干预。

社会环境指标主要包括恐怖袭击态势、社会反恐能力等。其中，各地区恐怖袭击态势可以运用大数据技术对各地区发生的恐怖袭击数量、先后顺序、时间间隔、近期社会治安状况进行统计、分析，对现阶段各地区恐怖袭击态势进行评估。社会反恐能力需要对各地区公共场所、政府机构、重要目标、反恐机构等部门和场所的抗恐怖袭击能力进行评估，评估结果作为确定反恐策略的基本依据。

（2）事理维度指标

事理层分析将注意力更多地放在对事实信息背后相关联的深层次原因和机理的剖析上，深入挖掘物理表象之下的事理成因与发展，分析具体应如何操作与处理等问题，从而完成对分析对象事理层面的分析。在恐怖主义渗透力评估中，事理维度的指标包括（恐怖组织）建立通道途径的能力与方式、利用已有物质基础的能力与方式、进一步开发物质基础的能力与方式三个二级指标。由于事理层面关注的是“人”如何运用“物”，体现的是“人—物”的有机结合与互动，因此，这一维度的指标因素也离不开对恐怖分子“人”的因素的考虑，事理维度也就成为了连接物理维度与人理维度的重要部分。在技术手段上可以应用机器学习和社交网络对各地区恐怖分子相关行为活动（包括行动、传播路径，资金、武器购买与使用，人员的招募与分配）的实时监测、分析，从中挖掘出恐怖主义发展态势、恐怖主义传播和渗透路径的内在机制，在此基础上制定有效应对措施。

（3）人理维度指标

人理层分析主要针对具体的主体——人在整个关联事物中的主导作用，展开对研究人本身或具体事物中涉及的人理因素的分析。不同主体人员间人理因素的差异主要反映在世界观、文化、信仰、宗教和情感等诸多方面，特别表现在人们处理一些“事”和“物”中的利益观和价值观上。例如，不同国家、不同经历的指挥官对战争的战略战术、兵力部署、作战计划等方面的考虑存在差异甚至大相径庭。因此，在构建恐怖主义渗透力评估人理维度的指标时，可以汲取社会文化情报的相关研究维度，设立包括法规制度建设、人员数量、人员特征、人员培训机制、宗教派别、组织结构、社会关系在内的七个二级指标。

大数据时代，恐怖袭击形式的相似性并不能说明恐怖袭击有着相似的目标指向，相反，恐怖组织的形成受政治、经济、文化、法律、宗教、民族、战乱等多种因素的影响，不同的恐怖组织发动恐怖袭击有着不同的诉求，所以不同类型的恐怖组织发动恐怖袭击的导火索也有所不同。因此需要定性分析各地区法律法规对恐怖组织的束缚性并进行评价，获取各地区恐怖组织的人员数量（如 IS 成员及非 IS 成员）、人员特征（来源及背景分析）、人员培训机制、宗教派别、组织结构并对其进行综合分析，此外，运用数据挖掘、社会网络分析技术对恐怖分子的社会关系进行分析，以便掌握其人际互动方式以及信息传递方式。

综上，反恐情报对于预防和打击恐怖主义具有极其重要的先导性作用。然而，反恐情报所具有的“高度的时效性、全面的综合性、超常的隐蔽性、微弱的关联性、孤立的分散性”等特点，使得当前的反恐情报工作处于难以“连点成线、连线成面”的搜集与分析困境中。尽管大数据等技术手段在很大程度上促进了反恐情报的搜集与分析，但从以往发生的诸多恐怖袭击事件来看，反恐部门并不缺乏情报。真正难以突破的是如何在有限的时间内，透过恐怖活动策划者隐蔽的行动，寻找孤立分散信息之间的微弱关联性，进而获得对恐怖分子及其可能行动的全面综合性认知，防患于未然。

依据 WSR 系统方法论的基本思路，构建的恐怖主义渗透力评估指标体系，可用以评估某一地区或国家受恐怖主义势力渗透的程度。反恐情报与恐怖主义渗透力评估指标体系之间的关系如图 1.7 所示。

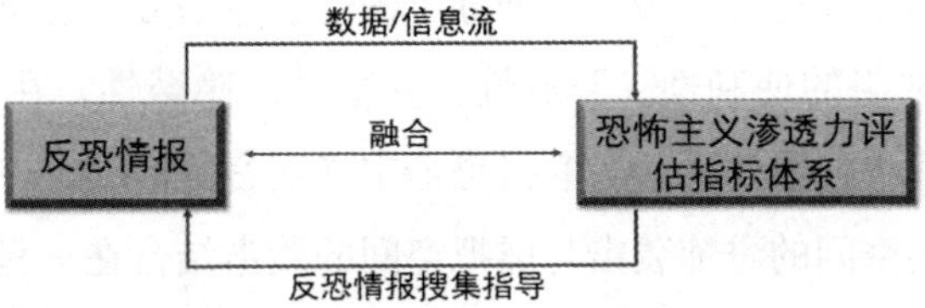

图1.7　评估指标体系之间的关系

一方面，该评估体系所涉及的不同维度和层次的指标为反恐情报的搜集与分析提供了全盘系统的指导性方向，是反恐情报搜集的新思路和新起点，有利于反恐人员面对大量分散孤立的信息时找到情报搜集与分析的突破口；另一方面，反恐情报为恐怖主义渗透力评估提供所需的数据和信息流。所构建的渗透力评估指标将分散的反恐情报信息进行量化操作，通过量化指标进一步反映不同情报信息之间，以及这些信息与恐怖行动之间的关联性及关联强度。

此外，恐怖主义渗透力评估的最终结果本身也融合为反恐情报的一部分。对某一地区或国家受恐怖主义势力渗透的程度进行评估，有利于提高相关地区或国家对自身反恐形势及能力的判断，找到自身在应对和遏制恐怖主义渗透过程中的短板，进而以此为依据制定相应的宏观反恐行动策略。

七、互联网时代反恐情报系统组成要素[1]

情报是反恐的关键性环节，更是反恐斗争的“耳目”，决策的“智囊”，反恐行动的“保障”与“枢纽”。情报贯穿了整个反恐斗争的全过程，是反恐工作的“无形盾牌”。纵观世界上遭受过恐怖袭击的国家，都非常重视情报在反恐中的作用，积极投入了大量的人力物力来建设反恐情报。许多国家的反恐经验中都有情报优先的理念，反恐情报成为了反恐行动中不可或缺的关键性因素。

[1]　李本先、张薇：《反恐情报 2.0：互联网时代的反恐情报体系》，载《情报杂志》2017年第10期。摘编后收入本书。

反恐情报中，人工与技术是获取情报的两大手段，但随着互联网技术的普及，网络恐怖主义已经来袭，恐怖分子的信息传播方式也正发生着重大的变化，借助互联网络的便利性、开放性、共享性、隐蔽性，在网络平台进行鼓动、策划、指挥各种恐怖活动、散播恐怖主义谣言等活动，许多信息被网络信息所隐藏，现实空间的恐怖袭击与虚拟空间的袭击结合在一起，将对人类造成巨大的危害。面对网络恐怖义的威胁，反恐情报也从注重人力情报的 1.0 时代，进入了 2.0 时代——网络情报时代，反恐情报需要新方法与技术手段，以应对未来可以发生的各类恐怖事件，消除其对人类和平与安全的影响。

（一）反恐情报 2.0 及关键要素

与传统的恐怖组织相比，现代的恐怖组织积极利用互联网，借助社会网站功能、依托网络、发布各种音视频文件，互联网成为了恐怖分子作案的主战场，社交平台逐渐成为恐怖组织预谋恐怖活动的“虚拟指挥所”，恐怖主义已经进入新媒体时代，网络成了恐怖分子活动的关键性链条，他们的行动更加隐蔽，行踪难测，防范更加困难。但是幸运的是，任何人在网络的信息都会留下痕迹，对其进行监测与分析，将有可能实时动态的掌握其变化情况，这需要反恐部门对此采取行动，从国家安全的战略高度来评估其可能造成的风险，转化反恐战略思维，强化情报主导反恐的理念，实现反恐情报从 1.0 时代跨入 2.0 时代，即从传统的依赖于人力情报时代进入借助网络收集与分析情报的时代。

之所以提出反恐情报进入 2.0 时代，原因在于：与过去传统的反恐情报相比，1.0 时代更多通过人力来完成情报的收集与处理，在 2.0 时代，恐怖分子更多的借助网络来进行作案，早期的工作几乎都通过网络来完成。与之相对应的是情报数据的来源更广泛，开源情报更显重要，数据量更庞大，人工获取情报的手段越来越困难，技术手段在反恐情报中地位与作用越来越占据主导地位。

在反恐情报 2.0 时代，情报的作战样式发生了变化，网络情报心理战成为了双方争夺的焦点，这直接导致反恐情报的体系结构发生巨变，反恐情报所依赖的内外因素发生改变，需要一个更强大的情报系统来应对网络恐怖主义对人类的威胁。从系统工程的角度来讲，一个体系，是由多个系统所组成，构成系统的要素涉及多个方面。从当前的反恐实际来看，其关键性要素包括以下几个方面：

1. 反恐情报的组织机构

反恐情报的组织机构是反恐情报顺利实施的关键性要素。一个高效顺畅的组织机构才能确保反恐情报顺利运行。组织机构不完善将会制约反恐情报工作的效能，形成信息孤岛，使命与任务难以完成，世界上许多国家都对其反恐情报组织机构进行了调整与整合，以便形成统一的反恐情报组织系统。

"9·11"事件后，美国对其情报机构进行了反思，发现情报机构设置重叠，缺乏对内部资源的有效整合，情报系统内部以及情报系统与非情报系统之间的工作脱节，相互扯皮。针对这些问题美国调整了情报系统的组织和指挥机构，明确了组织、指挥的部门，并成立了专门负责反恐情报的组织机构——国家反恐中心，并明确了其责任，国家反恐情报中心直接对国家情报总监负责，打破原来以搜集为中心的"烟囱"式分工格局，提高了反恐情报组织的运行效率。俄罗斯根据第116号总统令《反恐措施》和反恐法成立了国家反恐委员会，实施情报主导反恐，其领导体系为联邦中央、联邦主体、市三级反恐委员会，如图1.8所示。俄罗斯承担反恐情报任务的主要是国家反恐委员会，联邦安全局、对外情报局、总参情报总局、侦查委员会、内务部都接受国家反恐委员会的指导，形成统一的反恐情报组织系统。

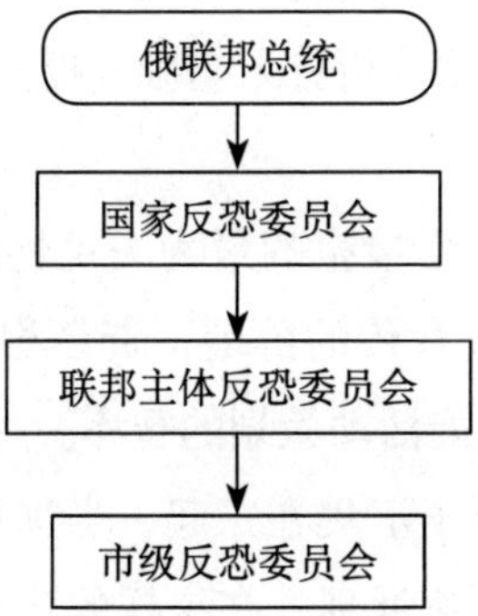

图1.8　俄罗斯三级反恐委员会

从上述的组织机构来看，反恐情报组织机构的设置有如下特点：一是都有一个专门的组织机构来全面负责反恐情报。如美国的国家反恐中心、俄罗斯的国家反恐委员会、以色列的摩萨德；二是指挥体系呈现扁平化指挥体系；三是强化反恐情报机构的协调机制，通过协调全面整合各个部门的情报，为反恐服务。

2. 数据库

情报开始于数据，数据是反恐情报的基石，更是反恐数据库建立的前提。反恐情报的数据一般通过人工或技术手段来获取，获取数据的主渠道有内部来源及开源情报。在反恐情报 2.0 时代，由于恐怖组织利用网络来策划各种恐怖活动，其开源情报将是主要数据的来源，这就决定了其数据来源于各种网络及各种社交软件，特别是恐怖分子的网站、聊天室、论坛，以及通过 App 发布的各种数据，如文字、音视频数据。另一方面，为了长期有效的追踪与跟踪恐怖组织的演化及长期活动情报，也需要收集过去作案的案件数据。

数据收集完成后，就需要建立相应的数据库，重点是构建两类数据库。一是开源情报数据库。开源数据是反恐情报 2.0 时代的主要渠道，可以拓展情报数据的来源，挖掘出更有用的情报。重点关注的问题有：恐怖组织的出版物，如 ISIS 定期出版的杂志；网络发布的各种信息；建立的网站；在网络空间发布的各种信息，特别是招募与吸引恐怖分子的音视频数据；网络通信手段；网络资金及交易过程。二是可疑人员及历年恐怖事件数据库。此类数据库重点关注参加过恐怖组织活动的人员、思想基础、活动情况、与哪些组织有联系、他们的训练基地、人员数量、核心人物等关键性信息。这两类数据库的构建将为反恐情报的数据分析打下基础，提供数据源。

3. 数据处理与分析

数据的处理与分析是反恐情报的最为关键性的一步。在反恐情报 2.0 时代，恐怖组织把网络作为其宣传的阵地，资金积聚的银行，招募的大本营，信息传输与交流的平台，恐怖活动策划的智库。他们充分利用网络的隐蔽性，将分散的世界各地的恐怖分子汇集在一起，当进行作案时，从四面八方迅速地聚集在一起，恐怖网络迅速涌现。在这样的背景下，传输的数据的规模越来越大，数据格式更加复杂，特别是网络音视频数据越来越多。他们还通过各种加密手段，应用计算机难以自动识别的语言进行交流。这给反恐方的数据处理带来了巨大的困难，数据处理与分析的技术与方法要求更高，数据的分类与聚类更加困难，普通的方法难以对这些数据进行识别与处理，这给反恐情报的精确处理带来了难题。

4. 形成反恐情报

数据处理与分析完成后，情报部门就需要应用相关的技术与方法，对这些数据进行加工，对已经处理完的数据进行深入分析，形成真正的情报产品。在这一过程中，通过互联网络获取的开源数据，难以通过人工的手段进行分析与处理，这就需要借助计算机技术，开发出能够分析大数据的系统，让计算实施自动分析与处理。自动分析处理完毕后，还需要通过相应的人工对所分析出的情报进行评估，提取真正符合反恐的情报，准确获取情报产品。

5. 情报报送

情报产品形成后，就必须传递给使用者，这是实施反恐情报共享的关键性步骤。在情报报送过程中，一定要注意加密，并且遵守相关的规定。同时，反恐情报的共享时，要明确使用者、责任人，特别是反恐情报部门的权利与义务应得到及时的保障。情报传输过程中，必须采用专用通道，做到即要保证情报传送到相关的反恐部门，同时更要保证其保密性。在反恐情报 2.0 时代，情报的传输更多的是借助于网络，在网络传输过程中，一定要对情报进行加密、做好安全防护，防止情报秘密被恐怖分子拦截。

（二）反恐情报体系及关键技术

一个完整的反恐体系是由多个系统所构成，系统又由多个要素构成。从目前的反恐实际看，反恐情报体系构架可以做如下设计：

1. 反恐情报系统体系设计

任何一个系统都必须明确其需求，反恐情报系统也不例外。互联网时代的反恐情报，其情报系统主要有三个目的：一是为反恐服务。在反恐行动中，正确、及时、高效的指挥，是取得反恐胜利的关键。要达到此目的，只有建立在可靠的情报基础之上，反恐方只有掌握了情报才能掌握主动，预防与攻击目标才能准确，因此，反恐情报首要的任务是服务于反恐行动。二是预防与预警。在互联网时代，恐怖分子借助网络进行传输各种信息。在传输过程中，总会留下许多信息，掌握这些信息，可以对恐怖组织的基本情况及恐怖分子的活动实时进行监测，摸清其活动规律，发出早期预警，对相关攻击目标或基础设施进行提前防护，做好准备。三是动态掌握恐怖组织内外变化情况，研究其组织活动规律。在互联网时代，大数据技术为反恐情报提供了技术支撑，通过大量的数据研究，反恐方可实时掌握其动态变化情况。

一个完整的反恐情报体系包含了多个系统，系统与系统之间包含了许多要素，最终构成整个体系。据此，整个反恐情报体系架构由数据层、情报层、指挥与控制层、预警层构成，在各个层面有构成体系的多个系统（如图 1.9 所示）。

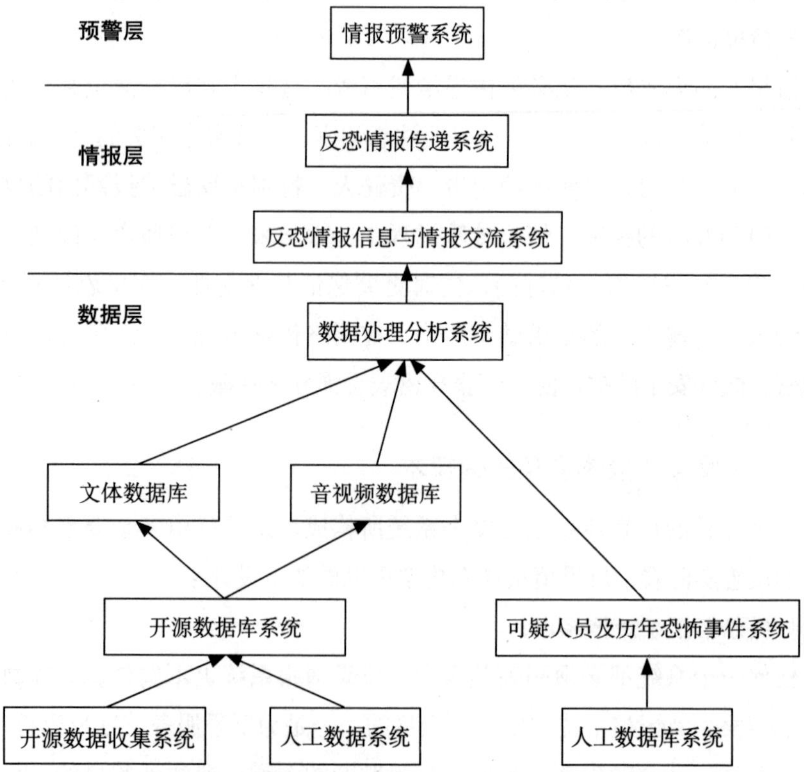

图1.9　互联网时代的反恐情报体系构成框架

（1）数据收集与分析系统

在这一系统中包括了多个系统，但关键性的作用是完成数据的收集。在互联网时代，数据的收集更多的要关注恐怖分子所发布的各种开源数据，建立人工数据库系统，然后对数据进行处理与分析。在处理过程与分析过程，必须借助现代计算机技术进行智能化处理与分析，结合人工情报，对数据进行精准化处理。

（2）反恐情报综合系统

此部分是在数据收集与分析系统基础上，经过处理后的数据，应用各种数据分析方法，提炼出情报，并把情报与相关部门进行分享，分享过程中，注意安全与保密性，构建反恐情报传递系统，确保情报的安全传送。在这一层还需要完成对情报的分发，特别是对各情报部门的协调，建立完整的沟通机制，反恐情报的组织运转模式，让反恐情报及时送达到各处部门，完成对反恐情报的早期预警工作。

（3）情报预警系统

根据前面各个系统完成的任务，最后发出早期预警。预警的具体工作有以下几个内容：一是及时删除涉恐信息。互联网时代，恐怖分子借助网络传送各种音视频，通过此种方法传授各种作案手法，行动准则，制爆技术或是招募人员，对有意向的人进行洗脑等活动，如果网络无法及时监控到这些信息并做处理，将有可能扩大其负面效应，达到恐怖组织的目的。二是对高风险地区进行布置。根据前面分析所得情报，对恐怖分子有可能展开袭击的地方进行警力布置，提早做好准备。三是为打击恐怖分子的行动提供情报。根据相关的情报，如果发现恐怖分子的藏匿之地或是训练营等活动时，那么反恐特种部队就需要展开相关的行动，将恐怖组织的活动消除在萌芽状态。这时，反恐情报是反恐特种部队行动的关键性因素，可靠的情报将为他们行动提供强有力的保障。

2. 反恐情报的关键技术

反恐情报体系建设中涉及若干关键技术，其中最主要的有以下几项：

（1）数据挖掘

在反恐情报 2.0 时代，这一方法对反恐情报的支撑作用更为明显，建立大型的开源数据收集系统，实施智能化收集，将会大大增强反恐情报部门的情报收集能力。现代挖掘技术更为反恐情报的分析提供了强有力的技术支撑，如信息的集成、观点挖掘与情感分析、关联规则、WEB 爬虫、信息检索等，都为反恐情报的数据收集与处理拓宽了渠道。另一方面，反恐部门也可以通过先进的装备技术对恐怖组织的活动进行实时动态侦测，全面收集数据，然后通过数据挖掘技术分析背后的情报。

（2）大数据技术

大数据时代已经来临，随之而来的是恐怖分子在利用网络进行各种活动时，借助网络平台，建立网站，发布涉恐视频等，这些数据与过去相比，数据的规模、类型都发生了巨大的变化。这些数据为反恐方的情报分析提供了机会，因为恐怖分子只要通过网络传输，总会在网络上留下蛛丝马迹，分析这些网络信息将为反恐方提供情报。在分析时，大数据技术是获取反恐情报的利器，大数据为反恐情报的收集与处理提供了数据源，大数据存储平台为反恐处置提供及时的舆情信息，拓展了反恐情报的综合分析能力。应用大数据分析技术可对恐怖分子的作案行动进行追踪，预测与监测恐怖组织的活动、可视化分析，为反恐方提供更多的情报。

（3）网络科学

网络恐怖主义已成为信息时代恐怖主手段和方式发展的新领域，成为挑战国家安全的新安全问题。网络已经成为恐怖分子的主战场之一，通过网络，恐怖分子不断地编制自己的虚拟与现实网络，把分散在世界各地的恐怖分子组织在一起，形成网络化生存。对于反恐方来说，关注网络信息，挖掘出情报，利用网络思维来分析恐怖主义，将是反恐情报 2.0 时代不可忽视的手段。在这样的背景下，借助网络科学，利用网络思维来预防与打击恐怖主义将是反恐研究的一个重要方向，也是获取反恐情报的重要手段。

（4）仿真模拟

反恐情报 2.0 时代，人工获取恐怖组织的情报越来越难，线人的培养也需要付出巨大的代价，并且容易被发现。在这样的背景下，借助收集来的网络情报、恐怖组织过去的作案规律、人员情况以及反恐部门在过去通过审讯方式所得到的数据，进行人工模拟，将会更好地掌握恐怖组织的动态变化。而人工智能技术为模拟恐怖分子的各种行为提供了技术与方法。在模拟过程中，把其行为抽象成多个 Agent，编写各种算法，搭建仿真平台，借助计算机模拟与仿真，动态的模拟恐怖组织网络的演化、构建过程，对其行为进行推理，预测恐怖组织的行为及行动，全面掌握其动力学行为，将使反恐方面更深入地了解恐怖组织的网络结构特征，全面把握其演化规律。另一方面，通过人工智能，可以合理规划反恐方的警力部署、合理选址，这将有助于反恐方提前做好预警与防范准备。

总之，反恐情报已经进入 2.0 时代，反恐情报的地位及作用得到了加强，其预防作用越发明显。一个科学有效的反恐情报体系将对一国的反恐怖工作做出巨大的贡献，在反恐决策中做出正确的判断，实施早期预警，提前消除潜在的恐怖主义威胁，维护一个国家的本土安全。关键性技术的应用，将对 2.0 时代的反恐情报提供技术支撑，为反恐情报提供原动力。

反恐情报是反恐作战中不可或缺的元素，反恐情报最大的作用在于在危机发生之前提前预警，减少或降低袭击风险，将恐怖分子扼杀在危机发生之前。在危机中，情报能为反恐作战提供情报支援，对恐怖分子实施精确打击；在危机后，为追踪与审判恐怖分子提供依据，这些正是反恐情报所做出的贡献。

八、反恐情报信息搜集重点及策略 [1]

反恐情报是防御恐怖主义犯罪活动的前沿，是开展反恐怖线索核查和案件侦查的主要来源。搜集反恐情报信息是反恐怖斗争工作的第一道防线，掌

[1]　贾宇、李恒：《恐怖犯罪活动组织和人员之情报信息搜集研究》，载《情报杂志》2017年第2期。摘编后收入本书。

握反恐情报信息是进行反恐怖斗争有效决策的前提条件。由于暴力恐怖活动一般具有突发性强、手段多样、行为极端、危害巨大、组织严密、政治和国际化复杂等特点且常与民族宗教矛盾相关联，决定了反恐怖情报信息工作在很多方面具有不同于其他情报工作的特殊性。

（一）涉恐活动组织的情报信息搜集重点

1. 涉恐活动组织的基础情报信息

搜集重要而及时、有效的恐怖活动情报信息，不仅取决于有效的搜集和处理涉恐信息能力，还取决于对恐怖活动进行威胁评估的能力，可以帮助反恐情报部门提高准确预测恐怖袭击样式和时机的水平。恐怖威胁评估是对可能存在的恐怖威胁进行全面评价和估计，并定期向有关决策和行动部门提供评估报告的一项专门工作。恐怖威胁评估工作的主要内容包括威胁分析（恐怖活动的背景性情报分析和动向性情报分析）、脆弱性分析以及威胁评估。为全面、准确评估可能发生的恐怖袭击，应全面掌握恐怖组织背景资料，包括：各种恐怖组织的组织状况、规模和构成；组织名称、性质和上下级隶属关系；组织的起源与历史、发展与沿革；组织近期与远期目标；组织的内设机构、功能职责、地域分布、工作机制、经费来源、物质保障、技术装备；组织的领导骨干、各部门负责人、成员成长经历、受教育程度、宗教信仰、性格特点、外貌特征、特长嗜好、行动规律、招募途径、家庭和社会关系、职业和经济状况、通常居所、所持证件、通信方式、训练据点、出入境记录等行为轨迹情报信息。根据恐怖活动组织威胁的具体内容和重要程度分为战略性恐怖威胁和战术性恐怖威胁，将恐怖威胁评估报告及时上报国家相关反恐部门情报中心。

2.《反恐怖主义法》对情报信息的相关法律规定

恐怖活动的情报需求是产生一切情报活动的原始推动力，是整个反恐怖情报工作的逻辑起点。反恐情报需求推动整个情报工作有序开展，指导情报工作方向，获取情报满足需求，并根据新的需求不断开展新一轮的情报搜集活动。我国《反恐怖主义法》第 43 条明确规定，国家建立反恐怖主义情报中心，实行跨部门、跨地区情报信息工作机制，统筹反恐怖主义情报信息工作。要求相关部门加强反恐怖主义情报信息搜集工作，对搜集的相关线索、人员、行动类等情报信息，应当按照规定及时统一归口并报送国家反恐怖主义情报中心。该法还规定，国家反恐怖工作领导小组和国家反恐怖工作部门成员单位作为维护国家安全与社会稳定的职能部门，在反恐怖斗争中承担着重要的职责与任务。地方反恐怖主义工作领导机构应当建立跨部门情报信息的工作机制，组织开展反恐怖主义情报信息工作，对重要的情报信息，应当及时向上级反恐怖主义工作领导机构报告，对涉及其他地方的紧急情报信息，应当及时通报相关地方，以便开展后续工作。此条文明确了反恐情报信息搜集的指导性、归口性、机制性等方向性问题。

3. 境外恐怖组织的情报信息搜集重点

2016 年，IS 组织连续发布近百部暴恐音视频，该组织成员在阿富汗等国搭窝建点并极力向中国境内渗透。境外恐怖组织通过在各国的秘密联络点，筹集资金、招募人员。搜集境外恐怖活动组织情报信息重点包括：一是“东伊运”恐怖组织活动的动向和线索。“东伊运”在巴基斯坦、阿富汗、叙利亚及俄罗斯等地活动动向，包括其人员构成、行动规律、组织形式、活动范围、资金筹集、人员招录等情报信息，“东伊运”与“IS”“基地”“乌伊运”“塔利班”等势力勾连活动等情况。二是“东突”恐怖组织活动动向和线索。“东突”组织招募人员、筹集资金、制作发布暴恐音视频、境外遥控指挥、境内煽动实施“圣战”、网上创立勾连渠道等情报信息，特别是派遣境外或“回流”人员入境，向境内开展反动宣传造势等破坏活动，指挥境内人员实施暴力恐怖破坏活动等情况。三是“世维会”等境外组织、“藏青会”激进组织活动情况。“世维会”头目热比娅及其主要成员的行为动向和近期私人活动情况，利用敏感节点煽宣造事等情报信息，“藏青会”等“藏独”激进组织宣传宗教极端思想，暗中仿效恐怖活动行为方式等情报信息。

4. 境内恐怖组织的情报信息搜集重点

中国境内少数暴恐组织与境外恐怖组织常有勾连，主动接受“战术”指导、寻求出境参加恐怖组织意愿突出。国际、国内极端势力加速合流，相互借势、相互策应的联动性不断增强。因此，应高度重视境内恐怖活动组织情报信息搜集重点，严防“外乱内动、内呼外应”的情况发生。

（二）恐怖活动人员的情报信息及其搜集重点

情报既是一种结果，也是一种过程，情报源于需求、始于搜集，经过分析、研判与处理后，最终用于使用，它是一个循环往复、相互作用的过程。从已发生的暴恐案件来看，反恐情报信息的准确性、可靠性、及时性方面还存在较大差距。尤其是对组织人员内部的结构、力量构成、行动方式、生活规律、通联渠道、资金来源、武器装备等方面的情况还知之甚少，对可能的破坏行动和袭击风险都还难以做到预知、预判和预警。

1. 恐怖活动人员情报信息

恐怖活动人员情报信息搜集重点是对所有可能获得的人员情报信息进行搜集、整理、分析、研判，以便发现可能发生恐怖活动的情报征候，有效服务于防范和打击恐怖活动的过程。恐怖活动人员实施恐怖活动大多是经过周密准备、精心策划，有组织、有预谋、有目标实施的。针对国内外恐怖活动的特点，情报信息侦察工作应当围绕恐怖活动人员的计划准备、组织实施各个环节，有针对性地突出对此类人员开展防范和侦查。情报信息工作部门要坚持统一指挥、各司其职、密切配合、快速反应、及时预警的原则，建立反恐怖情报侦察快速反应机制和紧急状态应急处置机制，采取一切有效措施和手段，迅速有序开展涉恐人员的情报信息搜集、调查取证和现场控制。涉恐人员情报信息的搜集主要包括恐怖活动人员姓名、年龄、国籍、住址、职业或隐蔽身份、活动区域、资金来源、知识结构、生活规律、体貌特征、兴趣爱好、犯罪技能、受教育程度、宗教理念、行动方式、交通工具、资金交易等，以及涉恐洗钱融资记录、武器弹药藏匿、预备实施目标、行动实施方案、宗教极端思想氛围、“伊吉拉特”迁徙动向、外部恐怖势力通联等。

2. 恐怖活动人员日常情报信息线索预判

反恐怖相关成员单位通过情报侦查发现即将发生暴力恐怖活动，或者个人、组织意图招募人员参与从事暴恐活动，都应第一时间向属地反恐怖工作领导小组报告。恐怖活动人员日常情报信息线索预判包括：①开展从事传播极端思想、发展组织、筹集资金、获取武器弹药、内外勾连等地下活动，意图未来组织实施多点、多地形成联合阵线实施袭击；②由个人或组织以口头、书面、电子证据等形式，透露暴力恐怖活动正在发生或即将实施；③通过邮寄信件或包裹寄送可能含有可疑危险物品，内含有毒物品或恐怖信息相关书面信息、光盘等资料，意图制造恐怖活动或恐怖气氛；④反复刻画、踩点、多次寻找暴恐活动的攻击目标，制定详细的行为活动方案，包括具体作案实施时间、地点、目标人群、实施效果、危险评估和逃跑轨迹路线等信息；⑤准备实施个人极端暴恐行为，提出袭击具体对象或攻击目标，个人的某些行为可以作为参与暴恐活动的准备行为；⑥向外界社会多次表达暴恐行为和极端宗教思想的合理性与正当性，表达从事暴恐活动的意愿或与特殊组织、团体具有一定的往来关系，意图证明自己有一定的势力范围及人脉；⑦长期通过网络聊天室或网络即时通联工具进入可疑网站，陈述暴恐宗教极端观点、主张和看法；⑧密切关注重点节点、敏感日期社会面警力部署或探听相关社会治安治理等维稳政策。

3. 恐怖活动人员的情报信息判定

恐怖分子实施暴恐袭击前一段时间，必定会对实施目标、行为对象进行“摸底”“打探”，对犯罪工具准备、行动实施方式、逃跑路线将进行精心谋划，特别应当对恐怖活动人员的一些特殊行为表现进行情报搜集与判定。主要包括：①对特定政府机关、大型活动场所的安保人员装备配置数量、进出口通道、障碍物进行观察、拍摄搜集；②对人员密集场所各楼层设施、通道、出口、监视控设备进行观察拍摄，测绘并搜集该地区及周围区域的平面图；③个人对航空设施周边的建筑物、控制（观测）塔、照明设施及其跑道进行细致观察拍摄，特别对类似军事、警务、爆破等知识有浓厚兴趣；④同一可疑人员多次反复出现在重要机关、基础设施附近、禁区外拍照、观察、逗留，持有重要基础设施、标志性建筑物、其他非游客兴趣点照片的人员；⑤对恐怖主义犯罪活动通过各种方式表达同情，没有违法犯罪记录却暗中多次资助恐怖活动，并持有爆炸物、毒物原材料，或私藏仿真武器等。

4. 恐怖活动物品的情报信息搜集与判定

恐怖活动物品的情报信息搜集与判定包括：①通过网上购买或盗窃制爆原材料，包括化学物质、有毒物质、武器、可供制造违禁品的物品，以及通过利用社会管理漏洞，以非法方式获得特定单位的门禁卡、工作证、饭卡、制服、设建筑计图等；②没有正当理由筹集、接收、传递、转移、运送上述物品，通过各种渠道获得恐怖活动所需的相关知识，经常通过各种虚假理由，利用网络或实体店形式，大量购买筹集特定领域的装备、管制物品；③私下购买敏感物品，暗中练习搏击、格斗等技术，深入研究制造爆炸物的方法，愿意接受军事训练，没有相关学科背景、合法身份却四处询问敏感物品信息；④重点群体、敏感人群长期通过互联网、即时通信工具、实地打听询问等方式搜集掌握最新政府、公安等部门出入境护照办理工作动向，意图掌握出入境管理部门办理护照工作动态，使用虚假证件实施护照办理等。

（三）恐怖情报信息搜集的策略

反恐怖情报信息工作需建立全民反恐战略、地区间情报搜集与共享、反恐基础业务建设和技术性秘密情报信息的搜集、处理、评估和情报研判协作等，可从以下几方面着手。

1. 积极借鉴国外全民反恐情报信息实施战略

从全球反恐来看，应坚持软硬两手加以应对，采取加强执法、边境管控、情报搜集以及打击轻小型武器、制爆原材料走私活动和恐怖融资等举措，并加强在情报交流、数据交换、信息共享、引渡、证据交换、能力建设等方面的国际合作。注重与私人机构、民间组织的情报合作，利用社交媒体等开展反恐宣传教育，特别是要积极推动宗教去极端化工作，充分发挥宗教领袖和学者、民间组织、重点人员的正面作用，积极倡导和平、宽容和温和的理念。与此同时，不应将恐怖主义与任何宗教、国家、种族、文明和民族联系起来。

近年来，世界各国相继出台全民反恐策略，鼓励以社区和家庭为单位组成反恐战线。2011年美国政府发布《提升地方伙伴能力，防范国内暴力极端主义》，要求建立以联邦政府为主导，以社区和家庭为基本单位，各级地方主体共同参与的反恐和反极端主义战线。"9·11"事件后，美国警察协会和司法部等机构共同发起"守望美利坚"计划，鼓励民众提供涉恐情报线索，以便预防犯罪和恐怖袭击，并积极做好应对恐怖袭击等紧急事件的准备。2009年美国国土安全部在全国范围内推行"全民反恐战略"，呼吁美国人民要站在反恐情报战线的最前沿。2015年，英国制定了"五年反恐计划"，指出英国人投奔IS是社会融合和社会凝聚力失败的结果，强调运用"软干预"等手段铲除极端思想的滋生土壤。英国政府特别建立一套以社区为主体的干预机制，地方政府、警察局、学校、青少年管理部门、社会工作者等被要求按照一套"恐怖威胁辨识指标"，对易受到极端思想蛊惑的"脆弱群体"，尤其是青年进行异常行为鉴别与宣传。2015年，日本政府宣布将在外务省建立"国际反恐情报收集组"，负责恐怖犯罪活动相关情报的统一搜集与处理工作；同时还在内阁官房设立"国际反恐情报汇总室"作为其上级部门，形成直达首相的情报汇总体制。日本全民反恐行动包括：情报收集、国境管理、重要设施与软性目标的警戒、反恐处置能力、官民合作反恐、海外国民安全保障以及反恐国际合作。

2. 完善地区间反恐情报信息搜集与共享

"信息提前一秒就是情报，错过一秒就是新闻"。掌握情报信息是夺取反恐斗争胜利的法宝，是掌握反恐怖斗争主动权的根本举措；没有情报信息，反恐怖斗争将陷入被动，甚至会造成无可挽回的损失。反恐部门应积极增强敌情意识，建立覆盖面广、触角灵敏的情报网络力量，实现情报预警、情报导侦、情报互通、主动预防、超前预防。一是当前反恐情报信息搜集要以境外恐怖势力、境内暴恐极端团伙、暴恐极端分子活动动向及线索为目标，密切关注国际反恐最新动态尤其是重点国家恐怖组织动向，努力获取内幕性、前瞻性、预警性和行动性情报信息，及时互通异常情况和反常迹象，加强分析、研判与协作。二是要强化情报信息的分析、研判与共享。重点掌握、分析和研判恐怖极端组织可能针对各国海外目标实施暴恐活动的情报线索。主要包括海外利益、机构、人员策划实施恐怖袭击的线索；南亚、中亚、中东、北非等地区主要恐怖极端组织的组织、人员、能力变化、活动动向等情报线索；恐怖极端组织向沿线国家、周边国家及其他地区渗透的情报。三是要建立情报共享机制。应综合运用多种手段，加大情报共享与合作力度，努力斩断恐怖极端组织勾连渠道，铲除恐怖分子资金流动的通道和来源。

国家间要制定反恐怖情报信息共享协作制度，加强情报信息资源的整合、互通与研判，充分发挥国家间的协作配合、技术侦查和人力情报信息优势，及时掌握传递价值性、时效性的情报线索，同步通报相关国家，以便有关国家抓紧落地核查，快查快办，防止针对外国基础设施建设、经济投资、项目建设和人民生命财产安全造成危害。

3. 加强技术性秘密情报信息搜集工作

技术性情报信息是反恐情报工作中最犀利的武器，能够迅速、直接地获取恐怖活动组织及其人员的内幕性情报信息。美国 2011 年《爱国者法》授权允许执法机关在处理涉恐案件时使用窃听和秘密搜查等技术情报手段，并相应地改变搜查和拘捕权限的举动。允许执法机关在没有立即通知当事人之前可以搜查其寓所和办公室，而且 FBI 的特工可以使用包括窃听在内的侦查手段对他们认为具有恐怖分子或外国间谍嫌疑的人员开展调查，以一种进攻姿态去搜集技术性情报。

近年来，无线通信网络已经成为恐怖主义和极端思想传播的重要途径，国内多次发现有重点关注群体人员通过使用购买当地的手机上网卡从事涉恐可疑通联情况。从世界范围来看，手机号码实名制十分普遍，巴基斯坦等国已经全面实现手机、指纹的双向验证。在实践中，通过秘密调查、技术侦查、隐匿身份侦查、控制下交付、阵地控制、密搜密取、电子视频侦查等技术手段获取与恐怖主义犯罪有关情报和线索，能够揭示恐怖活动组织和人员规律特点及内在联系，能为发现、控制、侦查恐怖活动提供线索，为打击恐怖活动提供科学的决策服务。

九、恐怖威胁形势与国家反恐情报战略[1]

在国际恐怖主义“回潮”的大背景下，面对日益严峻、复杂的反恐形势，反恐情报已成为国问。随着我国反恐形势的复杂变化，有必要将反恐情报纳入国家安全战略。

（一）恐怖威胁及反恐国际合作困局

1. 中亚和西亚恐怖活动构成的威胁

中亚地处欧亚大陆腹地，与中国西北边陲毗邻。中亚政局总体稳定，但平静的表面下暗流涌动。近年，有中亚“压仓石”之称的哈萨克斯坦安全局势不容乐观，涉恐案件有增加之势。吉尔吉斯斯坦一直有种族矛盾存在，因为政权更迭，社会动荡不断。阿富汗与巴基斯坦交界地带已成为“东突”分子的恐怖据点。境内外“三股势力”正成合流之势，并逐渐向我国腹地扩散。

西亚的反恐形势也不容乐观。一方面，西亚极端恐怖主义猖獗，重新沦为恐怖主义的策源地。恐怖组织“伊斯兰国”（ISIS）的头目称，数年后要占领包括中国在内的世界上数个国家和地区。另一方面，西亚问题是关系到世界板块秩序的大问题。中国在西亚的海外利益多集中于这些高危动荡地带，这意味着中国面临的恐怖威胁也将随之加大。

2. 宗教渗透构成的威胁

在反恐战场上，还有一个看不到硝烟的战场，那就是“心战”。中国意识形态安全在复杂的国际环境下正面临着严峻的挑战与威胁。特别是“三股势力”和西方敌对势力不谋而合，试图以宗教为突破口加紧向中国进行渗透。随着信息化技术的发展，“三股势力”通过网络等现代传播手段进行招募人员、传播宗教极端思想、获取暴力工具、策反外逃和发出袭击信号等恐怖活

[1] 魏海亮、王振华：《论国际恐怖主义背景下我国安全形势与反恐情报战略构建》，载《情报杂志》2015年第4期。摘编后收入本书。

动。据有关调查数据显示，中国发生的暴力恐怖事件，其中 90% 是恐怖分子通过网络“翻墙”软件观看网上视频制造事端的。值得警惕的是，宗教极端势力正在向我国高校渗透极端思想，大学生成为境外敌对势力对中国进行思想文化颠覆的首选目标。

3. 大国博弈下的国际反恐合作困局

可以预测，未来国际反恐合作纵深化（情报深度共享）是大势所趋。美国政要多次声称美中关系是 21 世纪最重要的双边关系，但在对华的战略中又多见其全面遏制的手臂和双重标准的影子。在美国大举“亚太再平衡”战略的背景下，中国在反恐方面不仅没有得到美国的支持，反而受到美国的质疑和指责。不仅如此，大国博弈下中美关系的地缘影响力也传导到我周边国家，当前我国同南亚、东南亚国家开展国际反恐合作已感受到此影响带来的压力。如果美国继续在对待中国反恐持双重标准，即使中美在反恐上有潜在利益共同点，合作道路也注定迷雾重重。

（二）境内恐怖袭击新特点及反恐情报不力

我国境内发生的恐怖案件与境外“东突”势力密不可分，从诸多案例发现，一些恐怖袭击不仅吸收国际经验，而且兼具本土特色，其本质都是在挑战中国核心利益。而反恐之关键就是情报战，情报缺失是反恐工作最致命的一环，如果没有情报支撑，防范和处置都将陷入被动。

中国首部国家安全蓝皮书暨《中国国家安全研究报告（2014)》面世，其内容显示暴力恐怖活动地域扩大，火车站等人群聚集地成为恐怖事件多发地带，从冷兵器砍杀到自杀式爆炸袭击，暴力恐怖手段不断翻新，“独狼式”“家庭式”和“临时起意式”等恐怖袭击令人防不胜防。恐怖团伙中女性增多，其组织成员低龄化，恐怖分子对袭击时间、地点精挑细选，追求“软目标”伤亡，注重恐怖效应，吸收平民参与，难以被识别，暴力工具就地取材等，这些新特点对我国反恐防范和打击工作提出了严峻挑战。同时，应警惕的是，这些恐怖袭击特点不会成为既定模式或成为一种趋势，因为恐怖分子从来没有放弃过劫持航空客机这种大规模劫持人质或追求更大规模杀伤的图谋。

通常情况下，恐怖分子都不具备与武装反恐力量相抗衡的能力，一旦准确掌握恐怖组织的成员、地点和轨迹等信息，捕歼或剿灭是轻而易举之事。然而，近几年在我国境内发生的一些恐怖袭击案件，几乎均暴露出事前毫无察觉，反恐部门未掌握任何情报线索，甚至已掌握情报却因研判不足或是部门间情报交互不畅而影响到正确决策等。当前我国反恐情报不力，主要体现在几个方面：一是，对恐怖威胁风险认识不足，情报观念存在偏差，未能将情报反恐融入国家安全战略。二是，反恐情报组织架构不够健全，布局不尽合理，各地情报网零散、参差不齐，缺乏系统化、立体化和网络化。三是，情报机构的职能和权力不匹配，情报协作共享存在部门壁垒，运作机制缺乏法律支撑。四是，情报工作模式落后，缺乏先进的情报信息获取技术和处理工具，难以保证情报的完整性、实时效性和广泛性。五是，缺乏专业的反恐情报收集和分析人员，在反恐情报人才选拔、培养方面刚刚起步。

（三）“整体政府”理论下的国家反恐情报战略

“9·11”事件后，美国把极富进攻性的“先发制敌”理念贯穿于《国家安全战略》和《国家情报战略》始终，实践证明该理念在反恐情报中兼具战略和战术指导意义。“先发制敌”打击暴力恐怖分子，意在赋予情报工作机构更大主动权，其关键前提是对恐怖袭击有超强的预警能力，依靠情报尽早发现恐怖活动苗头，先行给予恐怖分子毁灭性打击。

中国的反恐工作，从国家安全委员会的顶层设计到基层布防，正在经历一场史无前例的全新改革，不难看出将实现几个目标，即：在深度上更加重视标本兼治，在广度上将更加注重跨部门协同，在力度上将更加强化快速反应。按照这样的规划要求，我国的反恐情报战略将现雏形。构建国家反恐情报战略的总体思路是：在“整体政府”理论的指导下，确立国家反恐情报战略的创建原则与内容模式作为总体支撑框架，组建国家情报中心作为战略主要工作体制，完善跨部门情报协同作为战略核心运行机制及关键技术保障。

1. “整体政府”理论的启示

“整体政府”（即“协同”）理论起源于20世纪70年代，由德国物理学家赫尔曼·哈肯创立，兴起于21世纪初。在这一理论的感召下，英国、美国、加拿大、澳大利亚等国掀起了一场声势浩大的公共管理运动，当下仍是行政管理学界一个研究热点，其核心理念是推动政府部门之间的协调与合作。当下重大危机事件频发、高发，事件往往具有发生突然性、危害严重性、原因复杂性等特点，其应对超越了政府单个部门的能力和权限，因此有必要建立和完善协同治理机制。在反恐背景下，美国积极吸取“9·11”的教训，很快意识到跨部门协同的重要性，并将其设为国家反恐情报工作的核心机制。

国家反恐情报战略不仅将反恐情报事务提升到国家层面，而且为反恐情报工作提供行动指南。要在总体国家安全观的指引下，紧紧依靠群众，武装反恐和软性反恐并重，走全民反恐之路，妥善处理好民族、宗教事务与反恐的关系，正确处理好维稳与反恐的关系以及国内与国际的关系。具体操作实施中，要依据国家安全战略，依托国家情报中心为平台，在相关体制、机制和技术的保障下，制定长期发展规划，绘就构建路线图。例如，确定情报跨部门协同机制建设的目标、各主体部门的责任与义务、情报系统的技术标准、数据的推送模型、情报共享的规约和安全监控与许可管理等。

2. 国家反恐情报战略核心

在制定反恐情报战略前，有必要厘清反恐情报战略在国家诸战略体系中的位置。显然，国家反恐情报战略应隶属于国家安全战略，而国家安全战略是国家情报的最低标准。既要学习借鉴西方发达国家的先进经验，又要秉持中国特色，至少把握好两个基本原则：一是要尊重人权，在宪法制度下保护国家安全与人的隐私及自由，二是要立足国内，在联合国框架内加强国际反恐情报合作。

就反恐情报战略的内容而言，可参照美国的反恐情报战略与战术体系，形成防御、进攻和国际合作三个反恐情报战略与国家安全战略相组合的模式。

一是建立反恐情报防范常态长效机制。①构建跨部门情报协同机制，整合各方面资源，提高信息交换共享的范围和速度，降低信息处理成本；②加强情报工作体系建设，积极妥善化解社会矛盾，防止个人或群体极端暴力转化为恐怖主义，将情报触角延伸到社区；③增加情报信息技术建设中的投入，在重点区域和重点设施覆盖异常人脸与行为检测、危险物品识别、视频定位、智能跟踪等技术。

二是加大反恐情报支持打击力度。①加强反恐作战情报信息研判，为反恐专业队伍提供精确情报，实施“定点清除”、快速被动反应等猎杀行动；②协同推进应急指挥和通信系统建设，构建集情报、应急指挥、通信三位一体的“反应灵敏、统一指挥、协调有序、运转高效”反恐作战体系；③加大侦察技术装备研发力度，技术装备是获取现场行动情报的重要支柱，努力使侦察技术为反恐作战“力量倍增器”。

三是不断增进国际反恐情报合作。国际反恐深度合作的关键是互信，只有互信才能共享情报，这也是实质性合作的最重要标志。为实现国际反恐情报深度共享，提高反恐情报生产力，要让政治同盟、军事联合和经贸融合等成为拉动国际反恐情报合作的“三驾马车”。

3. 组建国家反恐情报中心

美国于2004年正式组建国家反恐中心，综合运用国家力量的一切要素推动反恐工作，并主导实施国家情报与国家安全战略。当前，我国也有必要建立国家反恐情报中心，增强对恐怖威胁的预警能力。国家反恐情报中心应隶属于国家反恐领导小组，接受国家安全委员会的指导，其人员组成应来自国家多个部门和机构，以胜任对恐怖威胁、意图、能力和机会的综合评估。其职能定位是，作为国家整合和分析反恐情报的首要部门，利用国家机关所有的情报资源，执行国家反恐情报战略。在国家统一的技术标准下，应鼓励省或片区成立国家情报分支中心。反恐情报中心应具备几个基本职能：一是作为反恐情报的聚合点，将组织机构的情报集中，从海量的信息中发现潜在的恐怖袭击线索；二是为情报成员机构提供一个交流情报的平台，内部情报专家或其他机构反恐专家联络、沟通，汇集研判信息为反恐作战计划处提供决策依据；三是根据时间、层面、目的和规定等不同形式发布情报战略报告，或每天、实时为成员机构提供情报简报。

4. 完善跨部门反恐情报协同机制

长期以来，在反恐情报方面国内相关部门没有形成密切的合作机制，未能做到情报共享。各个情报机构只注重自身的职责和工作重点。国家安全委员会成立以后，可在全国范围内形成一个合作性和整合性很强的反恐系统。跨部门协同也已然成为反恐工作的核心机制，国家反恐情报中心有必要将传统的公安、安全、武警、军队等部门的情报机构，以及各行业部门的相关机构进行资源整合，真正做到分工明确、协同运转，以提高情报综合效能，实现情报的共建与共享。

反恐情报协同的核心是制定、完善情报工作的相关政策、规定和程序。国家安全委员会和国家反恐领导小组的成立，为实现各部门之间的协同奠定了基础，这意味着各情报部门内部组织结构将面临重组。另外，为确保各情报机构开展日常事务和管理，还需赋予其必要的人事权和财政权。各部门的情报机构实施以信息为导向，以威胁识别为基础的预防、阻止、侦查、应对、保护等应急管理。有效的情报协同应包含国家部委、地方省市、社会私营部门三个层面的职能机构共同工作，既要赋予其打击恐怖主义的职责，也要保障其在某些方面拥有独立的权力，以使其尽力将情报共享，不能隐瞒情报来源、储藏和泄露情报。

5. 提供跨部门反恐情报协同的关键技术

大数据、移动互联网、物联网等信息技术的逐步的发展和应用，为“整体政府”的实践提供了有利条件。良好的信息交流是跨部门协同的基础。建立健全各种预警指数和等级标准，在整合情报机构专业通信网的基础上，建立跨部门、多手段、多路由，有线和无线相结合，微波和卫星相结合的反应快速、灵活机动、稳定可靠的应急通信系统，各情报机构之间的沟通将更加有效。除此之外，还要搭建反恐情报技术平台，它既是硬件和软件技术集合，又是协同机制长期、长效运作的载体。结合反恐情报工作实践及其特殊性，平台总体构架可设计为业务应用层、数据库层和安全维护层。

（1）平台业务应用层。信息综合集成系统包括智能分析提取子系统、模拟实验子系统和专家决策子系统等。通过智能分析提取子系统，自动对获取的杂乱无章的离散信息进行有效的整合和深度挖掘，提取隐含在其深层次中的有效信息，再利用头脑风暴法对有效信息进行分析研究，生成更有价值的信息产品。通过模拟实验子系统，对处理后的情报进行模拟处置，预测恐怖活动的规模、地区、样式、危害程度、评估后果。通过专家决策子系统，根据恐怖分子的行动特点和反恐处置的要求，构建完善的辅助决策模型，将评估结果和优选方案提供给国家反恐领导小组下面的反恐作战计划处。

（2）平台数据库层。为协助识别恐怖分子创建数据库，在保密等级上分为敏感不保密、机密、绝密三个等级；在威胁程度上以红、橙、黄、蓝、绿五种颜色代表五个等级；在类别上设置已知和可疑恐怖分子的情报；在内容上包含恐怖分子的规模、活动态势、威胁目标、可能造成的后果及应对措施建议等五个要素；在模式上外部数据资源与本地数据相融合。

（3）平台安全维护层。反恐情报中心的网络规模庞大，系统脆弱，极易遭受恐怖分子各种方式的“反情报”攻击。因此，要自上而下地建立防火墙系统，强化对节（端）点系统的安全防护；要建立应急远程修补系统，适时为遭受攻击的计算机系统提供远程修补服务；要建立电子警察系统，对不明入侵及时启动拦截程序，阻断其入侵通道，或者利用反情报技术锁定入侵者等，实现对整个系统全面有效的防护。

十、国家反恐情报现状及改进策略 [1]

面对恐怖主义的威胁，各国都高度重视反恐情报工作。在建设反恐情报方面，美国走在了世界的前列，具有完善的反恐情报体系，为美国打击世界恐怖组织提供了强有力的情报保障。

[1] 李本先、梅建明、张薇等：《对反恐情报体系构建中几个问题的思考》，载《情报杂志》2014年第4期。摘编后收入本书。

（一）反恐情报的作用

一切反恐行动都离不开及时、高效、准确的情报。在反恐作战行动中，情报是反恐行动的“灵魂”，为反恐方提供信息，为反恐行动提供基本的依据，赢得战争的主动权，最终获得胜利。

1. 为反恐部门提供情报预警

反恐情报最主要的功能是在危机前对相关活动进行预警，对将要发生的恐怖袭击活动进行预警。恐怖分子要组织一次一定规模的恐怖袭击活动，需要对相关的资源，如恐怖活动的资金、信息、武器、行动过程进行周密的部署，同时为阻止反恐部门的打击，整个活动具有较强的隐蔽性。但在策划过程中，会有一些信息被暴露。因此，在恐怖分子策划过程中，反恐部门如果积极行动，对其活动进行监测，就能有效地阻止恐怖袭击活动，减少其袭击风险。如在“7·5”事件之前，热比娅就在网上发布了相关的信息；“9·11”事件发生前2个月，美国反恐委员会已经侦测到“基地”组织将要对美国发动袭击的相关信息，但是没有引起高度重视。预警时主要侦测恐怖分子策划活动过程前的行动，对恐怖组织正在准备的活动进行侦察与预警，并对恐怖袭击活动进行风险评估，发出预警信号，提高人们的防恐意识，预防恐怖组织的活动，减少人员的伤亡。

2. 为决策部门提供决策依据

恐怖组织的隐蔽性使得人们很难打入其组织内部。但是决策部门在作出决策之前，必须掌握恐怖事件的发生发展规律，动态掌握恐怖组织的活动情况，以全面掌握或部分了解恐怖组织的信息，为决策部门的决策制定更加科学合理的反恐预案。如果在决策过程中，得到情报不准确，决策部门的决策会出现失误。另一方面，情报部门面对决策部门的压力，有可能提供虚假的情报信息，造成决策失误。

3. 为制定反恐行动计划的部门配置资源提供指导

反恐行动预案制定后，应当对反恐的相关资源按照最优的原则进行配置，把最重要的资源配置到最需要的地方，节约资源。在这一过程中，反恐情报的主要作用为：根据反恐情报部门提供的情报，进行风险评估，判断恐怖主义的风险级别，并列出可能的被袭击对象，制定科学的预案，查找可能遭受恐怖袭击的薄弱环节（机场、政府办公大楼、派出所等），优化反恐资源，把反恐资源进行合理配置。

4. 为恐怖主义案件的侦查提供线索

为了有效预防恐怖主义袭击，反恐情报部门必须对数据、信息进行收集，然后分析评估。这些情报主要有两大作用：一是预防与制止恐怖组织的袭击活动；二是当危机发生后，为侦查提供线索。在恐怖分子被逮捕后，为制裁恐怖分子的犯罪行为提供审判依据，更为重要的是，通过审查被逮捕的恐怖分子，可以印证先前得到的情报信息，为深入了解恐怖组织的内幕打下基础，为预测恐怖主义的下一次袭击活动提供线索与证据。

（二）当前反恐情报工作存在的问题

面对“东突”恐怖主义对我国边疆安全的威胁，目前，我国已初步建立了适合本国国情与警情的反恐情报体系，并在一系列重大活动中经受了考验，如在奥运安保、建国六十周年安保、上海世博会安保等重大活动中，我国的反恐情报体系都发挥了一定的作用。但是我国的反恐形势不容乐观，情报方面仍然存在着许多问题，并且“东突”恐怖主义活动有向内地蔓延的趋势，如 2013 年 10 月 28 日的天安门暴恐袭击案、2014 年 3 月 1 日昆明火车站暴恐事件。在预防和打击“东突”恐怖主义过程中，要遏制“东突”恐怖主义的活动，情报必不可少，但是从现实的情况来看，我国的反恐情报体系仍然面临着挑战，继续提高我国反恐情报的效能，仍然存在较大的空间。

1. 组织体系不够完善，情报信息难以融合

反恐情报的主要功能为预防恐怖主义的活动，发出早期预警信号，以减缓与制止恐怖组织的早期行动。在反恐行动中，反恐情报的收集与处理是一个系统工程，需要各部门的支持与合作，实现情报的共享与融合。从世界范围来看，许多国家都建立了专业的反恐情报部门，以应对未来可能发生的恐怖事件，维护本国安全与稳定。如美国在“9・11”事件后，多次对其情报部门进行整合，加强反恐情报部门的建设。例如，美国设立国家情报总监职位，以全面协调反恐以及其他情报工作；在国土安全部、联邦调查局等从事反恐工作的部门设立部门协调机构，加强部门间情报的交流与共享；国土安全部在各州设立数据融合中心，加强反恐情报基础数据的建设。与国际上反恐情报较为系统的国家相比，我国并没有建立立体化的反恐情报体系，仅仅建立了反恐指挥体系，机构之间的合作较为松散，情报整合与共享不明确。

2. 缺乏专业的联合反恐数据库，情报数据难以保证

高效的反恐情报来源于高质量的数据，数据是情报分析的基础，数据的可靠性显得非常重要，直接影响到反恐情报的精准性，高质量的数据是获取情报的关键性因素。在获取数据的前提下，必须建立相应的数据库，形成完整的数据链，才能为情报的分析提供支持。联合国、国际刑事警察组织、欧洲警察组织等国际组织都建立了基础数据库。例如，美国依托大学和智库建立的反恐数据库有美国马里兰大学的GTD，以及兰德公司的反恐数据库。此外，美国国土安全部也通过设立在各州的融合中心构建了庞大的反恐数据库系统。与国外的情况相比较，我国目前尚缺乏功能强大的反恐数据库，各种数据分散在不同部门，没有统一的数据标准，信息孤岛现象较为明显，没有形成一个完整的数据库，无法为情报的分析提供准确、及时的数据。

3. 缺乏专业的反恐情报分析人员，情报质量不高

反恐情报的分析是情报流程中最重要的环节之一，高质量的情报出自高质量的情报分析。反恐情报是否有效，很大程度上依赖情报分析的质量。情报分析对整个反恐行动具有决定性影响，反恐情报分析失误将会导致失败的结局，造成不可估量的损失。在反恐情报分析过程中，专业的反恐情报人员是情报质量的保证，因此，许多国家都加强对反恐情报人员的培养。我国目前缺乏专业的反恐情报分析人员选拔、教育、培训体系。反恐情报工作是一种特殊的情报，在情报收集的对象、处理方法、预警机制等方面，与军事情报、公安情报（如禁毒情报、刑侦情报、治安情报等）、政治外交情报等领域的情报工作存在较大差别，这些都需要专业的反恐情报分析人员。

4. 技术情报重视不够，情报来源单一

情报的收集主要通过人工与技术两大手段来完成。从世界各国反恐的经验来看，技术层面的情报是情报的主要来源，辅之以一定的人工情报，从而获取更加准确的情报。技术情报投入的人力、物力相对较少，风险较小，环境制约因素较少，获取的信息更多，但是处理信息的技术方法要求较高，特别是对恐怖主义传输信息的特殊文字、音频、视频、图像信息的处理技术要求较高。要从这些海量数据中提取有用的反恐信息，必须增强现代情报处理技术。“东突”恐怖组织的大本营在海外，策划与发动恐怖袭击必须通过通信渠道传输相关的信息给国内的同伙，对其信息的监测显得尤为重要。但从目前的情况来看，收集与处理情报的手段主要通过人工来完成，采用的方法主要是传统方法，对开源情报的收集手段与分析方法较为落后。

（三）加强我国反恐情报工作的建议

针对我国反恐情报存在的问题，需要整合反恐情报中的各个要素，形成合力，建立一套适合我国国情及反恐现实的情报体系。

1. 树立大情报观念，整合整体情报信息

必须树立大情报观，使反恐情报不仅为反恐服务，还与社会不同行业的情报需求融合在一起。在反恐战争中，必须警惕恐怖主义借助网络，发动“网络战”。一是强化情报在反恐中的主体地位。在反恐战争中，要消除恐怖主义，必须消除其根源。但从目前的趋势来看，无论是国际恐怖主义还是“东突”恐怖主义，在短期内都无法真正消除其生存的根源。在这样的背景下，预防与武力打击是应对恐怖主义的最佳策略，并且预防远比打击重要。二是整合情报资源。大数据时代，各类情报分散在各个部门，实现共享是提高情报效率的重要手段，为加强反恐情报的综合效能，必须整合各方资源。

2. 完善情报组织体系，实现情报共享与互联

构建如图 1.10 的组织体系，形成扁平化指挥系统，发挥反恐情报的综合效能。

一是成立专门的反恐情报机构。情报部门在运行过程中，必须具有一定的权力并相对独立，以提高其专业性与整体性。反恐情报部门下设四大部，即公安情报中心、国家安全部情报中心、武警情报中心、情报分析部。充分利用公安部门点多面广的优点，以地区进行划分，设立中东部情报中心、南部情报中心、西部情报中心、北部情报中心，这些中心归公安情报信息中心直管。同时，为了整合情报资源，设立其他的情报部门，如经济情报部门，提供一些与反恐相关的情报信息。情报分析部可加强政府部门与私营部门的反恐合作，积极动员社会力量参与反恐工作。二是成立反恐作战计划处。情报部门主要工作是整合各部门的情报，并做出一定的预案，对恐怖袭击风险进行评估，发布危机预警；而危机预警的处理交给反恐作战计划处。作战计划处主要负责对危机的实际处理，其他一些部门主要起配合与协调作用。国家反恐情报中心与反恐作战计划处的行动统一由国家反恐领导小组进行协调，整合各部门的资源。

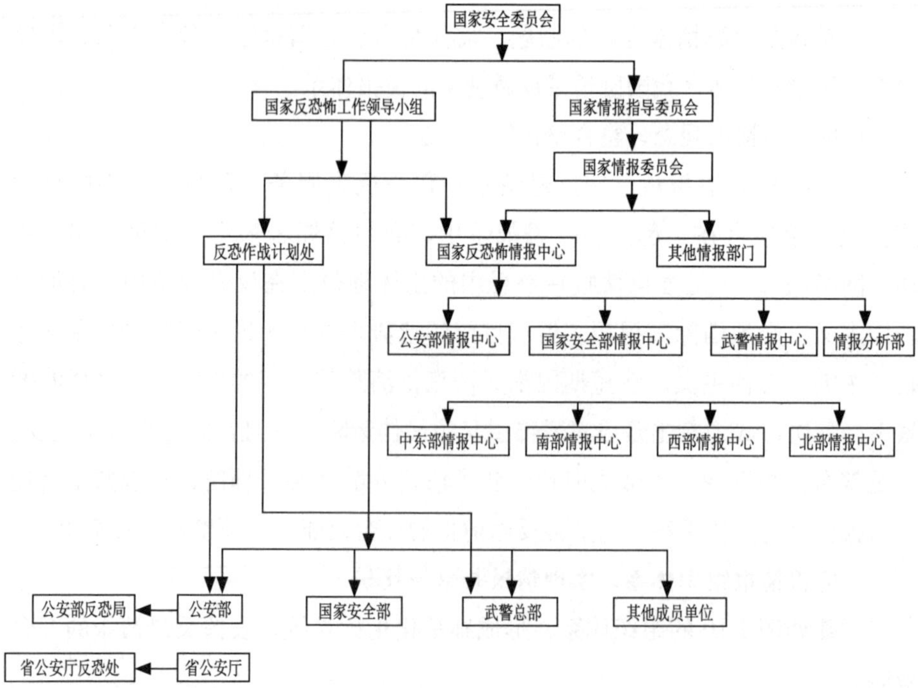

图1.10 反恐情报组织体系构想

3. 构建犯罪数据库，整合情报资源

建立两大类数据库，如图 1.11 所示。一是犯罪数据库。此类数据库主要针对有犯罪前科的人员，特别是有过重大刑事犯罪的人员，因为他们重复犯罪的概率远比普通人高，恐怖分子有可能利用这些人的弱点，利用金钱等手段引诱他们加入恐怖组织。建立此类数据库，可以加强对重点人员的监测，预防其他重大刑事案件，同时也可以防止其加入恐怖组织。二是恐怖分子犯罪数据库。加强对重点怀疑对象的监测，特别是他们的资金账户、交往关系、所从事的主要活动等。其数据主要有两种，一是恐怖分子数据库，关注重点应该是那些在中国从事过恐怖活动的人员并在逃的恐怖分子；二是潜在的恐怖分子数据库。通过建立恐怖分子数据库，监测与监视他们活动，预防其发动恐怖袭击，提高早期预警能力。

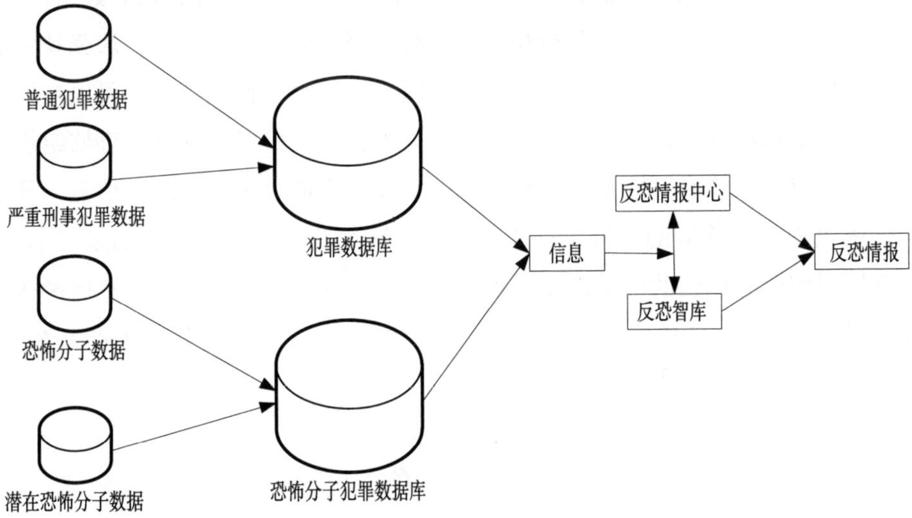

图1.11　犯罪数据库的组成结构

4. 建立民间反恐智库，提高反恐情报质量

借鉴国外有关国家的反恐经验，建立反恐智库。如美国有许多大学、民间团体、研究所为反恐部门服务，其中最著名的反恐智库就有 RAND 公司。

利用民间资源为反恐情报部门服务，可以大大节省成本，提高情报分析效率。国家可以支持一些民间团体、大学、研究所、国家企业，建立反恐信息研究中心，官方投入相应的资金支持，提出反恐情报方面需求及课题，让这些专业学术机构参与研究，提供反恐情报报告，动态评估恐怖主义的风险。可以借助高校或研究所的技术力量，对反恐情报人员进行定期培训。同时，反恐情报专业部门也要招募精通电脑或少数民族语言的专业人士加入反恐情报分析队伍，以处理一些特殊的情报，提高情报的精确度。

5. 加强反恐技术情报建设，拓展反恐数据来源

当前，开源情报是反恐情报的重要来源之一，世界上大多数国家都非常重视对开源情报的收集。开源情报的收集，主要通过技术手段。为此，需要加强技术情报的建设，建立人工与开源相结合的情报系统。首先，拓展开源情报信息来源，情报监测的主要媒介如图 1.12 所示，同时加强对数据挖掘、数据仓库技术、社会网络分析技术在反恐情报中的运用。其次，加强技术装备在反恐中的应用。针对“东突”恐怖组织的秘密性特点，我们可以在西部地区发射相应的反恐情报通信卫星，投入无人侦察机对“东突”恐怖组织活动的热点地区或有可能藏身的地区进行监测，定期收集热点地区信息，预防恐怖组织的训练活动。再次，加强对公开网络信息的监测，特别是“东突”恐怖组织所在地区的网络信息及端口的监测。在信息收集中，注意保护普通公民的隐私，不能借反恐的名义侵犯公民的隐私权，防止怀疑对象扩大化。

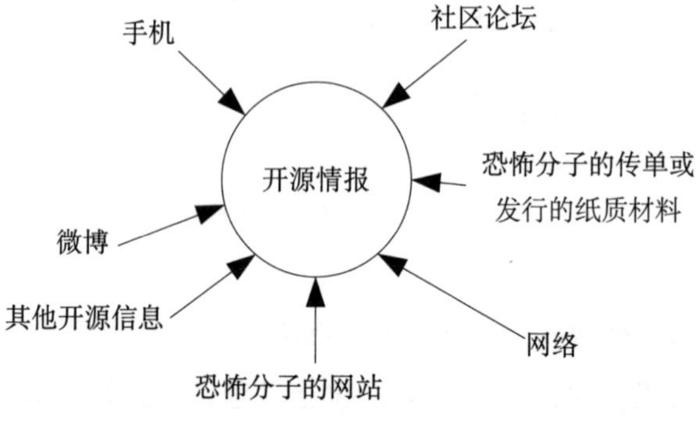

图1.12　反恐开源情报监测的主要媒介

综上，当前我国的反恐情报工作需要从组织体制、情报智库、数据库、情报收集及分析等方面进行系统化设计，全面提升反恐情报能力，为维护国家安全与社会稳定提供保障。

第二章
国际反恐情报

一、欧盟反恐政策与策略透视[1]

冷战结束后，国际经济交往与信息技术得到了突飞猛进的发展，跨国犯罪也因此得利，变得组织化程度更高、分工更细、破坏性更强，不断啮噬着欧洲一体化的安全根基，其中，恐怖主义作为最具政治色彩的暴力犯罪行为，近年来更是发展成为欧洲安全最大的敌人。2014 年布鲁塞尔恐袭事件后，极端组织“伊斯兰国”在欧洲发动恐袭渐成常态。欧盟意识到，只有加强内部反恐合作，共同打击跨国犯罪，才能护航一体化事业，使自身继续受益于全球化进程。

（一）欧盟反恐政策的阶段特征

反恐隶属于欧盟第三根支柱“刑事警务与司法合作”，该领域的决策机制具有以政府间模式为主、超国家模式为辅的特征，代表主权国家的部长理事

[1] 周秋君：《全球化背景下欧盟反恐政策的发展及其启示》，载《情报杂志》2020年第1期。摘编后收入本书。

会是政策的核心制定者，而联盟层面上的欧盟委员会、欧洲议会等机构则效力有限，主要功能在于协调各国政策与立场，鼓励采取共同措施与行动，不过近年来由于恐袭压力骤增，后者的作用正在逐渐加强。

从欧盟反恐政策的历史来看，“9·11”事件前的恐怖主义大多为各国内部族群民族主义和分裂主义，因此反恐基本上是成员国各自为政，除了1976年的特莱维（TREVI）小组和1977年的《欧洲制止恐怖主义公约》外，并无其他明确的反恐政策，欧盟在集体安全意识和行动力上都比较薄弱。

1. “9·11”**催生危机驱动型政策**（2001—2005年）

“9·11”改写了全球化下的安全概念。事件发生后，欧盟立即成立了一支反恐特遣部队来评估本土恐袭威胁，同时增加警察组织内部的反恐人员和预算。2002年6月，欧洲理事会在《打击恐怖主义的框架决定》中首次明确了“恐怖主义犯罪”的定义。2003年12月，《欧洲安全战略》将恐怖主义列为欧盟的三大战略威胁之一。2004年1月，欧盟15国推出了一份恐怖组织“黑名单”和《欧洲逮捕令》；马德里“3·11”爆炸案后，又推出一揽子反恐措施。2005年法国重大恐袭发生后，欧盟推出了具有里程碑意义的《欧盟反恐战略》，明确了反恐的理念、原则及方向。这一时期欧盟的反恐政策具有典型的“危机驱动型”特征，可视为联盟层面对恐袭事件的反应。

2. **反恐平稳期构建中长期规划**（2006—2013年）

2008年金融危机后，全球化开始盛极而衰，美元作为推动全球化的国际储备货币受到质疑，奥巴马时期美国中东战略的回缩也给了其他力量“填补空白”的机会，导致地缘政治生态恶化。此时的欧盟虽身陷欧债危机、难民危机等困境，但尚未受到恐怖主义的严重挑战。2007年起，欧盟在其第7个“研发框架计划”中实施“欧洲安全研究计划”，开展公民安全、基础设施和公用事业安全、智能监控和边境安全，以及危机下的安全保障恢复等四项安全研究任务。2010年，欧盟发布了第一份《内部安全战略》（ISS）及其行动计划，旨在充分尊重隐私权和个人数据保护的基础上，通过联盟共同行动去解决主要的安全威胁。由于这一时期欧洲境内的恐袭多为零星的“独狼”作案，反恐形势总体平稳，因此政策有明显的中长期导向，实践中也以“个案应激处理”为主要的反恐方式。

3. 反恐新态势推动政策系统化升级（2014 年至今）

2014 年后，全球化加速衰退，恐怖主义也在欧洲呈现出新的态势：以“伊斯兰国”为主导的恐袭开始成为欧洲安全的“头号杀手”。“伊斯兰国”残余势力结合回流的武装分子，对欧盟构成了广泛而持久的威胁，这意味着成员国已无法独善其身，只有依托联盟建立更加制度化的政策体系，才可能应对日趋复杂的反恐新形势。

在经历了近半个世纪的发展后，欧盟基本形成了一套以战略为顶层设计，法律政策为基础，专业机构为抓手，城市反恐为重点，国际合作与社会动员为辅助的综合性政策体系，它既是服务于欧盟反恐的危机管控工具，也深刻地反映出欧盟对于全球化下非传统安全治理模式的思考与试验。

（二）欧盟反恐策略的特点与内容

有关反恐战略的理论模型，目前学术界主要有两种：刑事司法模式和战争模式。前者以刑事司法制度作为反恐核心，后者则更强调武力打击恐怖主义。欧盟作为“民事强权”，虽然更擅长于用完善的立法、制度和架构应对恐怖主义犯罪，但实践也表明，在这两种理论模式之间存在着一片由政策、战略、行动和战术组成的近乎无限的区域，因此真正有效的反恐措施除了刑事司法制度外，还必须包括情报机构、军队，甚至公民个人。

欧盟反恐政策的发展既汲取了欧洲一体化建设中的制度主义经验，又部分采纳了美国军事反恐的做法，最终在规则的框架下形成了一套经过整合的反恐政策，由立法机构、执法部门、情报机构和军队等协调一致、联手落实反恐战略，从而以一种多点覆盖的“一体化反恐”方式保障一体化进程。该政策体系具体涵盖以下五个部分：

1. 以宏观战略为顶层设计的法律体系

作为反恐政策的基础部分，立法主要在三个层面展开：

首先是宏观的安全战略，包括《欧洲安全议程》和《内部安全战略 2015—2020》，确定了欧洲安全的重点：恐怖主义、与恐怖主义相关的激进化、人员招募及资金筹集，以及“外国战士”。为了实现目标，战略要求成员国采取一致的刑事司法对策。其次是专门的反恐战略，即《欧盟反恐战略》，它对本属于各国内政的反恐事业给予了联盟层面的支持，使之成为欧盟的共同安全政策。该战略确定了反恐的四大支柱：预防、保护、追捕和应对，指出反恐的主责在成员国，欧盟从四个方面（加强国家能力、促进欧洲合作、发展集体能力和推动国际合作）给予其支持。从性质上看，这份战略既具有“危机主导型”反恐立法的影子，也体现出了欧盟的“民事强权”特征，表明欧盟试图通过多边合作和超国家机构的力量去促进集体防御、集体安全以及人权理念的实现。第三是围绕反恐战略的各种法律政策文件，包括：欧盟理事会的指令、决定；欧洲委员会的通报、执行报告以及其他非正式文件，如研究报告、出版物等。

由于法律文件效力存在差别，有些需转化成国内法才对成员国具有约束力，因此各国在内化新法的问题上进度不一。

2. 以特定机构为主要抓手的制度设计

欧盟主要通过反恐组织、情报部门等机构向成员国提供反恐信息、建议和协调复杂的调查程序，协助各国司法部门处理具体案件。

（1）反恐组织方面：欧洲刑警组织处于反恐机制的中心位置，是欧盟刑事司法合作的一部分，主要依靠通信网络和资料系统为成员国提供反恐信息，加强成员国间的司法合作。2016 年 1 月，欧洲刑警组织启动欧洲反恐中心，凭借其强大的实时运行数据系统，能够迅速分析出所有相关的调查细节，因而成为了欧盟关键性的反恐信息枢纽。与欧洲反恐中心协同作战的还有欧洲网络犯罪中心和欧洲移民走私中心；在外部，欧洲检察官组织和国际刑警组织也都发挥着积极的作用。

（2）情报机构方面：欧洲刑警组织信息系统是目前欧盟反恐领域最大的情报数据库，提供国际重罪嫌犯和罪犯名单、犯罪组织架构以及犯罪实施手段等信息，也为成员国和相关组织提供“外国战士”名单。欧洲对外行动局“情报与形势中心”是成员国外部情报系统交换敏感信息的重要平台，其中也包括了专门分析情报的反恐部门。不过，欧盟还远非统一的“情报共同体”。

与立法情况相似，成员国由于受到恐怖威胁的强度不同，因此对待情报合作的意愿也大相径庭，而恰恰是情报合作的有效性不足，给了恐怖组织和恐怖分子以生存空间。

除了专业机构的建设外，欧盟还设置了反恐协调员、欧盟安全事务专员等联盟层面的高级官员，促进成员国在恐怖主义与激进化、有组织犯罪以及网络犯罪等方面的合作行动。这些都反映出欧盟集体安全意识的日益增强和反恐组织架构的日臻完善。

3. 以城市反恐为实施重点的综合举措

为加强城市安保，欧盟国家的普遍做法是转变警务模式，扩大警察角色，从传统的"事后执法"转变为"事前预防"，包括新增应对恐袭新方式的各种手段和加强传统警务功能中的一些特殊模块。目前看来，城市反恐仍以国家为主，但不排除未来可能出现欧盟内部的跨国反恐警务。遭受恐袭的国家大都启动了"紧急状态"，授予警察和军队更多搜查、扣押权限；设立专门负责执行反恐以及特别行动的特种部队。

持续的强制性边境控制也是欧盟反恐的一个重要举措。2016 年 4 月，欧洲议会正式通过了欧盟乘客姓名记录共享协议，用于收集旅客数据以预防、侦查和起诉恐怖主义犯罪；欧洲边境与海岸警卫局负责监视欧盟外部边界。此外，欧洲刑警组织以及成员国相关机构联手，通过与签证、犯罪、证件丢失等数据库的交互核查来审核入境者的身份信息。

反恐战争是欧盟近几年的一大转变。"9・11"事件后初期，欧盟并未参加美国的全球反恐战队，而是与这种过分突出军事的反恐模式保持距离，但 2012 年"圣战"组织占领马里北部后，法国担心威胁逼近，遂向马里派兵夺回了北部，并对"圣战"组织发起了跨越五国的追击。此后随着"伊斯兰国"在叙利亚和伊拉克的壮大及其对欧洲的袭击，更多成员国加入了战队。欧盟接受了美式战争反恐的做法，反恐的主动性增强。

4. 以国际合作为辅助手段的保障网络

欧盟的国际反恐合作主要在三个层面上展开。一是参与联合国反恐。欧盟遵守联合国反恐战略文件，包括《联合国全球反恐战略》、安理会关于反恐问题的1566（2004）号决议、关于“外国战士”的2178（2014）号决议等，并借助联合国的涉恐名单开展反恐行动。欧盟还积极参与全球反恐论坛，并支持由其发起的机构。二是欧美合作。与美国合作一直是欧盟国际合作的重点，双方从2001年起在警务、司法、边境控制等领域进行了大量实质性对话与合作，内容包括信息共享、引渡和司法协助、边境控制等，虽然欧盟反对美国的单边主义和先发制人原则，但是，欧盟在新环境下应对恐怖威胁少不了美国的参与；奥巴马时期的国家安全战略转向多边主义，成为了欧美反恐合作的新契机；北约机制，有利于动员很多欧盟国家（尤其是中东欧国家）参与美国军事反恐行动，维持北约“带牙齿的多边主义”模式。近几年，欧美在叙利亚和伊拉克紧密配合，打击“伊斯兰国”。除了在叙利亚和伊拉克的军事打击，欧盟国家也参与了美国在巴基斯坦、也门、索马里等地的反恐战争。三是与其他国家合作。北非国家是欧盟南部边界的重要屏障，欧盟与这些国家的合作包括提供反恐训练和装备，以及联合演习等；土耳其因在移民问题上的特殊重要性，也是欧盟必须加强合作的邻国。欧盟还在中东、中亚、南亚、俄罗斯等地开展穿梭外交，建立广泛的反恐联盟；欧、美、俄、中联合反恐机制也在深化之中。

5. 以预防激进化为终极目标的社会动员

预防激进化是《欧盟反恐战略》中“预防”板块的主要内容，也是欧盟反恐的重点领域。目前这项工作仍属于国家主权范围，欧盟对成员国并无法律约束力，但它为欧洲社会所提供的一系列“公共产品”对成员国加强本国政策起到了积极的助推作用。

监狱激进化也是当前欧盟的一大挑战。由于很多国家监狱爆满，一些极端分子容易成为“漏网之鱼”。同时，环境恶劣的监狱也是激进化的“孵化器”，一些“普通”罪犯在狱中受到极端分子“洗脑”而走向激进化。

欧盟还致力于对公众开展反极端化教育。除了在欧盟委员会设立专门机构管理成员国对本国电台、电视台和网络的监管工作外，还号召互联网巨头在净化网络生态方面承担更多社会责任，对社交媒体、视频网站以及搜索引擎等加强内容监管，铲除极端组织可以利用的一切“虚拟战场”。此外，欧盟还积极扶持媒体、互联网和教育等领域的反极端化项目，目的都是为了培育一种多元文化共生的价值体系，从根源上遏制极端化思想的滋生。

(三) 评析与启示

全球化带来了开放与自由，也助长了恐怖主义等跨国犯罪行为。各国政府对于恐怖主义反人类、反文明的犯罪本质以及应当加强合作，共同应对恐怖威胁有着高度共识。制定反恐战略，本质上是在选择符合自身利益和价值的宏观"治理模式"和微观"反恐理论模式"。

1. 欧盟反恐策略的"双模式选择"逻辑

就"治理模式"而言，欧盟承袭了欧洲一体化的经验智慧，走"一体化反恐"道路，可谓"一箭三雕"。首先，一体化是欧洲解决战后地区安全与发展的高超智慧，但由此带来的内部边界开放也导致了跨国犯罪的传导性更强，波及面更广，单个国家无力独善其身，客观上不得不让渡部分主权，寻求集体方案。在反恐斗争中，欧盟通过制定联盟层面的反恐战略与法律文件、设置联盟级别的反恐机构、建立成员国司法部门间的合作网络，以及覆盖欧洲社会的教育工程等一系列措施，可最大限度地调动域内反恐资源，减少内耗，增强内部凝聚力和行动力。其次，"一体化反恐"还会外溢至更广的司法与安全领域，推动欧盟防务一体化进程。一个更加团结的欧盟能够以更强的实力与外部世界开展反恐合作，从而更有效地应对全球化下的新型安全困境。

就"反恐理论模式"而言，欧盟五位一体的反恐政策体系不仅是对本土恐袭威胁的现实回应，也体现了它对现有反恐理论模式的创新，即整合了强调民主法则的"刑事司法模式"和强调武力打击的"战争模式"，因此设计具有普遍适用性的反恐制度和架构，并在此过程中培育集体责任意识是其反恐的出发点和落脚点；而从实用角度来说，军队的参与又是必不可少的。法、英等国在反恐过程中，警察与军队和情报机构早已融为一体，军队辅助警察和情报机构，执行海外反恐任务或参与国内反恐行动的趋势也愈演愈烈。这种"法治"+"军事"的做法，使得欧盟的反恐策略兼原则性与灵活性于一身，成为一种务实的混合型反恐理论模式。

2. 欧盟反恐政策的优劣分析

欧盟反恐政策的发展客观上反映出全球化与区域化两者之间的张力，是对全球化带来的普遍性问题和全球化背景下区域一体化治理路径的探索式回应，因此我们除了看到全球化进程中跨国犯罪的日益猖獗对欧盟安全环境构成严重挑战外，也看到了欧盟在集体安全建设和区域一体化治理中暴露出的诸多问题，比如：成员国对"恐怖主义"标准不统一，不利于政策协调；政策架构缺乏一致性，组织隔阂、职能与领导权重叠且缺乏良好的沟通机制等，都间接消耗了反恐资源；成员国对分享情报抱有抵触心理，导致一些政策无法落实；各国反恐法制建设与实战能力参差不齐，影响了整体安全环境等。

不过其优势更为明显，首先，"一体化反恐"有助于整合资源，塑造更具规模的法律基础、机构体系、社会动员等综合举措，加强联盟的共同防务能力。其次，欧盟反恐政策所蕴含的多边主义理念有助于联盟推广其作为"民事强权"的治理经验。欧盟凭借多边主义的价值观和区域主义的组织优势，一面推动内部国家间、国家与联盟间的多边合作，尤其是以欧洲刑警组织、欧洲检察官组织等机构为平台的情报共享机制和司法合作机制；一面推动作为一个整体的欧盟与外部世界的多边合作，通过多国反恐合作机制、阻断恐怖组织的跨国资金来源、加强战乱地区的人道主义援助等手段，为全球治理树立了典范。

3. 启示与借鉴

在立法方面，构建多层次、多维度的反恐法律体系，提高反恐立法的系统化。目前我国已有包括刑法、刑事诉讼法、国家安全法、网络安全法、反恐怖主义法、反间谍法、境外非政府组织境内活动管理法、国家情报法等在内的反恐法律，但不同层次法律的衔接工作还需加强；地方也应提高反恐危机意识，制定相应的实施办法与管理细则。

在机构建设方面，利用先进的科学技术搜集反恐情报，建设反恐情报数据库；培育专业的情报分析团队，对境内外恐怖势力的动态进行研判。在城市反恐方面，欧洲积累了不少处置民族主义、分裂主义、无政府主义等恐怖活动的经验和措施，值得借鉴。在国际合作方面，应加强与国际组织以及周边组织的反恐合作，加强反恐情报交流；与域外国家的反恐合作除了关注中东、西亚、北非等恐怖主义“重灾区”外，还应深化与欧美国家的双边和多边合作。

在社会动员方面，监狱系统可以借鉴法国针对监狱激进化采取的措施，培育类似的多学科监管团队，吸收相关教育者、心理学家、精神病专家和宗教教育专员等，对具有暴力激进化倾向的犯人根据激进化程度的不同，实施不同时长的跟踪干预，从心理和情感上化解可能引发的“恶性病变”。政府可扶持媒体、网站和教育部门开发形式多样的去极端化项目，借助高校课程思政改革项目，帮助青年学子树立社会主义核心价值观，增强民族团结、祖国统一意识，提高抵御外部极端势力与极端思想渗透的能力；对社会公众进行多元文化普及教育，帮助其辨识合法宗教与非法宗教；利用线上线下平台，扩大人文交流，增进文明对话等。另外，借鉴欧盟设立主题纪念日的做法，可对反恐一线人员的优秀事迹进行宣传，形成人们对于恐怖主义危害性的共同认知，从根本上铲除极端思想的生存土壤。

二、欧洲反恐情报体系建设[1]

近些年来，包括英国、法国在内的欧洲多国都受到了恐怖主义活动的滋扰，如何构建欧洲领域的反恐情报体系，是欧洲国家打击恐怖主义的关键所在。

（一）欧洲情报体系的初步构建

欧洲领域内情报体系包括多个系统（库）、主体、法律等要素。系统（库）、主体、法律是相辅相成的，不可分割，他们相互依赖、相互支撑。就系统而言，通过技术构建，同时需要主体执行、法律规制。

[1] 肖军：《反恐背景下欧洲情报体系的建设及其启示》，载《情报杂志》2018年第3期。摘编后收入本书。

1. 欧盟层面情报体系建设

（1）欧洲警察署中的警务情报系统

欧洲警察署有三个收集情报的系统：信息系统，即所谓的“欧洲警察署信息系统”；分析工作档案库；检索系统。

“欧洲警察署信息系统”中的数据是由欧洲警察署、成员国有关单位和联络官直接输入的。分为三类：犯罪嫌疑人或者参与犯罪的罪犯；被定罪之人；有合理理由相信将会犯罪之人。该信息系统严格控制且处于封闭状态。

分析工作档案库：分析信息系统中的数据。其不仅仅只是针对犯罪嫌疑人，还包括将来可能作证的人、被害人、提供罪犯信息的人。

至于检索系统，即将相关的信息清晰化，联络官应该决定某案中索引状况是否会影响其所在国，这是一种创造性行为。有关法律文件规定，欧洲警察署只有在履行任务和打击犯罪时才能使用数据。

（2）申根协定中的警务情报系统

以“申根协定”为基础开展的合作，除了《申根协定》和《申根执行协定》两部法律文件外，最重要的还有“申根信息系统”，而“信息”（数据）则是该系统的关键所在。哪些信息可以收集，哪些信息可以被成员国利用，这些信息应该如何利用从而达到目的，如何保护这些信息等，这些问题是申根信息系统所要解决的关键性难题。这些问题，直接影响着利用信息开展警务与刑事司法层面的反恐合作。为了给其他新加入的成员国以法律依据，并更新落后的技术，又开发出了第二代的申根信息系统。

相比而言，申根信息系统与欧洲警察署信息系统所储存的信息之用途不同，前者在于预防和甄别对公共秩序和安全产生的威胁，后者则在于侦查有组织犯罪。不过，这些信息系统都是为反恐以及推进各国法律的统一服务的。

2. 成员国层面情报体系建设

以法国为例。法国司法警察中心局中的技术与科学警察分局掌握着法国警务情报系统，负责管理电脑数据库刑事情报资料并协调国家警务信息系统。国家警务情报系统有通缉犯的档案、被盗车辆档案、违法行为处理系统等电子信息系统。在法国，无论是司法警察中心局还是巴黎警察局，都建立了相对完备的反恐情报系统：一方面，这些系统的数据可以用来打击恐怖主义，具有智能性并增加效率；另一方面，相关信息需要与欧洲警察署、国际刑警组织交换与利用，方可派上用场。

在司法警察中心局还设有专门国际关系部，确保三个层面的国际合作：国际刑警组织、申根信息系统、欧洲警察署。同时，巴黎警察局也进行改组：巴黎警察局负责埃松省、上塞纳省、塞纳 - 马恩省、塞纳 - 圣但尼省、马恩河谷省、瓦勒德瓦兹、伊夫林省以及巴黎的安全防卫工作，并设有专门的情报部门来处理区域内的犯罪信息工作。

3. 欧洲反恐情报体系构建

欧洲情报体系的初步构建或多或少也是欧洲反恐情报体系的构建，其包含了反恐情报内容。在欧洲情报体系建设过程中，包含了反恐合作领域不可或缺的四项核心因素：警务信息交流制度、跨国监视及追捕制度、一事不再理原则以及申根信息系统。其有 1500 万信息条目，包括：姓和名（包括别名）；身份特征（如有客观和永久性的物理特征）；出生日期和地点；性别；国籍；可能携带武器；“暴力”倾向；采取的行动；遗失、被盗或改装的武器；空白、丢失、被盗用或挪用的身份证件；遗失、被窃或被盗用机动车辆；丢失、被盗用或挪用钞票；引渡请求；未成年人；心理疾病；失踪人员状态；需要保护；司法机关要求；涉嫌犯罪等各类信息。这些信息可以实时更新，更新的信息可以来源于成员国，也可以源自欧盟自身。成员国保证自己提供信息的准确性。

在成员国的情报体系建设过程中，除了对反恐有所帮助外，反过来成员国为遏制恐怖主义也能够下力度促进情报体系建设，其逻辑关系为相互影响、相互促进。

欧洲反恐情报体系的建设框架主要包含了情报系统、主体系统和法律系统，每一个系统又分欧盟层面和欧洲国家层面，详见表 2.1：

表2.1　欧洲反恐情报框架

序号	指标	欧盟层面	欧洲国家层面
1	情报系统	欧洲警察署信息系统、申根信息系统	国家警务情报系统
2	主体系统	欧洲警察署	各国警察局（如法国国家警察总局）
3	法律系统	《申根协定》《申根执行协定》《里斯本条约》	反恐法（如法国关于加强打击有组织犯罪及其资助、优化刑事诉讼效率及保障的法律）

（二）欧洲反恐情报系统现状

1. 发展与效果

从法律上看，随着欧洲情报系统的发展，原有的申根信息系统规定有所扩充，主要包括：关于建立、实施和使用第二代申根信息系统的规则；关于负责发放车辆登记证的会员国服务机构可以进入第二代申根信息系统的规则；关于建立、实施和使用第二代申根信息系统的决定（主要用于执法合作，申根信息系统支持警察和司法合作，允许有关当局制定和咨询政策，并对失踪人员和与刑事犯罪有关的人员或物体等事宜发出警报）。与法律同步的还有技术的更新：自 2006 年 12 月以来，申根信息系统就加入了生物识别数据，作为申根信息系统第二代的亮点。2013 年，新开发了 2 个系统：EES 和 RTP——需要和其他数据库一样的技术支持，尤其是指纹等身份认证技术。不过，在运用过程中，保持着各种系统中的数据分离，以达到数据安全与数据保护之要求。

就实践而言，欧洲警察署每年都会根据欧盟成员国报告制作“欧洲警察署趋势与情况报告”，这份总报告会提供最新的恐怖主义事件综述，以交流各国反恐情报和策略。2015 年，24 个国家和组织开始使用欧洲警察署情报系统分享恐怖分子的名单。这些年来，各国利用系统中的数据认定展开了若干联合执法行动，抓获了数十名恐怖主义活动分子，有效地遏制了恐怖主义在欧洲领域的蔓延。

2. 存在的问题

首先，信息保护不到位。凡是情报，必涉及数据保护问题。不少人将政府的这种情报集中视为对隐私的威胁，他们认为，包括照片、指纹、DNA 等电子记录在内的欧盟警务情报系统中的信息可能会被并不需要或者被未授权的机构所收集，这会给信息拥有者带来麻烦，而且一旦扩散，与信息相关联的人的隐私权得不到保障。反恐合作中交换的情报同其他一般网络信息类似，有三种特性：机密性、完整性、可用性。信息化背景下，最令人担忧的来自网络对于个人资讯隐私的不当窥伺，进而不当利用。

其次，信息交流不通畅。利用、交换信息和情报成为了国际上通用的打击恐怖主义之做法，现代信息技术的发展铺平了执法信息交流的道路，使得多个国家都可以进入大量数据库。2005 年签署的《普鲁姆条约》致力于增加欧盟执法数据交换的概率来打击恐怖主义、非法移民、跨境犯罪。2011 年，波兰提出“欧洲法庭科学 2020 展望”，旨在增强反恐合作和相互认可，维持并发展欧盟“自由、安全和公正区域”，同时也能克服现有数据交换和情报共享的障碍。技术上的难题是一方面，关键还在于成员国加大资金投资解决这一问题。英国政府之前解释了《普鲁姆条约》会加速和改进信息交换的质量和数量，但后来认为很难通过签署该条约从而获得高质量的数据交换和情报指导反恐。英国议员和伦理学家认为使用和转递 DNA 信息和其他数据这些与隐私相关的、敏感的事物是一国司法领域重要的事项，需要考虑可用性、可交换性、可连通性等情况，应作出特殊安排，而不是签署条约就能解决，何况还要花费大量资金。

反对者认为，欧洲警察署的潜力并不足够，因为实际上它并没有包含那么多的情报。其中一个解释是成员国执法机构拒绝将所有信息给予欧洲警察署，原因是如果给予全部情报，就无疑将权力赋予了另一个“外国实体”，这是不能容忍的。综合来看，不论是情报的数量还是交流的频率，由于这样或那样的原因，交流质量受阻。

最后，欧洲情报系统建设还存在着语言差异、时间限制、权利（力）不平衡等问题。安全、自由和公正区域不仅关注深化和拓宽反恐合作、协调刑事程序、限制难民及其他形式的移民、打击有组织犯罪，还需要关注正当程序、嫌疑人权利和民主问责制等方方面面。

3. 改进措施

欧洲一体化要想向前推进，其情报系统需加大力度建设与改进，而欧洲警察署势必继续提高对跨境犯罪的应对能力。当然，这样不意味着限制个人权利的保护程度，卸掉政治、司法责任。反而高透明度能保障欧洲一体化，这既可以加强公众对行为的认知，也可以增加成员国接受权力扩张的意愿。

自《里斯本条约》生效以来，欧洲警察署发生了较大的改变，部分措施已经实施，在打击犯罪过程中，保护了个人的权利。一方面，设有专门的数据保护官员，初步建立情报保护制度；另一方面，扩展欧洲警察署收集、交换和分析个人情报的权力。同时，改进现有的立法框架来保护个人信息，增加司法控制度，提升透明度和责任心。

（三）欧洲反恐情报体系的借鉴意义

1. 增强一致性和实际可操作性

欧洲反恐情报框架的形成是个不断积累经验的过程，一方面服从欧洲警察署统一部署，另一方面与普通警察工作相区别且相对分离。基于事实的情报不同于基于意见或个人评估的情报。“情报的可操作性和互换性”是一种兼具技术和法律 / 政治上的概念，这对公民和执法机构而言都是十分利好的。

技术的发展也不仅仅是中立的事物，同样需要依靠发明者和创造者的观念和所要达到的效果，如与警察工作相关的社会组织的权力。当然，复杂的可操作性系统不仅仅是技术上数据的联系，而是针对不同领域内数据进行操作。在不同的标准和法律下，传递情报可能会面临技术上的挑战。但是，最主要的挑战在于传递情报的目的性、实用性。数据所有人的改变会引发权力结构、角色、责任的风险。这些问题远远超出了技术范畴，已进入社会范畴。如果不进行适当的控制，可操作性可能会变成“监控社会”的“武器”。

2. 促进法律趋同

就两个成员国的双边反恐合作而言，分为水平合作和垂直合作。水平合作是指两个成员国之间的反恐执法机构合作，如收集证据、交换信息、建立联系，还包括跨境监控、秘密侦查、联合行动。其形式有三种：请求模式、互认模式和可用模式。传统上，请求模式和可用模式是警察机关最重要的模式。但是请求模式程序复杂且耗时长，不太适用现代反恐合作。而可用模式较为高效，它主要是线上查询：对比、比较、自动转递数据库中DNA信息、指纹信息、车辆登记信息，诸如此类；此类信息主要用于打击和预防恐怖主义或者侦查之目的。但问题在于：如何保障这些信息的私密性，这种操作是否具有合法性?

互认模式可能是未来最合适的选择。互认模式的实现途径有二：一是，侦查阶段法律一致化，即体现法律的可预测性与平等性；二是，像欧洲证据令一样，证据相互认可，但不同国家可能证据规则不同，包括收集证据的方法、证据审查的标准等，所以应该采取折中的方法——设置特定的规则或标准来达到证据相互认可的目的，既不用让法律全部一致化（这不现实也无可能），也不能完全按照各自国家的证据规则行事。

现有的法律可以应付部分反恐犯罪，但迟早会远远落后于飞速发展的信息技术。除了利用计算机进行的网络犯罪，先进的技术同样给反恐活动提供便利。网络具有分散性和跨国性等特征，所以不同司法区进行网络立法合作十分必要，法律的协调与趋同有利于平等保护公民权利、打击犯罪——网络给黑客提供了犯罪工具，也为欺诈、身份盗用、恐怖主义和洗钱等相关犯罪提供了便利——刑事定罪统一化、协调化、欧洲化。

3. 将犯罪嫌疑人的权利视为正当权利

英国选择性地参与欧盟刑事法律对欧盟法律的一致性和基本权利的保护构成了重大挑战。在欧洲刑事司法区，各国保护基本人权的水平不在同一水平上。欧盟刑事司法工具和执行程序具有不确定性及缺乏透明性，这就加剧了已经突出的基本权利保护问题，因为这种分歧意味着给予的某些权利不是每个人都可以使用的，是有差别的。

欧洲情报系统的资料来源广泛，但明显违反人权的资料将不予处理。并且，鉴于保护个人资料的基本权利，欧洲警察署存储个人资料的时间不应长于执行其任务所需的时间，还应在其初始处理开始后三年内审查持续储存此类数据的需要。欧洲警察署还设置了专门的数据保护官员，独立地完成下列职责：确保处理个人资料方面的内部应用、保存转让和收到个人资料的记录以及向数据主体通报其权利；与负责数据处理程序、培训和咨询的欧洲警察署工作人员合作；保存个人资料违规登记；准备年度报告。这在保护犯罪嫌疑人个人信息的隐私上起到了一定的作用。即在打击恐怖主义时，也不能忽略了犯罪嫌疑人的正当权利。

4. 建立执行和评估系统

考虑到恐怖主义和其他形式严重犯罪，特别是在通过互联网进行促进或促成的情况下对联盟内部安全造成的特殊和具体的威胁，欧洲警察署根据2016年5月1日的规则开展工作，特别是与外部直接交换个人资料的相应做法，欧盟委员会进行成果评估。特别是评估欧洲警察署及其工作实践的影响、成效及效率，进而评估涉及可能需要修改的欧洲警察署结构、操作、行动和任务，以及对财务的影响。欧盟委员会将评估报告提交给欧洲警察署管理委员会，然后将其最终评估报告连同结论以及该管理委员会的意见提交给欧洲议会、欧洲理事会、成员国国家议会。评估报告的主要结果会酌情公布。

5. 一体化构建反恐情报体系

在欧盟，即便申根信息系统是“政府间”性质且人们担忧其可能被滥用，欧洲警察署等欧盟机构中的情报系统也还有这样或那样的问题，也必须确定它们在欧盟反恐合作领域的作用：欧洲警察署负责搜集恐怖威胁信息与情报、建立“危险评估机制”，与各国警察部门开展合作、制定反恐计划。没有这些情报系统，也就没有进一步的合作，亦没有欧洲的一体化。此外，虽然欧盟本身具有自身的特性——多速发展，尤其是在英国脱欧后，欧洲一体化的进程受到了多方面的影响，成员国在构建自身的情报系统发展方面还不一致，如2007年葡萄牙边境和外国人服务机构开发了国家自己的新版本，但始终受到一体化以及“自由、安全和司法区”思维和行为的影响，即我们不能否认通过一体化构建欧洲反恐情报体系这一正确途径。而且欧盟及欧洲各国正在朝这方面努力：斯德哥尔摩计划将情报从“共同情势中心”传播到欧盟委员会、欧洲警察署、欧洲司法组织加以共享，德国推广的“联合反恐中心”（Joint Terrorism Center）进一步为欧盟提供多学科的战略合作。

针对我国国内反恐情报系统的分散和不统一，主体懈怠、信息不共享等问题，务必要建立健全科学化的合作机制，要依靠一整套完备的情报交换、利用、保护机制以及科学化的管理机制，这样才能充分发挥情报的各项功用并规范各类情报。利用情报系统来主导事务，解决好信息利用和保护之间的关系，达到一个平衡。充分运用“信息主导警务”“信息主导侦查”“全国上下一盘棋”，乃至“自由、安全和司法区”（一体化）的理念，将“情报”用活，从而为国际或区际反恐合作铺平道路。同时，充分发挥公安机关反恐部门、国家安全部门等主体在搜集情报、评估风险、加强合作、研判方面的作用，并与其他主体（如银行掌握资金信息，其中不乏恐怖主义融资，需要冻结财产）联合起来，为我国反恐工作尽职尽责，真正将涵盖信息库、主体、法律各方面的情报系统建立起来。

三、网络恐怖主义国际治理的制度与路径[1]

网络是一柄双刃剑，在为人们提供前所未有的便利的同时，也为恐怖主义这一非传统安全威胁提供了传播扩散的温床。近年来，网络恐怖主义在全球肆虐，其隐蔽性、跨国性和破坏性对国际社会构成严峻挑战。

（一）制度构架

网络恐怖主义国际治理的制度架构是国际社会应对网络恐怖主义的制度

[1] 苏红红、郭锐：《网络恐怖主义国际治理的制度困境与优化路径》，载《情报杂志》2020年第2期。摘编后收入本书。

保障和机制平台。现有的制度架构主要体现在三个层次：一是全球层次上联合国等国际组织或机制内含的网络恐怖主义治理制度；二是地区层次上以欧盟、上海合作组织为代表的具有网络恐怖主义治理功能的区域制度；三是国家层次上以各个国家出台的相关法律法规为主的制度架构。

1. 全球层次

联合国是最重要的全球性政府间组织，在网络恐怖主义国际治理中发挥着不可替代的引领作用，主要表现在两个方面：第一，联合国明确了“网络恐怖主义”的概念范畴，为清晰界定网络恐怖主义提供了理论依据。界定了网络恐怖主义的四类行为：第一类是利用互联网通过远程改变计算机系统上的信息或者干扰计算机系统之间的数据通信以实施恐怖袭击；第二类是为恐怖活动目的将互联网作为其信息资源进行使用；第三类是将使用互联网作为散布与恐怖活动目的有关信息的手段；第四类是为支持恐怖活动目的的联络和组织网络而使用互联网。第二，联合国多次通过相关决议，打击网络恐怖主义。强调联合国反恐机构要会同各国和相关的国际组织加强打击恐怖组织；要求成员国协力打击网上暴力极端主义言论，敦促成员国协作采取措施，共同防止恐怖分子利用恐怖音视频煽动支持恐怖行为。呼吁各成员国根据国际恐怖主义新威胁和不断变化的趋势，灵活改变策略以有效打击恐怖主义。通过一系列决议，为联合国成员国指明了新的方向，也显示了国际社会坚决应对网络恐怖主义的决心和信心。

2. 地区层次

近年来国际恐怖组织网上活动频繁，对地区安全与稳定带来极大威胁。为此，各地区国际组织积极开展活动，出台相关战略性文件、国际公约，以提高打击网络恐怖主义效力。欧盟与上海合作组织可视为打击网络恐怖主义的典范。

欧洲一直是恐怖主义的重灾区。随着恐怖主义对互联网及信息技术熟练程度的加深，打击网络恐怖主义成为欧盟的重要议题。欧盟运用多元化的手段打击治理网络恐怖主义：第一，成立专门的负责机构。欧盟成立了欧洲网络与信息安全局，综合负责预防、回应网络和信息安全问题，应对网络攻击威胁。第二，制定网络安全战略。发布《国家网络安全战略——为加强网络空间安全的国家努力设定线路》《欧盟网络安全战略》等，确立了网络安全指导原则、优先战略任务以及行动方案等内容。第三，制定打击网络恐怖主义的法律法规。2004 年，欧洲委员会批准的《网络犯罪公约》，是目前唯一有强制约束力的国际网络犯罪公约，为打击网络恐怖活动提供给了法律依据。

上海合作组织（简称“上合组织”）也是网络恐怖主义地区治理的重要机制。上合组织成员国总检察长会议机制是上合组织成员国开展司法合作的重要平台。2016 年 11 月，签署了《第十四次上海合作组织成员国总检察长会议纪要》，指出上合组织成员国检察机关要进一步开展打击网络恐怖主义的国际合作，研究防止利用互联网进行恐怖主义的措施，摧毁恐怖组织的网上活动平台，及时通报恐怖主义犯罪出现的新情况，共同提高打击暴恐犯罪的能力水平。

3. 国家层次

网络恐怖主义国际治理在国家层面的制度架构主要体现在各主权国家所制定的法律法规之中。近年来，各国不断推进网络安全立法，为网络反恐提供法律保障。例如 2015 年美国通过了《网络保护法案》《网络安全战略法》；俄罗斯出台了一系列关于网络安全的法律政策，如《2020 年前俄罗斯联邦国际信息安全领域国家政策框架》《俄罗斯联邦网络安全战略构想》等。英国制定了《反恐与安全方案》和《互联网监控法》，为治理网络恐怖主义提供了必要的法律支持。日本信息安全政策会议先后通过了《第二份信息安全基本计划》《日本保护国民信息安全战略》，对保障国家正常运行所依赖的关键基础设施免遭恐怖主义袭击作出政策法律规定。2015 年、2016 年，中国分别制定了《反恐怖主义法》和《网络安全法》，规定了网络反恐的战略原则和实施措施等内容。

（二）制度困境及表现

现有的网络恐怖主义国际治理体系存在着严重的制度困境，具体表现在以下四个方面：

1. 碎片化

网络恐怖主义国际治理的制度架构呈现出零散、单一的碎片化特征。由于网络恐怖主义受到国际社会关注的时间不长，制度相对匮乏，治理的“机制复合体”尚未形成，存在制度的碎片化困境。整体来看，网络恐怖主义国际治理并未形成包含预警机制、立法机制、信息共享机制、执法行动部门协同机制以及国际合作机制等全面的、完备的治理制度。

这种碎片化还表现为制度设计缺乏针对性，未能形成专门性的制度框架。目前，国际社会尚未协商通过治理网络恐怖主义的专门性国际法或者国际公约。国际社会在全球、地区和国家层次都通过了相关性的决议和合作机制等制度性内容，但这些制度性内容均是散布在对恐怖主义、网络安全、国家安全等制度框架中，没有形成针对性的法律法规。

2. 低阶性

网络恐怖主义国际治理的现有制度不够健全，发展程度较低。这主要表现在两个方面：一是国际社会在网络恐怖主义治理过程中缺乏一个领导型的国际组织。在网络恐怖主义的国际治理过程中，联合国提供了制度、法律、政策引导，在治理中占有不可或缺的地位。但联合国自身权力的有限性、治理议程的扩大化都制约着联合国在网络恐怖主义治理中领导性作用的发挥，难以有效打击和遏制网络恐怖主义。二是国家间合作机制不够健全。以美国为例，美国通过深化拓展与传统盟国间的合作机制推动双边及多边的网络恐怖主义国际治理，但不重视与非同盟国之间的制度合作。美国加强与欧盟关于网络威胁、网络攻击的信息共享机制合作，但是，美国和非同盟国家之间的机制合作程度较低。

3. 有限性

当前，西方国家与新兴国家围绕网络恐怖主义的概念界定、治理议题、治理理念等存在的严重分歧，制约了现有治理机制在网络恐怖主义国际治理中发挥作用，使其落实能力相对有限。联合国通过的一些全球性的反恐怖主义公约，是治理的重要制度性依据，但这些国际公约、国际法的具体落实并非由联合国强制推行，而是在于各成员国的执行情况，其有效性、遵守程度和落实执行能力都有待提高。一方面，各成员国并未全部批准和加入联合国制定的相关国际公约，这严重制约了制度的落实；另一方面，即使成员国批准并加入了相关国际公约，但在具体的执行中也存在很大的差异性。

4. 矛盾性

在网络恐怖主义国际治理制度架构中，主体要素是多元化的，主权国家、国际组织、非国家行为体都在其中发挥着重要作用。这些制度主体之间的关系错综复杂，国家之间、国家与企业等非国家行为体之间，既有治理目标的一致性，又有现实需求的矛盾性。制度主体的矛盾关系直接制约着治理的有效推进，影响着治理成效。一方面，主权国家之间存在网络霸权与共享共治诉求的矛盾关系；另一方面，国家与非国家行为体之间，特别是政府与私营企业之间存在需求诉求上的矛盾关系，进而影响到网络恐怖主义治理进程。

（三）制度困境成因

网络恐怖主义国际治理的多重制度困境导致了治理失灵现象。这些制度困境产生的根源主要在于两个层面：

1. 国际治理的主体层面

以主权国家为核心的治理主体，在国际治理制度架构的构建与运行中有着决定性作用。治理主体之间的复杂关系是导致网络恐怖主义国际治理制度困境的重要成因。具体表现为：

第一，是国家利益的分歧。追求和维护国家利益是国家对外行为的出发点和落脚点。在网络恐怖主义国际治理中，治理主体国家利益的差异性影响了合作的达成，导致了治理的制度困境的形成。国际利益的差异性导致对网络恐怖主义界定的差异性、对网络恐怖主义行为的双重判定标准，进而严重制约了制度落实能力。

第二，是战略互信的缺失。战略互信是国家间合作的基础，战略互疑制约着国家间在网络恐怖主义国际治理合作的广度和深度。战略互信的严重缺失，使得两国间达成的网络反恐合作机制发展程度较低，这也是网络恐怖主义国际治理制度性困境的重要成因。

第三，是权力结构的失衡。网络恐怖主义治理主要依托于国家的互联网技术和信息通信技术，由于国家间网络技术、信息技术发展的差异性，导致不同治理主体权力的差异。西方国家及以西方为主的国际组织与联合国以及发展中国家为主的国际组织形成了巨大的权力悬殊。联合国有限的权力，难以为所通过的相关决议及国际公约提供强有力的支撑，导致了制度落实能力的有限性。

第四，是治理理念的差异。治理主体之间在治理理念上的原则性差异，也阻碍了网络恐怖主义治理制度架构的发展完善与成效提升。西方国家认为人权、民主至上，在国际反恐行动中国家主权应让位于人权，网络恐怖主义国际治理也不例外。而非西方国家则坚持反恐过程中应当尊重他国主权，不应以反恐为由干涉他国内政。

2. 国际治理的对象层面

除主体层面的因素外，网络恐怖主义国际治理制度困境的形成还受治理对象层面的影响。 首先是对象内涵模糊不清。各国从本国国情出发对网络恐怖主义进行了不同的界定。国际社会对“网络恐怖主义”没有形成清晰的、统一的认识，各国概念界定的差异性导致了对网络恐怖主义行为认定的分歧，加剧了网络恐怖主义国际治理制度的碎片化和零散性。第二是恐怖威胁隐蔽复杂。与传统的恐怖主义相比，网络恐怖主义利用互联网进行传播的隐秘性、难溯源性、“独狼式网络恐怖袭击”频发性等特点，增加了犯罪证据获取的难度。面对稍纵即逝的信息，往往是刚展开侦查，相关的证据就已经消失或者无法获取有效的证据，导致一个国家难以形成有效的治理，更难以就此展开国家间的制度性合作。第三是重视程度相对不足。网络恐怖主义是一个新的问题领域，当前主要危害在于恐怖分子利用互联网进行思想传播、动员宣传、组织培训，这尚未引起国际社会的普遍重视，进一步加剧了网络恐怖主义国际治理的制度困境。

（四）制度优化路径

要消解网络恐怖主义国际治理的制度困境，国际社会需要综合考虑治理主体和治理对象两个层面的因素，推进治理制度的发展完善，以提升治理的有效性。

一是构建网络空间命运共同体。网络空间是人类共同的活动空间，面对网络恐怖主义威胁，应当坚持互联互通、共享共治，构建网络空间命运共同体，化解制度主体之间的利益分歧和理念差异，以推进网络恐怖主义国际治理体系的完善和效能的提升。国际社会需要加强沟通、扩大共识、深化合作。坚持多边参与、多元治理，充分调动政府、国际组织、互联网企业、科研机构、技术群体、公民的各自优势，共同推动有效的网络恐怖主义国际治理。

二是树立包容性价值共识。西方发达国家和发展中国家价值理念的差异性制约了双方机制化合作的进程。国际社会应树立以公平为核心的包容性的价值共识，由此建立的治理机制才能适应发达国家和发展中国家的利益诉求，才能形成有效治理网络恐怖主义的制度构架。

三是构建互动性机制体系。积极推动现有治理机制的互动，构建互动性的机制体系，是推动治理主体增进互信、改善权力不对等的有效途径。一方面，要推动现有网络恐怖主义国际治理机制之间的互动；另一方面，要推动现有网络恐怖主义治理机制与治理对象更广泛的网络安全治理机制、恐怖主义治理机制之间的交叉互动，在互动过程中借鉴网络安全领域、反恐怖主义领域的有效机制增加彼此间的战略互信，缓解权力不对称所导致的隔阂。

四是完善国际性法律法规。当前国际社会缺乏针对网络恐怖主义国际治理的法律法规、在全球范围内缺少清晰的立法管制，是造成治理制度困境的重要成因。因此，国际立法应针对网络恐怖主义威胁的各个环节详细展开。建立完善的网络恐怖主义国际治理法案。同时根据网络恐怖主义攻击目标的差异性，建立针对性的相关法规。

五是形成整合性顶层设计。主权国家在可预见的未来仍是治理的核心主体，很难出现凌驾于主权国家之上的新的公共权威。因此，顶层制度设计的目标在于确立包容互惠的治理原则、广泛完整的治理框架以及多元化的治理制度模式。在顶层制度指导下，构建完善健全的网络恐怖主义国际治理的机制体系，建立网络恐怖主义国际治理的管理机制、技术监控机制、执行机制、信息共享机制、突发事件响应机制等。

四、融合思维下的美国反恐情报变革 [1]

（一）国际恐怖组织的新特点

伴随着全球化的进展，美国国家安全和利益越来越受到非传统安全的威胁。社会高度的“网络化”及“大数据”，使得政府、民间乃至个人的安全将迫使被暴露在新型恐怖组织威胁的视野下。

1. 区域融合下的恐怖组织

“9·11”之后，恐怖活动逐渐呈现出组织国际化、目标多元化、手段极端化、装备现代化、通信网络化、经费隐秘化等特点。众多恐怖组织深受伊斯兰原教旨主义影响，不仅坚决反对西化与世俗化所建立的一切制度及文化，主张回归伊斯兰原教旨主义，还试图以现代科技作为攻击手段，以达成其政治目的。在恐怖组织团体中，以“伊斯兰国”和“基地”组织对美国最具有威胁性，因为上述组织属于由“哈里发”意识形态构建下的“宗教极端主义型”的国际型恐怖组织。

（1）现代恐怖组织的产生因素

恐怖主义组织产生的因素，包括提供思想的领导阶层、分散的组织模式、开放而适合发展的生存环境，以及贫穷、政治腐败、宗教冲突、种族纷争的政治条件等。某些区域或国家由于存在贫穷、政治腐败、宗教或种族冲突等政治因素，导致民众欲借于恐怖组织的形态改变现有的国内政治现状。同时，随着国际开放程度不断提高，各国的商业贸易往来频繁，国际交往环境趋于自由，使得国边境的管制措施相比宽松，从而加快了恐怖组织向周边区域、国家渗透的程度和方式。而某些国家政治层为满足其政治利益和目的，试图为恐怖组织提供赖以生存的空间和资源，或资助恐怖组织的发展，形成在国

[1]　李亚可、江焕辉：《融合思维视野下的美国反恐情报变革研究》，载《情报杂志》2017年第6期。摘编后收入本书。

家政权庇护下的恐怖组织生存和发展形态。

（2）恐怖组织衍生的国际化趋势

目前“伊斯兰国”“基地”组织等恐怖组织，以阿富汗为基础，利用“塔利班”政权给予的经济援助，建立起恐怖组织的栖息地，并不断向周边国家渗透，形成外国“圣战”人员遍及全球各地的趋势。同时，上述组织领导层通过传统和现代通信手段，向世界各地外国“圣战”人员传达指令和任务，致使建立了庞大的组织网络体系。虽然“伊斯兰国”“基地”组织与其他区域的恐怖组织，可能存在政治立场不同，但“伊斯兰国”和“基地”组织通过思想指导、资源协助，以及武力支持及赞助等方式施加影响，从而形成跨区域融合性的“跨国性恐怖组织网络”。

2. 网络思维融合下的恐怖组织

现代科技及信息技术的高速发展，使人与人之间联系越来越紧密，同时也为恐怖组织或恐怖主义分子开辟了恐怖活动的新领域。主要表现在两方面：一方面，网络技术日益成为恐怖组织的活动工具；另一方面，以网络系统平台为支撑的基础设施已成为恐怖袭击的目标。随着电力供水系统、金融证券市场等关键基础设施管理的网络化，如果对上述设施的网络系统发动恐怖攻击，产生的社会危害将远远大于常规化的恐怖袭击。

（1）网络信息成为恐怖组织的活动工具

恐怖组织积极学习和运用网络技术，通过网络信息与社交媒体散布扭曲事实的信息和极端宗教思想。这种宣传模式的运作方式不仅克服了国境疆界的限制，更重要的是有利于恐怖组织相互间的勾连、政治意图归一、人员招募培训、散布极端主义思想。通过社交媒体工具，可以准备定位和快速号召“个人极端主义者”“区域性的政治叛乱团体”以及“自发性民间暴力组织”加入“圣战大家庭”，这不仅增加目标国反恐行动的困难度，威胁程度，以及对目标国安全稳定环境的威胁范围也逐渐增大。

（2）网络系统成为恐怖袭击的目标

《美国情报界全球威胁评估报告（2010 年度）》中指出，“由于商业及社会环境的不断变化，国家关键基础设施相关数据及个人信息暴露于网络信息之中，使得个人信息、商业机密及科学技术遭窃密的问题日益严重，且恶意网络攻击的规模空前复杂”。“美国正面临着敌对国家、恐怖组织、跨境有组织犯罪等主体对其的网络安全威胁，且主要威胁目标是国家或政府部门的信息系统、城市的基础设施系统，以及金融机构的运行系统。有证据显示恐怖组织组织及跟随者正在积极对美国国家关键基础设施等网络系统发动网络攻击”。

3. 有组织性犯罪融合下恐怖组织

随着恐怖主义犯罪和有组织犯罪呈现出多元化的发展趋势，该趋势不仅出现在贫困的中东与南亚国家，同时也出现于发达的欧美国家。如果针对犯罪组织与恐怖组织之间进行人为区分已经不法准确了认知恐怖组织的新的发展形态。因此传统犯罪行为者的需求是利润，而恐怖行为者的需求是政治目的或宗教目的的观点已不符合“组织融合性”观点的趋势。

（1）传统犯罪行为者与恐怖行为者之间的身份相互转换

由于恐怖组织经常通过犯罪行为来维持自身生存，从而在传统的犯罪行为者与恐怖行为者之间进行频繁的身份转换，原因在于，与恐怖活动相比，大部分犯罪活动中的谋取经济利益考虑是犯罪的首要原因，恐怖行为者可利用犯罪行为的特性，从事犯罪活动，以获得高额的犯罪报酬。随着跨国活动交往的速度加快，互动的频率增高，紧密合作程度的增多，传统的犯罪行为者与恐怖行为者皆向国际化的发展，将其活动、计划、支持等分散至世界各地，使单一国家的法律体系难以应付其国际活动。同时人员、资金、物资流动的加快，而国际化也为恐怖行为者的传统犯罪活动在人、财、物方面提供了绝佳的掩护。因此，传统犯罪行为者与恐怖行为者之间的身份相互转换就是传统犯罪形态与恐怖活动形态相互融合的体现。

（2）恐怖组织和跨国性犯罪组织进行结合

近年来恐怖组织是否可能与跨国性组织犯罪组织进行结合形成新的犯罪类型逐渐引发各界关切。虽然恐怖组织与跨境有组织犯罪的“组织”属性不同，但基于利益考量仍有相互合作的可能性。有组织犯罪团体可利用恐怖组织的政治攻击活动，创造有利于其从事非法活动的社会与经济环境，并且从中牟取利益。而恐怖组织则可利用犯罪活动获取的资金，推动其政治目标的实现。美国在中亚的反恐战场期间，跨境有组织性犯罪已逐渐扩大了其活动范围，组织结构更趋完整性，并且与恐怖组织有所联系，其可通过收买政府官员、渗透到安全情报机构内部，或将大规模杀伤性武器出售给恐怖组织，以获得大额的报酬。恐怖组织领导者也逐步转向跨境有组织犯罪渗透，以获得资金及武器来源。

（二）反恐情报融合变革内容

情报融合中心概念和情报导向的反恐模式，源起于“9·11”事件之后，美国为了检讨事件发生主原因，是各情报机关之间缺乏整合性的情报分享机制，造成情报作业的疏失与缺漏，从而导致恐怖分子渗透进入美国境内。而情报主导的反恐模式是运用客观情报决策模式与管理哲学，通过策略管理和有效的反恐策略，遂行打击恐怖主义活动。情报主导的反恐模式也是执法单位的资源管理与分配方式，利用信息搜集与情报分析，对恐怖活动处置设定优先级。另外，情报导向的反恐模式是以改善情报行动为基础，其也是融合性思维在美国反恐情报变革的体现。

1. 融合性思维的美国反恐情报理念变革

“9·11”恐怖事件冲击了美国国家利益与全球战略布局，对于政府部门的政策制订与应变能力也带来许多考验。正因为面对多变的全球局势，以及国际恐怖组织的持续威胁，美国不仅需要对情报机构做出重大的改革，还要求各部门坚持“改革”的思维，提升政府执政的效能。

（1）情报与执法理念的融合

美国情报工作大致区分为“国外情报”“国内情报”两方面，国外情报主要针对敌对军事威胁国家的情报搜集，国内情报则负责国内安全事件与犯罪活动的搜情与分析。目前，美国情报机构的工作重心仍是以国外情报为主，但和国内执法机构仅保持合作伙伴关系，其并不涉及执法内容。

一是情报与执法工具性的融合。为防止极端主义扩散，维护美国的海外利益，美国当局提升与整合国内外情报搜集能力。同时，情报机关负责追踪恐怖组织的动向已是军事行动的一部分，此种行动不仅需要接收大量信息，更重要的是需要具备快速分析信息和数据的能力，尤其面对复杂且行踪不定的恐怖行为者，情报搜集与分析能力的提升已经成为美国反恐工作中的重点。美国在面对情报与执法关系的议题时，多数人会因以“侵犯公民隐私的顾虑”反对情报机关赋予的“侦查权”。然而，当聚焦反恐行动安全威胁时则无须考虑执法的权限问题。倘若面对组织性和恐怖袭击行动或“孤狼”类型的恐怖行为者时，情报与执法的结合则是适合且实用。众多情况中情报与执法多是手段，两者结合不会扩大反恐局势，也不会导致军队与当地平民更多的伤亡。

二是情报与执法机制性的融合。执法机构提供给情报机构关于恐怖组织的情报信息是基于决策者越来越需要相关的犯罪数据，因为情报报告将影响到本国的外交政策。情报机构给决策者和执法机构提供情报数据，希望能快速识别和追踪恐怖行为者的动向，并通过外交和法律途径打击恐怖活动，这远比进行军事行动更能获得国际间的认同与支持。美国中央情报局仅被赋予情报搜集的责任，严禁行使司法警察的侦查权力。而情报机关的职责仅在提供决策者关于涉及国家安全的相关信息的评估情报，但由于恐怖行为者结合跨境有组织性犯罪的特性已间接影响美国的本土安全。因而，美国促使参众两院通过《爱国者法案》，使得情报与执法两者间产生了互为影响的关系，以利于领导决策。

（2）情报理念与情报工具的融合

“9·11”恐怖事件以后，美国为强化国内情报分析能力，促进情报与执法机关的信息分享机制，从而设置了各州与地方的情报融合中心，目的在整合政府部门及民间机构的资源、专业与信息，以便对各种犯罪及恐怖活动实施追踪。根据2006年美国司法部于公布的《融合中心指导方针》中所示，“融合”是指管理各级政府（联邦或各州）和民间机构间的信息及情报流动，通过数据融合的方式，改善信息交换的机制。而数据融合的内容则，包括执法情报、公共安全及个人信息等。因此“融合”并非是传统或实体性的情报中心，也非刻意整合相关机构，以冲击官僚制度下的“权威利益”。融合可视为一种变革的合作机制，此种制度的变革是不以结构变迁为前提，而是以建立共同认识基础上进行跨部门、跨领域及跨地域的合作方式和运作模式。

一是情报与共同安全观的融合。近年来恐怖组织融合跨境的有组织犯罪、网络思维等形态，使得反恐任务的执行涉及政治、经济、外交、军事及执法等层面。除了考虑发动军事行动打击恐怖组织外，还必须将情报搜集、情报共享、执法合作及国际外交等政策相互转换作为反恐怖行动机制重要组成部分。上述观点不仅“融合”共同安全的情报理念，更涉及国土安全的非战争军事行动合作领域。换言之，反恐合作行动并不适合采取某种“范式”的组织整合模式。相反反恐任务的执行应该在理念和态度上适时变革，即不必对组织制度造成大范围变动，不以扩大跨部门与公私协力的合作空间为目的，促使情报、国安、军事及执法机关间产生信息互补与职能互补，使每个任务参与者处于协同条件下了解共同安全的理念。

二是情报独立与情报参与的融合。“9·11”事件后，美国境内众多州和主要城市均成立融合中心，以改善联邦、各州政府、部落、情报、执法机构和民间机构之间的信息共享问题，并能够借此进行情报分析、犯罪预防和执法调查等工作。为强化国内重要信息的搜集与分析（包括个人活动的监视、书信、电话、网络通信)，必须大量使用由第三者所提供相关信息，运用数据挖掘和电脑辅助风险评估等技术，过滤具有恐怖组织威胁的信息。因此，在美国联邦司法部及国土安全部的指导下，各州或各地方设立了情报融合中心，以强化情报信息的共享，消除反恐情报信息分享的障碍，促进反恐行动的协调。美国司法部及国土安全部认为合理的情形下，至少每个州应该建立一个融合中心，以便于开展情报融合合作。

三是情报与反情报的融合。恐怖组织威胁和国土安全问题都考验美国情报机构是否具备提供战略预警情报的能力，以避免再次受到非传统安全威胁的威胁。之前大多数情报机构的分析人员将评估重点置于短期或正在进行的危机事件，以应对当前的安全情势。目前美国情报机构正在提升及时预测风险的能力，以判断未来新的安全威胁和挑战。美国为实现该目标，主动整合各种安全情势，提出战略警告和危机风险源，以帮忙政府在政策规划、战略发展和措施制定提供决策依据。同时，受全球化市场与网络信息的开放，美国意识到恐怖组织正通过各种途径渗透到美国本土，以破坏其安全利益。对此，美国反情报工作的行重点在于检视内部人员有无利用工作职权与权限对外泄露机密信息，并在关键基础设施体系中建立反情报网络，建立与外国情报机关的持续合作机制，并拓展情报搜集能力，以补救可能造成泄密的各种漏洞。因此，美国当局采取新的反情报策略则是对于威胁美国国家安全的外国情报机构与恐怖组织将采取先发制人的行动策略。

2. 融合性思维的美国反恐情报机构变革

美国的关键基础设施在网络安全防护上仍有诸多瑕疵与漏洞，倘若遭受攻击，势必造成严重后果。2015 年 4 月，奥巴马政府正式宣布将推动《网络安全战略概要》。

（1）建立融合性的国家情报共享模式

依据国土安全的总统指令（HSPD-5）的指示，2005 年 2 月 28 日美国政府建立了信息共享制度。美国司法部（DOJ）和美国国土安全部（DHS）之间建立了合作协议，通过签署了建构国家情报交换模式协议。国土安全总统指令的使命是针对国内事件，以管理方式建立一个单一与全面性相结合的国家应急事件管理系统，包括建立不同部门间情报共享与整合的能力。其主要的意图在于让政府和企业间能分享准确、完整、及时、适当的情报，据以能做出准确的决策，以确保国土安全和公共安全。然而，国家情报交换模式并不是全国所有的地方、州和联邦资料库的集成，而是基于利益共同体，旨在各部门之间构建跨域间的信息交流与有效的情报交换标准，使其能在日常运作和紧急情况下支持跨域间分享关键的情报。国家情报交换模式只是一个参考架的构，不完全是一个严格的标准，其目标在于强调整体性功能的发挥，目的是作为建设情报交换系统的核心基准，以有利于政府各部门或相关单位创建情报交换与信息交流运用的机制。国家情报交换模式促成了美国司法部、国土安全部等部门之间建立了情报合作伙伴关系，在融合层面设计开发、建构和支持了整体性的情报传递与交换标准和流程，以在紧急情况下能够有效地共享关键情报，支持整体国家机构的有效运作。

（2）设置情报融合中心

在国家情报交换模式和全国刑事情报共享计划的基础上，美国政府在联邦与各州及主要都会区建置了情报融合中心。2003 年至 2007 年，由美国国土安全部与司法部主导，依据全国情报联合分享计划（NSIS），设置各层级的情报融合中心 (Fusion Center)，以期有效预防与抗制恐怖主义攻击。情报融合中心旨有建立一个高效率与高效能的情报交换与整合分享机制，其通过整合各种来源的情报资料与简化作业流程，扩大各类情报资源的利用价值，提高打击犯罪和恐怖主义效能。此外，情报融合中心也是美国国家刑事情报分享计划（NCISP）的途径之一。综合所述，“情报融合中心”是运用于整合多个执法机构间的专业知识，或经由勤务活动所搜集的紊乱数据信息，通过整合研析，获致有价值的情报产品，从而能快速反击犯罪或恐怖活动，使反恐情报工作能发挥最大效益。基于全国整体性的情报资源与专业的情报分析能力，情报融合中心旨在情报搜集交换过程中接收到以往未能全面接收到的细微情报或搜集到散落的情报片段，甚至从表面上无法识别的可疑活动，经由分析整合后，从中找出信息之间的共同性与关联性，以获得珍贵的情报，并预测可能的恐怖袭击活动，以确保国家安全。

（3）建立网络威胁情报融合中心

2015 年 2 月 10 日，美国国土安全与反恐事务高级助理摩纳哥 (Lisa Monaco) 表示，美国将成立“网络威胁与情报融合中心”(CTIIC)，该机构由国家情报总监办公室负责管辖，职责在于协调美国政府众多的情报机构，加强政府各部门、政府与企业之间的协调，使相关机构能尽早意识到网络安全威胁趋势，并采取相应对策，提高美国防范和应对恐怖组织网络攻击的能力。因此，“网络威胁与情报融合中心”未来将是美国政府网络威胁情报信息的重要机构。鉴于美国面临的多元、日渐复杂和危险的网络安全威胁，新成立的 CTIIC 将使美国政府更有效地防范和应对恐怖组织的网络攻击，但是该机构本身并不搜集信息，而是负责分析和整合国土安全部 (DHS)、联邦调查局 (FBI)、中央情报局 (CIA)、国家安全局 (NSA) 等部门向其提供的有关网络安全威胁的数据和信息。

（4）成立网络与国土安全中心

2015年1月，美国乔治华盛顿大学成立了网络与国土安全中心（CCHS）。该机构是集中力量研究网络和国土安全治理学术智库，主要任务是开展与政策相关的研究，分析国土安全、反恐和网络安全问题，并通过各级政府、私人、非营利部门与学术界召集国内与国际的政策制定者和实践者，发展创新的战略以解决和应对当前与未来的威胁，此为民间机构在情报融合性思维的体现。该研究中心设四个小组：反恐及情报任务组；网络安全任务组；国土安全战略与威胁任务组；预备与基础设施恢复任务组。此外，该中心整合国土安全政策研究机构（HSPI）的活动与人员，与乔治华盛顿大学在网络安全展开相关作为。

（三）融合性变革思维的特征

美国反恐情报的变革，无论是情报与执法的结合、情报融合中心的概念，还是积极主动的情报思维都是在寻求制度、思维及工作方法的变革。

1. 强化非传统安全威胁应对的融合型思维

在全球化进程中，各国面临的威胁安全已经不再局限于传统安全范畴，非传统安全威胁已为国际社会关注与遏制的目标。面对恐怖组织类型的转变，以及极端暴力主义、跨境有组织犯罪与恐怖组织相融合等威胁程度的持续加剧，传统单一性的突发性应急处置机制已无法应对未来可能发生的融合型的恐怖袭击威胁。且我国是恐怖主义袭击事件的受害国，了解国际恐怖主义的发展和变化情势，从而制定国家层面的反恐预防和打击战略，以提升我国在国际恐怖主义治理能力的影响力。因此，强化融合型应对恐怖主义安全威胁的应对思维，建构融合型的突发性应急事件的处置机制为最佳的解决对策。

2. 增进情报融合领域的合作机制

为了解决情报机关各自为政的现象，美国政府在“9·11”事件后对情报机构进行了调整，强化国土安全情报机制，并且通过情报融合中心的运作，试图经改变情报与执法机关的固有思维及文化，建立以“大数据”的方式，促进各级政府与民间、个人之间的情报分享。同时，突破以往情报搜集中“国内与国外、中央与地方、政府与民间”条块分隔的做法，整合政府、情报、执法、紧急管理、医疗、交通、矫治等机关，全面搜集国家安全、恐怖组织趋势和夺威胁风险、关键基础设施等方式的情报。因此，美国从国会、国土安全部、司法部，到各州及地方政府的执法机关都在全力支持融合中心的运作，使情报融合中心成为信息搜集、分析、传递、分享的枢纽，进而发挥预警与打击恐怖组织的铁拳。

3. 提高国家安全政策内的情报融合需求

美国情报机构变革的目的在于跳脱现有组织框架与技术限制，并尝试新型资源融合的思维和方法，协助维护国家安全利益的任务，即通过官方授权、技术与政策改革等方式解决情报工作运转过程中存在瓶颈问题，以减少时间、资源及机制运作上的资源浪费。然而，面对日益复杂的恐怖主义安全情势，情报机构变革不仅在对于对情报处理手段的革新，还涉及情报人才招募、能力培养、工作流转模式的改变，更重要的在于寻求情报工作制度上的突破。就情报与执法领域的结合而言，随着恐怖组织与跨境有组织犯罪相互间的融合现状，执法机关在缺乏情报机构支持的状况下，则难以胜任国内反恐工作的任务。因此，美国通过《爱国者法案》与发布一系列行政命令，目的在于提升情报机关的工作效能，更是促使情报与执法机关间的相互合作，以提高了美国反恐工作的效益。其次，为强化情报分析能力，促进情报和执法机关相互间的信息分享机制，各州与地方均设置了情报融合中心，目的在于整合情报和执法机构的情报资源，以便对各种犯罪及恐怖活动进行侦测、预防、调查及回应。

总之，国家安全的维系是建立在情报工作的基础之上，情报是预警与制敌机先的手段，建构完善和运行顺畅的情报系统，将有助于提升反恐机构的情报能力。因此，通过融合思维，变革情报搜集、分析及评估的机制，不仅可提升维护国家安全的作为，也可争取应对恐怖袭击事件必要的响应与处置时间。反恐机构无论在执行打击恐怖主义，还是维护国家安全任务，情报机制的变革仍占具着重要关键的因素。

五、美国反恐情报融合机构的管理运行[1]

反恐情报机构的融合是指将情报职能相同或者相近的机构进行整合，新设或归并为唯一机构，从而精干机构、优化内设、合理配置资源的动态过程。反恐情报机构的融合在于解决相似机构设置过多、职责分工过细、权责与决策执行脱节、协调与制约机制不健全等突出问题。

美国反恐情报融合机构的设计理念是按照统一标准，实施情报资源的汇集，在此基础上，进一步使有交叉的情报机构彼此衔接，设立一体化的情报机构，实现情报系统的资源共享和协同作业，精髓则是将分散的情报机构组合，最终形成融合性的情报机构。

（一）形成要素

随着国际恐怖组织的发展演变，其越来越多地采用非常规性袭击手段，而美国反恐情报机构政出多门，权力分散，机构重叠，职能交叉，甚至职责冲突，各情报机构相互间缺少的协同、合作与共享，难以应对这些危机。基于此，美国设立了多个全国性的反恐情报融合机构，优化情报界信息共享机制，有效应对危机。

1. 内在要素

数据时代给各情报机构带来大量未经筛选的信息，美国情报部门正面临“信息臃肿”的困境。

（1）情报界相互独立的工作模式，制约了反恐情报的交流与共享

为了保护情报行动中的秘密，美国各情报机构均建立了相互隔离的工作制度，坚持着相对独立的保密文化。长期以来，美国情报界依据情报搜集的手段和采取的措施进行了情报机构设置和任务职责的分工。而美国不同的情报机构根据职责隶属为高层决策者提供涉恐类情报，同时以依存于各种情报搜集手

[1]　江焕辉：《美国反恐情报融合机构的设立、运作和启示研究》，载《情报杂志》2019年第8期。摘编后收入本书。

段而形成彼此相对独立的工作模式。无论是单一情报机构中的内设部门之间，还是众多情报机构之间，其竞争关系均大于合作关系。因为美国各情报机构视情报为权力和经费的源泉，从而导致了相对封闭的工作环境。

（2）情报界机构重叠的臃肿状态，制约了反恐情报的协同与合作

国家安全情报运作体系能否在恐怖袭击之前提供预警信息，或于事发之时提供精准的情报分析产品，对预防、处置恐怖袭击都起到关键的作用。为此，美国众多情报部门均建有相关数据库。但是由于各情报机构的数据库林林总总，信息无法兼容和共享，导致无法实现落地查控。如，2013 年美国波士顿马拉松爆炸案，部分情报机构事先已经掌握了“基地”组织企图袭击美国的这一信息线索，但情报机构并未对这一线索进行跟踪查证。

2. 动力要素

为了有效应对国际与美国本土恐怖主义的发展形势，需要对美国各情报机构进行改革，设立反恐情报融合机构。

（1）强化信息共享的基础保障

2009 年《国家情报战略报告》强调情报体系融合，加强合作伙伴关系，特别是与外国、国内职能部门，以及民间机构之间的情报共享关系，提升对信息和数据的搜集能力。美国司法部为使各州的情报融合中心运作具有一致性，颁布了情报融合中心指导纲领，成为美国情报融合的基础。反恐情报融合机构的重点任务在于分析情报融合机构的组织框架、运作状况和存在问题，并针对情报融合机构体制的完善提出对策。同时，反恐情报融合机构的工作流程摒弃了传统情报循环以情报分析为主体的弊端，通过情报设计将情报行动部门与情报分析部门联合互动，充分发挥情报组织的系统价值。

（2）优化制度设计的重要手段

机构融合的配套制度是情报、执法等主体参与其中的依据，核心任务则是通过信息或数据的交换，减少各职能部门重复性的工作和人力资源的浪费，以发挥资源的最大效益。反恐情报的融合过程不仅是资料库的数据整理，更是以参与机制为基础，通过共同接口，以提供和接收信息为支撑。一方面，为了让情报人员掌握连续性的事态发展趋势，以此协助其了解不断发展的涉

恐危机，融合机构的任务需建立在以情报融合为基础，以风险管理为内容，以信息共享为导向的危机管理模式；另一方面，反恐情报融合机构需要与伙伴、用户进行深度接触，了解其对情报共享的特殊需求，在此基础上优化情报融合机构的运行机制。

（3）提升工作能力的核心利器

通过情报机构的融合将情报机构或部门的业务流程合理整合，有效解决情报机构中的系统孤岛、信息孤岛等问题，以达到机构融合与信息共享。一方面，反恐情报融合机构具有较强的外部环境适应能力，其依据现存的环境，提出合理实施方案，并对实施方案进行评估，将评估中发现的问题进行优化和改进。另一方面，反恐情报融合机构能够对情报机构的整体流程和效果起到积极作用，在提高工作质量、工作效率和快速反馈方面具有较好示范。

（二）组织运作

为了有效应对非传统安全威胁的挑战，美国积极建构了国土安全机制，通过《情报改革与恐怖主义防止法》进行国家安全情报体制改革，以统合情报机构。同时成立国家反恐中心，统合反恐情报，各地设立情报融合中心，强化反恐情报的融合和分享。

1. 国家反恐中心

美国国家反恐中心作为国家层面的“情报融合中心”，负责所有涉恐情报和信息的整合和分析研判，并向司法部、国土安全部和其他相关机构报送涉恐情报；同时协调和监督所有政府机构和部门的反恐计划和行动，确保反恐计划的统一指挥和行动。中心主任制定全面的国家情报计划，明确情报界成员的角色和职责，界定与执法部门和国土安全部门的关系。

为了能够及时有效地生成针对美国重点目标安全具有潜在威胁的恐怖活动态势感知报告，国家反恐中心在联邦协调层面向州、地方和私营机构开展信息共享工作。为了促成“恐怖威胁和相关事项”情报报告的生成，中心设立威胁评估与协调小组作为联邦层面的涉恐情报分析、生产和传递工作的补充，确保了协调小组成员能够直接派遣到国家反恐中心和其他成员单位，同时成员单位所生成的涉恐情报产品能够通过协调小组及时送达州、地方、部落官员及私营部门，并适时向社会公布。

2. 恐怖分子筛查中心

美国恐怖分子筛查中心隶属于联邦调查局，其设立的目的在于整合美国众多相似机构和数据库，解决机构信息不共享，数据格式不兼容等问题，实现机构之间的整合与协同作业机制，确保对涉恐人员和组织的监控无死角。恐怖分子筛查中心不承担情报搜集与调查工作，只负责静态的情报整合、处理、分发与评估。恐怖分子筛查中心实行全天候运行模式，情报界各单位向恐怖分子筛查中心派驻联络员，负责联络事宜，国务院、司法部、国土安全部、国防部、美国邮政总局、国外相关机构向中心提供情报。恐怖分子监控数据库每日更新，国外相关机构经申请可访问资料库。

3. 全国调查中心

美国海关与边境保卫局的反恐任务是防范恐怖分子和武器入境美国，对非法入境或偷渡的人员实施拘捕，必要时使用空中与海上部队拦截，以预防恐怖袭击事件的发生。为了应对潜在的恐怖袭击，2001 年 10 月美国海关与边境保卫局成立了全国调查中心，成为国土安全部的重要反恐单位，也是旅客和货物信息收集、研判的重要情报单位。目前联邦调查局指派反恐观察员入驻全国调查中心，反恐观察员将每日恐怖主义威胁简报提供给全国调查中心。全国调查中心在国土安全部隶属的运输安全管理局设有联络处，运输安全管理局禁止登机名单库与恐怖分子筛查中心的“恐怖分子监控数据库”协同更新。美国海岸防卫队利用全国调查中心提供的信息执行安全检查。

4. 情报融合中心

在“9・11”事件调查委员会的强烈建议和国会立法要求下，2005 年 2 月美国司法部和美国国土安全部签署合作协议，形成国家情报交换模式，建立不同部门之间情报共享与融合机制。美国情报融合中心是由各州或地方政府所建立，在该州或地区负责接收、分析、搜集、分享威胁信息，并且优先享有联邦政府的资源。该中心设立的目的是将各情报机构及相关组织等提供的信息经过整合、汇集、串并，生成有价值的情报产品，主动送达各职能单位，达到提前预警的效果，或在事件发生之时提供精准的情报，以辅助政府决策。该中心按照树状的管理体系运行，实现机构间的协同、整合、共享，以预防恐怖袭击事件。

（三）借鉴与启示

1. 打造一体化的反恐情报融合机构

情报机构融合的本质是情报、执法、个人等主体的参与机制，融合的任务是通过信息或数据的交换，减少各职能部门重复性的工作和人力资源的浪费，以发挥资源的最大效益化，将信息或数据转化成为有价值的情报产品。打造一体化的反恐情报融合机构，不仅仅是以搭建全源信息平台，更是以各情报机构参与机制为核心，通过共同接口，提供和接收信息，增强反恐情报的融合能力，优化情报融合关系和共享关系，重点在于分析情报融合机构的组织框架、运行模式、配套制度、体制完善等，以促进公私之间的分工合作，构建横向协调，纵向指挥的运作体制；同时反恐情报融合机构流程在摒弃以情报分析为主体的传统情报循环弊端，通过情报设计将各情报行动部门与各情报分析部门联合互动，充分发挥反恐情报融合机构的系统价值，拓展情报共享和决策优势。

2. 构建反恐情报融合机构的制度规范

由于不同背景和经历的情报专业人员必须通过更多的沟通和灵活协作，以解决与任务相关的重大问题，因此，反恐情报融合机构需构建协同作业机制，营造情报协作的意识，形成具有跨部门协作的组织文化，促使反恐情报融合机构的分析人员、搜集人员与其他部门人员之间的合作更加紧密，更富有成效，形成协同作业的“力量倍增器”，使反恐情报融合机构在文化、语言、技术等有大幅的提升。同时，构建一体化反恐情报融合机构的信息共享机制，需通过立法方式，最大范围将合法信息共享，同时需将各情报机构的制度规范、内部评估和工作流程等融入其中。

3. 提升反恐情报融合机构的运作能力

信息系统是解决情报难题的技术手段。反恐情报融合机构负责信息平台的整体规划、管理和监督，搭建共享情报平台，在世界范围内简便、安全的共享反恐数据和信息，最大限度发挥发现、访问、存储、共享的能力，充分运用现代信息技术手段，提升信息融合、优化管理、评估和行动的技术能力，推进情报一体化目标的实现。

六、反恐情报预警体系建设思路[1]

狭义上的反恐预警仅指发布恐怖威胁预警信息，而广义上的反恐预警则包括反恐情报收集、信息发布和预警响应三个阶段，其中情报收集是手段，目的是通过发布预警信息来激活预警响应，促使各方提前采取防控措施，做好反恐应急准备。

（一）美国反恐预警机制概况

1. 建设背景

21 世纪以来，以美国为代表的发达国家普遍加强了反恐预警体系建设。特别是“9・11”事件后，美国以反恐情报与预警系统建设为核心，开展了前所未有的全方位反恐工作，反恐情报预警体系建设走在了世界前列。“9・11”事件促使美国国家安全战略发生了重大转变。为了提高恐怖主义防范能力，美国迅速着手筹建反恐预警系统，2002 年 3 月建立了国家恐怖袭击预警系统，即国土安全警报系统（简称 HSAS)，标志着美国进入了一个新的反恐时代。

HSAS 是以美国本土恐怖威胁为对象的五级制反恐预警机制，使用红、橙、黄、蓝、绿 5 种颜色由高到低依次表示不同威胁程度的预警级别，每一级别的预警都会触发联邦政府部门和安全人员的特定预警响应措施，尤其会

[1] 董泽宇：《美国反恐预警体系建设的经验与教训》，载《情报杂志》2016年第3期。摘编后收入本书。

对机场等公共设施管制产生较大影响。

在应对恐怖威胁方面，HSAS 通过及时发布预警信息，提醒并指导联邦机构和公众采取防护措施，提高了全社会防范恐怖袭击的应急能力。但是，在实际使用过程中，该预警系统也逐渐显露出各种弊端。一是预警等级划分不合理，大部分预警级别基本用不上，存在结构性缺陷；二是预警过度依赖通过颜色来区分威胁严重程度，缺乏具体的信息和行动建议，容易使民众陷入恐慌。联邦机构发布的预警信息模棱两可，既无法解释清楚发布的依据是什么，也没有提供具体的行动建议；三是预警期限没有时间限制，长期处于警戒状态使得各方疲惫不堪；四是预警发布渠道缺乏整合，与公众沟通不足。美国国土安全部通过应急警报系统（简称 EAS）等传统预警信息系统，将反恐预警传送给各级地方政府和私立部门等机构，但是公众无法获取预警信息，只能通过公共媒体才能得知。HSAS 预警系统覆盖面有限，与传统意义上的其他预警系统缺乏有效整合，无法形成覆盖“全灾种”的预警系统。基于上述弊端，部分联邦州政府和地方政府逐渐放弃使用该系统。

2. 主要做法

经过多方讨论与认真评估，2011 年 1 月，国土安全部宣布取消国土安全警报系统，转而代之为新成立的全国恐怖威胁预警系统（简称 NTAS），放弃使用以颜色作为预警标识，采用两级制警报的方式，为美国公众提供可信威胁的信息。2015 在两级制警报的基础上，又新增了一个“中间级”预警级别，将预警级别增加到三个等级。NTAS 的主要做法如下：

（1）简化预警级别，取消颜色标识

NTAS 取消了以颜色为标识的符号特征，设置了两种类型、三个级别的预警方式。预警类型分为警报和公告两种。其中警报分为“迫切威胁”警报和“升级威胁”警报两个级别。两者都只在获知可信赖的信息，并经过核查真实性之后，由国土安全部部长和其他联邦机构负责人共同协商决定是否发布反恐预警。而国家安全威胁公告用于描述“关于恐怖威胁的当前状况或者总体趋势”等方面较为宽泛的信息，简单介绍发布公告的理由和美国政府反恐措施，提醒公众要加强自我防护（如表 2.2）。

表2.2 美国国家恐怖威胁预警系统（NTAS）级别划分

预警类型	威胁等级	预警含义
警报（Alerts）	迫切威胁警报（Imminent Threat Alert）	警告可信的、具体的、即将发生的恐怖威胁
	升级威胁警报（Elevated Threat Alert）	警告可信的恐怖威胁
公告（Bulletins）	威胁公告（Bulletin）	描述恐怖威胁的当前状况或者总体趋势

（2）整合反恐情报获取机制

情报信息是发布反恐预警的前提基础。为了有效收集与分享反恐情报，提高情报信息的准确性，美国从情报机制和社会动员两个途径加强整合反恐情报工作。一是健全情报交流机制。通过整合各类情报机构关于恐怖威胁的信息，提高反恐情报工作的有效性。二是加强反恐社会动员。通过积极发动美国公众举报恐怖分子嫌疑活动，扩大情报信息收集的覆盖面。2009 年美国国土安全部在全国范围内发起了“若看到，要举报”运动，鼓励民众及时将恐怖分子的可疑恐怖苗头行为报告给情报部门，以最大范围收集恐怖情报信息。

（3）提高预警信息的清晰度

NTAS 在发布警报类预警时，不再是简单地宣布预警级别，而是提供更加具体而清晰的信息与建议。一是具体的预警信息内容。NTAS 预警系统会简要地描述潜在威胁，通过可视化的方式或描述性语言解释威胁情况，说明有关负责部门将采取哪些应对措施，减少因预警信息内容模糊给公众带来的恐慌心理。二是明确的预警时间期限。NTAS 预警系统在发布预警时会明确规定预警的起止期限，如果需要延期，则会说明原因，避免因预警长期运行造成各方持续处于紧张状态。三是有针对性的响应行动建议。在尽可能详细描述恐怖威胁预警的基础上，NTAS 预警系统提供有针对性的应对措施建议，建议其他政府部门、社区、公司和个人采取相应的准备措施来预防与应对可能发生的恐怖威胁。

（4）扩大预警发布的覆盖面

国土安全部不仅可以直接通过其官方网站、注册电子邮箱、脸书与推特社交媒体、数据传送专线、网页插件与图像等方式向公众发布反恐预警，还可以间接通过州政府、地方政府和部落层面的合作机构以及新闻媒体等多种渠道向全社会发布反恐预警，不断扩大反恐预警发布的覆盖面。除此之外，公众还能够在公交枢纽、机场和政府大楼等公共或私人场所获取反恐预警信息。根据《预警警报和相应网络法》的规定，2006 年美国国会批准通过了手机预警系统方案，要求手机制造商在所有新生产的手机里安装一种特制的芯片，可以让手机用户能够直接收到免费的预警信息。2011 年底，该手机预警系统正式推出，覆盖了美国所有的无线运营商和手机用户。

（5）增强预警发布的针对性

NTAS 会根据恐怖威胁的性质与特点有针对性地发布特定区域、人群、期限的反恐预警信息。在对情报信息进行综合评估之后，如果确认在一定程度上有可能发生恐怖袭击，国土安全部首先会通过内部沟通机制通知反恐行动执行部门和相关私立机构。如果有较大把握认为恐怖袭击可能会发生且对社会公众造成严重影响，国土安全部会进一步向社会发布恐怖威胁公告或警报。在预警发布技术保障上，美国建立的手机预警系统由联邦通信委员会（FCC）和联邦应急管理署（FEMA）共同负责管理，能够针对特定区域内的手机用户发送文字、邮件或者语音等形式的预警信息，极大地提高了预警的针对性。

（二）我国反恐预警机制设计

在以预防为主和“御敌于国门之外”思想的指导下，美国以反恐情报与预警机制为导向，不断加强与完善反恐领导体制与运行机制建设，取得了良好的效果，虽然在某些方面还有改进的空间，但是总体而言，经过十多年的积累，美国政府已经建立起较为完善的反恐预警体系，其经验做法对其他国家有很好的借鉴意义。

1. **完善反恐预警的立法设计**

现阶段，我国法律法规尚未建立完善的反恐预警机制。2015 年全国人大常委会审议通过的《反恐怖主义法》，成为新中国成立以来首部反恐怖主义法。该法首次规定，国家反恐怖主义情报中心、地方反恐怖主义工作领导机构以及公安机关等有关部门在对情报信息进行综合研判的基础上“可以根据情况发出预警”，为反恐预警机制建设提供了初步的法律依据。但是，对反恐预警的级别、内涵、发布条件和期限等关键内容均未具体说明，存在较大的制度性空白。

2. **整合反恐情报体系**

在反恐战争中，“情报是灵魂，预警是关键”。只有建立发达的情报网络，整合各方情报资源，形成高质量的情报产品，才能为下一步的预警发布工作提供原材料。与普通犯罪情报相比，反恐情报的时效性、综合性、隐蔽性、分散性等特点更为突出。反恐情报工作在组织机构、专业力量、信息平台等方面还有许多不足之处与薄弱环节，成为制约我国反恐预警发展的主要因素。需要不断整合反恐情报平台与资源，加强专业化力量建设，提高情报搜集与分析能力。

3. **健全反恐预警机制**

结合当地实际，建立反恐预警制度，合理划分反恐预警级别，明确各级威胁定义与预警响应措施，使其符合反恐预警的内在规律。一是科学划分反恐预警级别。反恐预警级别划分不宜过多过细，避免公众产生认知混淆，造成不必要的社会恐慌。二是明确区分内部与外部反恐预警类型。将反恐预警划分为对外和对内两种预警类型。对外反恐预警侧重于通知公众和公共设施管理机构加强自我保护；对内反恐预警侧重于在尽量不干扰公众的情况下，指引反恐处置部门采取果断措施，提前抓捕潜在的恐怖分子，或者通知受威胁的地区与部门，预先采取防护性措施，加强戒备，提高自身防护能力。三是限定战术型反恐预警的截止期限。与战略型反恐预警相比，战术型反恐预警通常持续时间较短。为了避免长期响应过度，造成社会疲惫心态和资源耗费过大，应当事先限定战术型反恐预警的截止期限。

4. 明确科学的反恐预警原则

确立科学的反恐预警发布原则，有助于提高反恐预警的生命力。美国NTAS确定了三项基本原则，即公众信任原则、有效沟通原则和灵活修改原则。一是公众信任原则。针对反恐预警性质的特殊性，应向公众客观说明并在全社会传播一种理念，即反恐预警出现的误差主要不是由于人为的操作失误造成的，而是因为客观上情报获取与甄别工作存在着难以克服的内在缺陷，以最大程度地争取公众的理解与信任。二是有效沟通原则。反恐预警要使用清晰的、易懂的、准确的预警用语，便于公众理解。保持情报机构、行动部门之间充分的信息共享与沟通联络，实现情报价值最大化和反恐行动的无缝衔接。三是灵活修改原则。反恐预警要适时调整，动态发布。恐怖分子行动以及反恐情报获取是不断变化的，要根据掌握的所有信息进行分析研判，灵活、及时调整反恐预警级别与行动建议，便于公众做出科学判断和合理的行动决策。

5. 形成全民反恐的社会治理格局

恐怖主义分子具有很强的隐蔽性和融入环境的能力，在恐怖活动事发前通常隐藏在普通人当中，很难利用通过侦察手段及时发现。而且，情报机构的人力物力资源是有限的，单纯依靠情报机构的力量，不仅难以收集到全面、可靠的线索和信息，也很难在第一时间向公众提供庇护。借鉴美国成功经验，可以发挥政府政治动员强的传统优势，广泛发动人民群众，积极开展全民反恐活动，提高反恐情报收集的全面性、及时性与准确性。加强反恐科普宣传，充分利用传统媒体和新媒体，多渠道全方位地宣传报道反恐政策与反恐基本常识，增强全民防恐意识，增强公众自我防范能力。要持底线思维和群众工作路线，加强群防群治，鼓励人民群众积极举报恐怖嫌疑行为，迫使暴力恐怖分子无处藏身，铲除恐怖主义滋生的社会土壤，形成全民反恐的良好社会治理格局。

七、美俄反恐预警机制比较[1]

反恐预警是对潜在的恐怖主义威胁进行预测与报警的情报活动，其核心是反恐情报的搜集、评估、研判与分析等。而反恐预警机制是指能灵敏、准确地昭示恐怖活动风险前兆，并能及时提供警示的预警系统，它是国家反恐怖决策组织机构和相关运作、保障机构之间形成的一种监测、评估和预报恐怖活动的运行模式。反恐预警机制通常由组织领导机制、情报运行机制和保障机制构成，其中情报运行机制主要指反恐情报搜集、处理、分析、分发等环节涉及机构相互协调、沟通与合作的关系，这是反恐预警的核心；保障机制包括基础信息、技术、人力、资金、法律保障等方面。

（一）恐怖威胁来源与反恐预警机制

美俄两国均饱受恐怖主义危害，但恐怖主义威胁来源及特点有所不同。

美国面临的恐怖主义威胁主要来自国际。由于美国推行强权政策和偏袒以色列的中东政策，引发了蔓延全球的反美主义浪潮，使其极易成为恐怖分子尤其是伊斯兰极端分子的攻击对象。相比之下，俄罗斯面临的恐怖主义威胁主要来自国内的北高加索地区，恐怖行为主体复杂，女性恐怖分子参与比例较高；恐怖活动频繁，小规模恐怖袭击多发，蔓延至俄罗斯主要城市；恐怖袭击危害严重，对社会发展构成巨大威胁。

在反恐预警机制的理念方面，美俄两国均以危机管理理论和以情报为主导的预警理论为基础，强调预防为先的理念，以反恐情报分析为核心，努力规范、完善情报流程，其构建理念与各自反恐形势紧密契合。

特别是在2010年后，美国以危机管理理论为基石，结合反恐预警实践，开发了“恐怖主义信息识别系统”“可疑行动报告系统”等若干计算机预警系统，旨在充分发挥情报预警防范的灵魂作用，围绕危机征兆的识别分析与危机事件的趋势预测，加强对重点嫌疑人的情报分析，客观科学地优化了反恐

---

[1] 樊明明、肖欢、陶祥军：《美俄反恐预警机制的比较及启示》，载《情报杂志》2014年第12期。摘编后收入本书。

情报资源配置，取得了良好的预警效果。

俄罗斯的反恐预警机制也高度重视危机管理过程中的监测、预报阶段，但更加突出集中优势人力和快速决策能力，由总统直接领导情报部门，通过国家安全会议快速调集优势情报力量。这种方式有利于情报信息的上传和指令的下达，在应对恐怖危机中发挥了高效的优势。

（二）反恐预警组织领导体系

美俄两国在国家与地方层面均成立了相对完备的反恐预警组织领导体系，跨部门决策中心相互协作，分工明确。美国反恐预警机制的最高指挥与决策者是总统，总统、国会、国家安全委员会、国土安全部与情报界共同组成了国家层面的领导体系。在地方层面，美国推广了洛杉矶的区域反恐预警体制及其“行动情报准备”的预警模式，有效完善了反恐预警战术层面的实际操作。俄罗斯的反恐预警机制以总统为最高领导、联邦安全局为主导机构、国家反恐委员会为主要协调机构，强力部门共同参与，依托纵向隶属关系形成中央和地方（联邦主体）两级组织构架。

为落实反恐任务，美俄两国均从国家层面成立了专职机构，负责反恐情报与预警工作。美国在国家情报主任办公室之下设有“国家反恐中心”，负责整合、分析国内外一切与恐怖主义和反恐相关的情报，协调情报界的反恐情报需求，展开选择性分析，建立反恐中心数据库，为预警工作提供技术支持。俄罗斯的联邦安全局是日常反恐预警活动的主导机构，在反恐领域拥有国家指挥权，对其他安全保障机关拥有指挥、协调的权利。其下属的国家反恐委员会主要负责协调联邦及联邦主体各部门的反恐预警活动，组织政府和社会团体的反恐预警协调工作。

此外，由于美俄两国的国情、政情不同，反恐预警组织领导体系呈现出一定差异，各自存在的不同缺陷影响了预警工作的展开。美国三权分立的政权体制以及联邦形式决定了其反恐预警的“非集中化”特征。非集中化的预警构架可保证执政党各权力机构甚至是反对党派，都能积极地参与到反恐预警的实际工作中，确保了反恐信息的透明度。不足之处在于，它不能保证行动组织的高度统一，有时甚至会延误做出决定的时机。此外，美国国家反恐中心自2005年成立至今，仍只有计划权与协调权，而无执行权，这使其在反恐行动中处于尴尬的境地，其指令不能得到有效的执行和贯彻。

相比之下，俄罗斯的反恐预警组织领导体系“强制性”“集权性”特征明显，总统对各项工作享有绝对领导权，在应对恐怖袭击等安全事件中反应迅速，但同时也暴露出监督不力、民众参与度不高等问题。此外，俄罗斯的联邦主体反恐委员会主席由联邦主体最高行政领导人担任，该设置虽然有利于情报部门的工作协调，但由于地方行政领导被赋予了过多的职权和任务，因此不利于反恐预警工作的专业化。

（三）反恐情报搜集与分析

反恐情报搜集是预警活动的基础，美俄两国均重视人力与技术情报的搜集。

美国专门设有国家情报副主任一职，在应对恐怖主义威胁时，由他确定反恐情报搜集的优先方向。在中央情报局内部设立国家秘密行动署，加强对反恐人力情报搜集的管理与支持；提出以“速度”“协同”“出其不意”三种理念来加强技术情报搜集能力，通过设立项目，推动创新技术在反恐情报搜集中的应用。

俄罗斯联邦安全会议是国家情报体系的中枢和国家决策层面上最重要的情报用户，对反恐预警情报搜集的优先方向有决定权。俄罗斯以联邦安全局为核心，将反恐情报搜集范围前推到极端思想的传播扩散阶段，近几年尤为关注网络恐怖主义的威胁；内务部、国防部等部门的情报系统主要针对恐怖嫌疑人及非法武装进行战斗侦察和技术侦察；对外情报局主要通过人力资源搜集对俄本土及驻外机构安全构成潜在威胁的反恐情报。

美国近年来加大了对信息社会条件下高技术情报搜集手段的研究与应用，为反恐预警提供了有力支持。但过多依赖高技术、过多的监控项目仍不能保证情报的全面覆盖，比如2013年波士顿马拉松爆炸案就充分暴露了美国监控计划的漏洞与情报搜集的失误。俄罗斯在反恐过程中的突出问题是重打击、轻预防、情报意识不强，影响了情报搜集能力的提高。北高加索地区环境复杂，俄罗斯族的情报人员与当地车臣民族体貌特征区别明显，不易开展侦察活动，当地居民忌惮遭到恐怖分子报复，主动提供反恐情报的意愿不强。强力部门满足于武力清剿行动，不重视这一过程中的情报积累，忽略了对恐怖犯罪实施机制与行为动机的研究，制约了预警效果。

在反恐情报分析方面，美国进行了一系列的改进和创新，其科学性、系统性与效果优于俄罗斯。2013 年以来，美国反恐预警情报部门借助计算机和网络技术，加强了反恐情报分析能力和培训力度，鼓励情报分析人员之间的辩论及反向思维等。俄罗斯在 2010 年莫斯科地铁恐怖爆炸案之后，着力提升反恐情报的技术分析能力，在主要城市和重点设施增设金属探测器、核化物质传感器、爆炸物气体分析仪等技术监控设备。在情报分析阶段，俄情报部门往往针对具体目标，从大量数据中判断、提取有用信息；或者根据恐怖组织活动特点及发展趋势，在海量情报数据库中检索相关信息。俄罗斯的反恐情报分析手段与美国相比，更侧重经验积累，总体上缺乏开放性、批判性与多样性。

（四）反恐数据库的建设与共享

反恐数据库是反恐预警工作的基础保障，对此美俄两国均高度关注。由于美国面临的恐怖分子入境作案的威胁要远远大于俄罗斯，因此它更加重视对入境外国人的数据采集及相关数据库的构建。

近年来，美国在建设反恐数据库时，引入了生物基因技术。联邦调查局的“生物特征快速获取平台”能快捷地获取外国监狱中嫌疑犯的生物特征，帮助使用者收集和储存指纹信息，并从联邦指纹库中进行实时电子搜索。美国移民局和国务院对外籍入境者发放签证时对其指纹信息进行采集，入境时再次提取该信息，与数据库进行比对，确保已知的恐怖分子不能入境。在州级层面，佛罗里达州警方建立“多州反恐情报交流库”，供全美执法机构实现情报共享。

俄罗斯从 2004 年起着手建立恐怖分子声像数据库，重点在指纹、虹膜与声音等信息。同时努力完善跨部门的自动化信息系统，实现信息搜集、鉴别、处理、分析和分发等过程的自动化。2014 年 5 月普京总统签署一揽子反恐法律修正案，要求日访问量达到 3000 次的网络博客作者须到联邦信息监管局实名注册，互联网网站、搜索引擎和网络论坛须将所发布内容存档 6 个月以上，以备安全机关监管检查。该法律修正案客观上将反恐情报机关的数据库资源进一步延伸到互联网和金融领域。

在情报共享协作机制方面，美俄两国均意识到该领域的重要性且采取措施努力改进，但都未能彻底破解这一难题。美国政府在“9・11”事件之后加强了各情报机构之间的情报共享，设立首席信息官，负责反恐信息共享机制的建立和统一标准的制定；建立“国土安全信息网络”“国家反恐中心在线”、“全球事件追踪系统”“恐怖分子甄别中心”等多个系统，实施“快速分析支援与远程反应”项目，加强情报界的协作，实现联邦、各州与地方层面各部门、机构之间的反恐信息交流。俄罗斯也已形成纵向一体的反恐情报共享协作机制。在联邦安全局、内务部、对外情报局、国防部、紧急情况部、外交部、交通部、金融监管局等部门设有各自的协调机构，负责与国家反恐委员会之间的情报交流、共享与协作；在联邦主体层面，联邦主体的反恐委员会在处理、分析地方的反恐情报后，上报至国家反恐委员会。

但是，美俄两国均不同程度存在反恐情报力量协调与整合不够的问题，各自部门利益争斗阻碍了情报的共享协作。美国情报界的管理模式呈分散型，国家安全情报体系、军事情报体系与国内公共安全情报体系均承担反恐情报的搜集与分析工作，虽各有侧重，但业务上的部分重合浪费了情报资源，分散了预警力量。俄罗斯的情报管理虽然呈集权型，总统对情报界实施有效管理与协调，但在实际运作中同样存在类似美国情报界的情况。参与反恐预警工作的各强力部门为了各自的利益龃龉不断，地区联合预警机构的领导权在联邦安全局和内务部之间反复调整。联邦安全局、内务部、国防部、紧急情况部等部门在各联邦主体各自设有派出机构，反恐情报搜集的职能经常交叉，即使在同一机构内部（比如内务部的打击极端主义总局与作战局）也存在抢夺情报资源的现象，情报业务整合、情报共享等问题日益突出。

（五）启示与借鉴

目前，我国面临的反恐形势极其严峻。与美俄等国相比，我国反恐预警机制的理论研究和实际建设都还存在一定的差距。因此，建立健全适合我国国情、以危机管理理论和以情报为主导的预警理论为指导的反恐预警机制，是现阶段乃至今后防范和打击恐怖势力的优先发展方向，对保障国家安全有着重大的现实意义。

健全组织领导体制，为反恐预警提供决策与指导。国家安全委员会作为我国危机管理的最高决策机构，统筹协调涉及国家安全的重大事项和重要工作，为国家安全与国家利益制定长远战略，在应对传统与非传统安全领域出现重大突发事件中发挥决策性作用。同时，可在国家安全委员会之下设立国家情报中心，负责国家各情报机构的管理、指导与协调工作，向国家安全委员会提供包括反恐情报在内的政治、军事、经济、文化、社会、科技、信息、生态、资源与核能等安全领域的综合情报与建议。

完善情报搜集的手段和范围，为反恐预警提供保障。借鉴美俄的经验，重视公开来源情报的搜集，明确公开来源信息的重点与反恐情报搜集的原则，采取技术手段与人力手段相结合、秘密手段与公开手段相结合的方法，丰富反恐情报搜集的内容，重点关注特殊地区、特殊行业机构、特殊时段以及特殊人员。同时，还可充分发掘基层组织的作用，一方面通过鼓励广大群众及时报告恐怖分子活动线索，另一方面激励涉恐家庭劝诫和揭发恐怖分子，形成以专业情报部门为主、全民共同参与的反恐预警综合机制。

构建完备的数据库系统，为反恐情报提供支援。可在国家反恐办公室下设反恐情报中心，专门处理与反恐情报有关的事宜，包括建立、管理与维护国家反恐数据库；在一定授权范围内联通或调用各情报部门的专题数据库；汇集、整合、分析、评估军事情报体系和国内公共安全体系所产生的反恐情报。借鉴俄罗斯国家反恐委员会的架构，另设预防恐怖活动协调中心、打击恐怖活动中心以及反恐预警信息发布中心。在构建数据库时还应建立与国外反恐机构的数据交流机制；对反恐数据库实施分级授权管理；借鉴美俄经验，引入生物技术，开发高科技反恐数据库。

八、反恐怖融资情报的国际合作[1]

金融反恐与外交、军事、情报、司法反恐一起，构成了国际社会应对恐怖主义的五大战略。作为“丝绸之路经济带”核心区的中亚五国，是极端恐怖组织重点活跃地带。阿富汗塔利班和“基地”组织控制区是中亚恐怖分子的重要藏身之地。上海合作组织目前有成员国 8 个：中国、俄罗斯、哈萨克斯坦、乌兹别克斯坦、吉尔吉斯斯坦、塔吉克斯坦、印度、巴基斯坦；观察员国 4 个：白俄罗斯、伊朗、阿富汗、蒙古国；对话伙伴国 6 个：土耳其、阿塞拜疆、亚美尼亚、柬埔寨、尼泊尔、斯里兰卡。显然，“丝绸之路经济带”所涉的欧洲国家，中亚国家，以及南亚国家，是上海合作组织的重要成员国、观察员国或对话伙伴国。因此，加强上海合作组织成员国间的反恐怖融资情报国际合作，有利于为“丝绸之路经济带”建设提供强有力的安全保障。

（一）多边合作框架下的反恐怖融资情报合作义务

1.《制止向恐怖主义提供资助的国际公约》相关规定

联合国《制止向恐怖主义提供资助的国际公约》（1999）是目前唯一的全球性反恐怖融资国际公约。该公约目前有 188 个缔约国，上海合作组织国家中，除了作为观察员国的伊朗外，其余均为该公约的缔约国。该公约规定，缔约国间交换经过核实的准确情报的目的是预防恐怖主义融资犯罪，情报交换的途径有二：一是双方依照国内法直接开展情报交换，二是通过国际刑警组织开展情报交换。为了有效开展直接的情报交换，缔约国有必要协调两个方面的行政措施及其他措施，一是在缔约国主管机关及相关部门间建立和维持联系渠道，以便于快速、安全地交换情报；二是彼此合作以调查以下两方面的情况：被合理怀疑参与恐怖主义融资犯罪的人员身份、行踪与活动；与这种犯罪有关的资金流动情况。

---

[1] 兰立宏：《上海合作组织成员国反恐怖融资情报国际合作研究》，载《情报杂志》2018年第7期。摘编后收入本书。

2. 金融行动特别工作组相关建议与要求

反洗钱金融行动特别工作组是目前国际社会最重要的反洗钱和反恐怖融资国际组织，其通过的建议和报告虽然不具有强制性，但被国际社会公认为反洗钱和反恐怖融资国际标准。该组织有37个成员国和9个金融行动特别工作组类型区域组织成员。作为上海合作组织中的中国（含中国香港）、俄罗斯、印度以及土耳其均是该组织的成员。

由于洗钱和恐怖主义融资往往具有跨国性，而且既涉及处于一线、直接与涉恐怖融资人员接触的私营部门，又涉及其他国家的执法部门、金融情报部门、安全部门、反恐怖部门等，因此要有效地识别能够帮助监测涉恐资金流动的情报信息，必须开展有效的情报信息共享。事实上，情报信息共享要求贯彻于《金融行动特别工作组建议》30项建议之中。为了便于实施，金融行动特别工作组对这些分散的要求进行了整理厘清，发布了《金融行动特别工作关于情报共享的统一标准》(2017)，对共享的情报类型（包括主管机关应公开的信息类型）、共享情报的场合、情报共享应采取的保护与保障措施等方面要求进行了梳理和厘清。

作为国际社会公认的反洗钱和反恐怖融资标准的《金融行动特别工作组建议》，详细地规定了反恐怖融资监管国际合作的国际标准，特别是反恐怖融资情报合作的国际标准。

3. 欧亚反洗钱和反恐怖融资组织相关努力

欧亚反洗钱和反恐怖融资组织是在俄罗斯倡议下，在反洗钱金融行动特别工作组、国际货币基金组织、世界银行及其他国家的支持下，于2004年10月6日在莫斯科成立的一个地区性国际组织。该组织目前有9个成员国，包括作为上海合作组织中的9个国家均在其中，巴基斯坦目前尚未加入该组织。

尽管欧亚地区的打击恐怖主义和极端主义的局势较为紧张，但是金融情报机构拥有打击恐怖主义融资和极端主义融资所需要的一切要素，打击恐怖主义和极端主义融资对策的重心应该是对恐怖主义和极端主义组织成员及其同伙进行深入研究，而不是对这种组织的名义上禁止进行深入研究。因此，欧亚反洗钱和反恐怖融资组织成员国之间加强反恐怖融资情报合作是极为重要的。该工作组提出了三个可供选择的反恐怖融资情报合作方案：一是去中心化体系；二是集中式体系；三是情报交换实验。目前，该组织成员国金融情报机构间的合作主要是在金融情报机构埃格蒙特集团（Egmont Group）的框架下进行。

4. 埃格蒙特集团相关专业性努力

埃格蒙特集团是一个由155个金融情报机构组成的联合体。该集团提供了一个用于打击洗钱和恐怖融资的专业知识与金融情报的安全平台。目前，上海合作组织中很多国家的金融情报机构均是埃格蒙特集团成员。

埃格蒙特集团在金融行动特别工作组确立的反洗钱和反恐怖融资国际标准基础上，制定了金融情报机构开展情报交换国际合作及其他活动的原则标准，还制定情报交换国际合作原则的合规流程，为集团成员金融情报机构有效开展情报交换合作、打击恐怖主义融资活动提供了统一协调的制度框架。为了促进成员间的情报信息交流，埃格蒙特集团还专门建立了安全通信系统——埃格蒙特集团安全网，成为情报交换国际合作的技术平台，通过该网络，成员间可以通过安全的电子邮件交流分享案件情报信息，发布和评价关于洗钱和恐怖融资类型、情报分析工具、技术发展等方面的信息。此外，该集团提出了一些加强恐怖主义融资情报合作的建议。

5. 上海合作组织相关努力

《打击恐怖主义、分裂主义和极端主义上海公约》（2001）详细地列出了缔约国交换反恐情报的内容，这为缔约国交换包括恐怖主义融资情报在内的情报提供了法律依据。

在反恐怖情报合作方面，《上海合作组织成员国关于地区反恐怖机构的协定》（2002）在规定地区反恐怖机构应承担收集、分析、储存、提供信息情报职能的同时，应建立机构资料库，收集、储存相关信息。明确规定地区反恐怖机构应同各成员国主管机关相互协作，包括交换情报，并根据本组织其他机构的请求准备相关材料。

《上海合作组织反恐怖主义公约》（2014）第6条规定了缔约国开展反恐

怖国际合作的主体、方式、渠道等问题，授权各缔约国主管机关直接开展相互协作，开展双边和多边合作。公约第 12 条具体规定了情报（文件、材料及其他信息）提供的方式（主动提供与被动提供）、情报转交限制、情报用途限制、保密等内容。

（二）反恐怖融资情报信息合作的路径

由于反恐怖融资情报国际合作涉及合作的法律依据、合作主体、合作内容、合作平台等方面，所以重点从这四方面探讨上合组织成员国加强反恐怖融资情报国际合作的途径。

1. 厘清成员国反恐怖融资情报合作的国内法依据

（1）俄罗斯反恐怖融资情报国际合作的国内法依据

《俄罗斯联邦打击犯罪收入合法化（洗钱）和恐怖主义融资法》(2001) 第 10 条对俄罗斯负责反洗钱和反恐怖融资工作的主管机关对与外国主管机关的信息交换与司法协助做出规定，可以在信息搜集、调查、诉讼和法院判决执行阶段开展国际合作。特别是对对外提供信息的条件、对外提供信息和提出信息请求的方式以及信息保密与使用等方面做出具体规定。但是，该法律没有规定可以交流的信息内容。

（2）哈萨克斯坦反恐怖融资情报国际合作的国内法依据

《哈萨克斯坦共和国打击犯罪收入合法化（洗钱）和恐怖主义融资法》(2009) 第 19 条专门对打击犯罪收入合法化（洗钱）和恐怖主义融资领域内的情报信息国际合作做出规定，特别是对反恐怖融资国际合作的法律依据、合作的领域、合作的方式、主管机关在国际合作中的权利和义务、可以拒绝外国合作请求的情形做出明确规定。

（3）中国反恐怖融资情报国际合作的国内法依据

《反恐怖主义法》对我国的反恐怖主义国际合作做出法律规定。根据第 68 条，我国与其他国家、地区、国际组织开展反恐怖主义国际合作的法律依据是我国缔结或参加的国际条约或者按照平等互惠原则。《中华人民共和国反洗钱法》第 27 条对反洗钱国际合作的法律依据做出了相同规定。除此之外，我国与俄罗斯签署了一些双边法律文件，与俄罗斯的反恐怖融资监管合作范围相对较广较深入，除了金融情报信息收集、分析、研判合作外，还涉及金融情报信息系统开发、前沿问题研究合作等更深领域，还涉及反恐怖融资监管合作、现场检查、人员交流与培训合作等更广范围。

2. 加强反恐怖融资情报国际合作的具体措施

为了加强上海合作组织成员国间的反恐怖融资监管与情报合作，建议采取以下措施：

一是扩大反恐怖融资情报信息合作的主体范围。将更多上海合作组织成员国纳入其中。为此，一方面，可以加强与上海合作组织成员国反恐怖融资监管部门间的沟通交流，推动更多国家的反恐怖融资监管部门与中国人民银行签署双边的反恐怖融资情报信息交流合作与监管合作备忘录。另一方面，利用欧亚反洗钱和反恐怖融资集团这个共同的平台，推动帮助其他成员国按照《金融行动特别工作组建议》所确立的反恐怖融资监管标准完善本国的反恐怖融资监管机制。为了提升上海合作组织成员国反恐怖融资情报合作的效果，可以推动成员国将更多反恐怖融资部门纳入反恐怖融资情报合作的主体范围，允许其通过金融情报机构或直接与外国同行机构或非同行机构开展反恐怖融资情报合作。

二是深化和拓宽反恐怖融资监管与情报合作的内容。深化和拓宽反恐怖融资跨境监管合作，特别是加强对跨境金融机构的反恐怖融资监管合作。利用欧亚反洗钱和反恐怖融资组织、金融行动特别工作组等专业的反恐怖融资监管合作平台，推动反恐怖融资监管国际标准在各成员国的贯彻实施，使各成员逐步将国际标准所确立的合作请求方义务、非正当限制措施、交换信息的保护、信息搜集权、金融情报机构间的信息交换、金融监管部门间的信息交换、非同行间信息交换等义务纳入国内法之中。尤其是要对照其中关于金融监管部门间的信息交换义务内容，推动成员国实现反恐怖融资监管合规和合作。

三是积极搭建和利用反恐怖融资情报合作平台。鉴于金融情报和金融情报机构在反恐怖融资中的关键作用，而埃格蒙特集团在国际反洗钱和反恐怖融资金融情报共享方面具有重要的独特作用，建议要加强对埃格蒙特集团的研究，在利用埃格蒙特集团开展反恐怖融资情报深度合作之前，加强上海合作组织成员国间的双边情报合作较为现实。

四是充分发挥上合组织在反恐怖融资情报合作方面的作用。充分利用上海合作组织这个平台，推动开展有效的反恐怖融资情报合作。一方面，上海合作组织为成员国开展反恐怖融资情报合作提供了国际法律依据。另一方面，上海合作组织为成员国开展反恐怖融资情报合作提供了平台和渠道。成员国间既可以通过外交渠道开展双边合作，又可以通过上海合作组织地区反恐怖机构执委会、国际刑警组织开展多边合作。由于欧亚反洗钱和反恐怖融资组织成员国目前在开展金融情报信息交流时主要通过埃格蒙特集团安全网进行，而中国、巴基斯坦等国尚未加入埃格蒙特集团，因此建立上海合作组织反恐怖情报平台或欧亚反洗钱和反恐怖融资集团反恐怖融资情报平台较为现实。建议利用上海合作组织这个平台，以加强反恐情报信息合作为抓手和突破口，加强组织反恐情报信息数据库建设，开发升级反恐情报交流技术平台，进一步拓展和深化地区反恐情报合作，特别是反恐怖融资合作。

九、中国反恐情报国际交流的推进策略[1]

情报信息是反恐工作中的关键环节，对及时发现、预警和处置恐怖活动具有非常重要的保障作用。随着全球反恐斗争的不断深入和发展，情报主导反恐已经成为各国反恐工作的重要思路和策略。鉴于近些年恐怖主义的国际化趋势，中国政府一直强调国际社会要加强反恐情报信息共享，并对外宣布，愿意与国际社会在打击包括“东突”恐怖势力在内的国际恐怖主义活动中就反恐经验交流、情报分享、线索核查、执法合作等领域开展广泛合作。

[1] 汪勇、刘猛、梅建明：《中国反恐情报信息国际交流的法制规范与推进理路》，载《情报杂志》2017年第6期。摘编后收入本书。

（一）反恐情报信息国际交流的意义

当前，由于国内外恐怖组织之间加强了相互勾连、相互渗透、相互策动，恐怖组织在组织形态、成员构成、资金来源、行动路线等方面都表现出明显的国际化特点。在恐怖主义愈加国际化、网络化、流动化的大环境下，一国“单打独斗式”的反恐情报收集已难以满足现实反恐斗争的需要，开展反恐国际情报合作，特别是早期的情报交流，对于挫败恐怖袭击、防止实害等尤为重要。

1. 有利于惩治国内恐怖活动犯罪

在全球化背景下，资金、人员等跨国流动为恐怖活动的实施以及影响扩散提供了新的动力，全球范围内仅牵涉一国的恐怖组织越来越少，跨越国域、地域、法域界线已是常态。目前，世界范围内多数恐怖组织民族性、地域性和国民性等都已淡化，成员不分国籍、宗教和种族及肤色，有的甚至没有领土或政治主权方面的诉求，只是要实现自己暴恐目标。与此同时，借助于互联网的全球化，很多恐怖组织着眼在全球范围部署战略决策和选定袭击目标，从情报收集、人员培训、筹划组织、部署指挥直至行动落实，整个恐怖活动实施过程可以在世界多个国家境内分散完成。就我国而言，受国际恐怖势力扩张、境内外“东突”势力渗透煽动的影响，近些年我国境内“东突”恐怖活动日益常态化，并形成“境外指挥、内勾外连、境内实施”基本模式，对我国家安全和社会稳定构成了严重威胁。在这种背景下，通过国际合作与相关国家就境外“东突”等恐怖组织的动态进行情报信息共享，有助于我国及时掌握境内勾连恐怖分子活动动向，提高防范打击的精准度。此外，根据《中华人民共和国反恐怖主义法》（简称《反恐怖主义法》）第 72 条规定，反恐国际情报交流取得的相关材料能够作为行政处罚或刑事诉讼中的证据。因此，开展情报信息交流，还有助于及时、有效地追究国内涉恐人员的行政或刑事责任，从而提高惩治国内涉恐违法犯罪的效率和震慑力。

2. 有助于预防境外恐怖分子回流

近几年来，外国恐怖主义战斗人员逐渐成为国际反恐斗争中面临的新挑战。根据联合国安理会反恐怖主义委员会的数据，全世界有来自 100 多个国家超过数万名外国恐怖主义战斗人员前往加入与“基地”组织、“伊斯兰国”和“努斯拉阵线”等相关的恐怖主义及其实体或为其作战，并在叙利亚和伊拉克等国境内活动。据媒体报道，从2012年起，对我国形成威胁的“东突”组织就开始派部分成员自土耳其进入叙利亚，参加叙反对派中的极端宗教恐怖组织与叙利亚政府军作战。目前，在“伊斯兰国”参战的国外恐怖分子逐渐形成回流原籍国家的趋势，“东突”组织也已开始从在叙作战人员中物色人选，派潜回中国境内策划、实施恐怖袭击行动。这些经过实战训练并掌握制爆试爆技术的“东突”恐怖分子，一旦回流进入我国境内，将给国家安全带来巨大威胁。因此，当前世界主要国家都将防止境外恐怖分子回流入境作为反恐行动的重要任务。就我国而言，亟待与相关国家就“东突”可疑参战人员有关的体貌特征、身份信息、旅行记录等情报信息进行交换共享，以便提前识别预警，采取有效措施防范境外恐怖分子回流入境。

3. 有利于防范海外利益受袭风险

随着“一带一路”倡议的提出，中国在海外的企业、公民遭遇恐怖袭击的风险不断上升，海外利益维护面临巨大挑战。海外投资方面，中国在“一带一路”沿线地区海外投资比重不断增加，由于受区域历史、宗教、民族等因素以及多重社会矛盾叠加的影响，“一带一路”沿线国家多是恐怖组织活跃地区，使得驻外企业、机构安全风险问题突出。为此，《反恐怖主义法》专门针对海外恐怖袭击风险制定了海外利益保护制度。如第41条要求外交、公安、国家安全、商务、旅游等部门要建立境外投资合作、旅游等安全风险评估制度；第59条规定了中国境外机构、人员、重要设施遭受恐怖袭击的处置制度；第71条规定了相关部门和军事力量出境执行反恐任务的制度。上述海外利益保护制度的贯彻落实，都需要大量、准确的海外情报信息作为行动决策依据。

4. 有利于共同打击国际恐怖主义

联合国安理会2001年《全球努力打击恐怖主义的宣言》指出，国际恐怖主义犯罪是对国际和平与安全一个最严重的威胁，是对所有国家和全人类的挑战。因此从一定意义上讲，目前各国的反恐行动已经不仅是为了维护自身安全，同时也是向国际社会提供公共安全产品。联合国在公开文件中多次强调，所有国家都必须按照它们根据国际法承担的义务，在打击恐怖主义的斗争中全面开展合作，以便在引渡或起诉原则的基础上，发现任何支持、协助、参与恐怖主义行为的人，不向他们提供安全避难所，并将他们绳之以法。中国作为国际恐怖主义的受害国之一，一直主张并积极在联合国、国际刑警组织等框架下与各国执法部门开展情报交流等深度合作，多年来推动国际社会在反恐、禁毒、打击跨国有组织犯罪等领域取得丰硕合作成果，为维护国际和地区安全稳定作出了贡献。2016 年，中国公安部副部长孟宏伟高票当选国际刑警组织新任主席，不仅是对中国在国际安全合作领域贡献的肯定，也体现了国际社会对中国发挥更大作用的期许。在国际恐怖主义波及全球的背景下，中国在联合国、国际刑警组织等多边框架下更有效地与各国开展反恐情报信息交流，不仅能更有力地提升各国打击国际恐怖主义的能力，也有助于推进国际社会在互惠互利的基础上全面开展反恐合作。

（二）反恐情报国际交流的法律体系及主要规定

反恐情报作为一种专业化的工作，要依靠一系列的规章制度实现。只有遵守相关的规范、标准和法律，才能避免随意性，保障其专业性。国际间的反恐情报信息交流与共享，既属于情报专业工作，又涉及外交、司法、军事等方面的国际合作，尤其需要依照国际、国内立法以及相关规则稳步开展。

1. 相关法律体系

反恐情报属于国家情报，目前我国还没有关于情报方面的专门立法。2014 年的《反间谍法》，仅从防御性的角度明确了反情报的法律意义。鉴于情报工作的重要性，2015 年颁布的《国家安全法》和《反恐怖主义法》都分别设专门章节规范了情报信息问题。其中，《国家安全法》第四章分 4 个条文规定了国家安全情报信息收集工作机制、部门职责、研判分析、报送要求等内容。《反恐怖主义法》则通过第四章共 6 个条文规定了反恐情报信息工作体制、安全防范信息提供、技术侦察与研判预警制度等内容。

关于反恐情报的国际交流，目前国内立法中仅在《反恐怖主义法》第 69

条中做了规定，国务院有关部门根据国务院授权，代表中国政府与外国政府和有关国际组织开展反恐怖主义政策对话、情报信息交流、执法合作和国际资金监管合作。边境地区的县级以上地方人民政府及其主管部门，经国务院或者中央有关部门批准，也可以与相邻国家或者地区开展反恐怖主义情报信息交流、执法合作和国际资金监管合作。除此之外，《反洗钱法》规定了国务院反洗钱行政主管部门与境外反洗钱机构交换与涉恐反洗钱有关的信息和资料；《禁毒法》规定了国务院有关部门与有关国家或者地区执法机关以及国际组织开展包括涉恐贩毒在内的禁毒情报信息交流；《公安机关办理刑事案件程序规定》也对公安机关与其他国家就恐怖活动犯罪在内的犯罪情报信息的交流与合作做了规定，等等。

国际法方面，中国缔结和签署的反恐国际公约中，有些规定了国家间反恐情报信息交换和共享的事项。例如，在联合国主导的多边反恐公约中，《核材料实物保护公约》《制止核恐怖主义行为国际公约》《制止为恐怖主义提供资助的国际公约》等公约都规定了缔约国提供或交换涉恐情报信息的义务，有些还对情报信息的机密性保护以及传送、使用规则做了规定；国际刑警组织 1998 年《开罗反恐宣言》中，要求各成员国在刑事调查和采取预防恐怖主义措施过程中共享重要信息；我国与上海合作组织其他成员国签署的打击恐怖主义、分裂主义、极端主义的双边合作协定，也对反恐情报信息交流的范围和请求程序进行了明确。此外，我国与其他国家签订的刑事司法协助条约中，也有一些条款涉及情报信息交流条款。

2. 相关法律的主要规定

基于我国制定的反恐法律和参加的国际条约等相关文件，就我国开展反恐情报国际交流的有关规定，主要包括以下几个方面内容：

（1）法律依据

开展包括情报交流在内的反恐国际合作，涉及国家主权以及政治、经济等多重因素，因此需要遵循一定的国际法依据和原则。根据《反恐怖主义法》第 68 条的规定，我国与其他国家、地区、国际组织开展反恐合作，首先依据的是我国“缔结或者参加的国际条约”，其中就包括《联合国宪章》、联合国反恐公约、上海合作组织相关公约等多边公约，以及中国同其他国家缔结的引渡、刑事司法协助、打击三股势力等方面的双边条约、协定等。如果合作方与我国在缔结或参加的国际条约方面无法直接实现国际法上的对接，或根据反恐实际需要，也可依据“平等互惠”的原则就特定反恐情报交流开展国际合作。

（2）执行主体

根据《反恐怖主义法》第 69 条，我国开展反恐情报信息交流的执行主体分为中央和地方两个层级。在中央层级，执行主体主要包括国务院有关部门、人民解放军和武装警察部队。其中的“有关部门”，应当包括国务院外交、公安、国安、网信、司法、反洗钱行政主管等部门，根据我国关于各部门在反恐工作中职责的规定，一般情况下主要由公安部和国家安全部负责对外开展反恐情报交流合作。在地方层级，执行主体为边境地区的县级以上人民政府及其主管部门。因为与相关国家或地区接壤，必然会直接涉及涉恐嫌疑人员出入境管制、武器非法贩运以及涉恐资金管控等具体业务对接，由边境地区政府及其主管的业务部门在反恐处突、情报信息等方面与相邻国家地区建立长效协作机制，也是结合恐怖活动特点和边境地区特殊位置进行国际反恐合作的务实方式。

（3）交流内容

《反恐怖主义法》中没有规定反恐情报交流的具体内容，但在与上合组织成员国签订的反恐双边协定中有所规定，中国在与其他国家和地区开展反恐情报信息交流时，可以根据实际情况参考执行。如根据《中华人民共和国和塔吉克斯坦共和国关于打击恐怖主义、分裂主义和极端主义的合作协定》，双方中央主管机关交换共同关心的情报主要包括：①恐怖组织的情况及其成员情况；②为实施恐怖行为进行筹划的情报；③为实施恐怖行为进行培训及其训练基地的情报；④利用第三国准备实施、正在实施和已经实施恐怖行为的情报；⑤非法制造、获取、储存、转让、运输、贩卖、使用（或威胁使用）毒害性、放射性、传染性物质和爆炸物质、引爆装置、枪支弹药、核武器、化学武器、生物武器和其他大规模杀伤性武器以及可用于制造上述武器的原料和设备的情报；⑥针对任何一方国家元首及其他国家领导人、外交代表机关、领事机构、国际组织工作人员、重要代表团和重要设施等采取恐怖活动或者威胁实施恐怖活动的情报；⑦非法制造、散布、传播宣扬恐怖主义、分裂主义、极端主义思想的宣传品（印刷品和音像制品等）的情报；⑧资金来源及渠道等方面的情报；⑨恐怖组织活动的特点、规律、方法和手段等方面的情报；⑩关于发现、预防和制止恐怖主义、分裂主义、极端主义活动的经验等情报、信息及资料；另外还有具有缔约一方国籍、位于缔约另一方境内的涉嫌从事恐怖行为的任何人员的个人资料、身份证件种类和号码、住所或居所、照片等情况；以及向恐怖活动提供资金、技术、武器、训练的组织或人员的情报或资料。

（4）审批与限制

根据《反恐怖主义法》第 69、71 条的规定，国务院有关部门与外国政府和有关国际组织开展反恐情报信息交流合作，必须获得国务院的授权；边境地区县级以上地方政府及其主管部门与相邻国家或地区进行反恐情报信息交流，必须在不违背我国法律的前提下，且经国务院或者中央有关部门批准才能进行。例如《公安机关办理刑事案件程序规定》第 366 条规定，在不违背有关国际条约、协议和我国法律的前提下，我国边境地区设区的市一级公安机关和县级公安机关与相邻国家的警察机关，可以按照惯例相互开展执法会晤、人员往来、边境管控、情报信息交流等警务合作，但应当报省级公安机关批准，并报公安部备案。义务限制方面，主要体现在获取材料的后续使用上，由于通过国际情报交流合作取得的材料涉及其他国家或地区，具有一定的特殊性，因此要受到国际惯例和与相关国家条约或协议的约束。如根据《反恐怖主义法》第 72 条，我国通过反恐情报交流获取的材料，原则上可以在行政处罚、刑事诉讼中作为证据使用，但“我方承诺不作为证据使用”的，相关情报材料就不能作为行政处罚、刑事诉讼中的证据。此外，根据我国缔结的有关国际反恐公约，就特定事项获取的情报交流材料，未经提供方同意，不得用于请求或提供目的以外的其他目的，同时还要对相关非公开信息和文件采取保密措施。

（三）加强反恐情报国际交流的策略

为有效应对日益严重的恐怖主义威胁风险，中国政府多年来积极同各国加强反恐情报信息交流。但实践中，仍面临战略互信缺乏、渠道拓展不足、法制机制不畅以及人才培养滞后等现实制约因素。《反恐怖主义法》的出台，不仅明确了我国反恐情报工作机制体制，也为包括情报信息交流在内的各项反恐国际合作提供了法律支撑。

1. 通过政策对话增强反恐情报交流互信

从世界范围来讲，国际反恐斗争从根本上牵涉许多国家的核心利益，因此国际反恐合作对于各国来说，往往会有更多政治方面的考量。就涉恐情报信息交流而言，受制于各国不同的历史、种族、政治制度，加上每个国家面临的恐怖主义威胁程度不同，使得各国之间在开展合作时普遍缺乏信任与共识。“一个人眼中的恐怖分子，可能是另一个人眼中的民主斗士”，正是对恐怖主义产生根源的不同理解，使得国际社会将“民族运动”与恐怖主义的区分无法达成一致，这也导致很多西方国家刻意采取双重标准审视相关恐怖事件。这种双重标准的存在，要么导致各国之间无法达成情报交流意向，要么交换一些主观性强或隐含政治目的的情报。与此同时，有些国家以情报攫取自身政治利益为目的参与反恐合作，而很难开展真正的情报共享。

针对反恐情报合作中存在的互信障碍，联合国多次强调要加强会员国反恐官员间的政策对话，促进国际、区域和次区域合作和对《联合国反恐战略》的理解传播。为贯彻《反恐怖主义法》相关要求，应进一步加强反恐政策的国际对话。通过阐释自身反恐政策理念，引导世界各国在反恐战略构建上跳出冷战思维的束缚，将打击恐怖主义置于人类命运共同体中、置于人类社会发展与安全的大局中审视。同时，在各种形式的反恐政策对话中，合理回应国际社会对有关反恐立法措施的关切，以此增进各方战略互信，促进国际反恐情报交流深度开展。

2. 运用国际平台拓展反恐情报交流渠道

当前，国家间的反恐合作主要以多边和双边两种形式进行。而无论采取何种形式开展反恐情报交流，通常都是以签订的国际条约为依据，并依托相应的合作机制和平台。恐怖主义引发的安全威胁已从少数热点地区扩散到世界多数地区，使得各类国际性组织逐渐成为各国开展反恐情报交流等合作的重要平台。其中既包括联合国这样的全球性国际组织，也包括上海合作组织、欧盟、东盟、亚信会议、反洗钱金融行动特别工作组等区域性、专门性的国际组织。但是，囿于国际社会尚未就恐怖主义定义达成共识、个别国家奉行“单边主义”以及相关法律机制不完善等原因，许多国际性组织在促进国家间反恐情报信息交流方面的作用发挥仍不甚理想，我国开展情报交流的渠道仍需进一步扩展。

为实现国际社会反恐情报的深度共享，我国应当积极加强战略谋划，主动设置反恐国际合作议题，积极搭建国际情报交流合作平台，让政治同盟、军事联合和经贸融合等成为拉动国际反恐情报合作的重要途径。首先，坚持联合国在反恐情报共享中的主导地位。通过政治、外交等手段，不断健全国际反恐公约体系，就恐怖主义定义、恐怖组织名单、情报交流等重点议题进行深入沟通，尽快建立起在世界范围内具有操作性的情报共享制度体系。其次，扩大“一带一路”沿线国家的反恐情报交流对象范围；积极与“一带一路”沿线国家签订多边或双边反恐情报合作法律文件，实现区域间反恐情报的互联互通。再次，健全与特定领域国际组织的情报共享机制。通过与国际货币基金组织、埃格蒙特集团、国际民用航空组织、世界海关组织、国际刑警组织等专业性国际组织开展情报交流，不断提高我国在涉恐资金监管、杀伤性武器管控以及打击网络恐怖主义犯罪等方面情报信息的获取能力。近年来，专业性的国际组织相继建立起相应的反恐数据库，在特定领域或事项方面的情报信息较为全面。

3. 完善国内法制通畅反恐情报交流机制

虽然《反恐怖主义法》对包括情报交流等国际合作事宜做了专门规定，但由于受立法篇幅限制，加之反恐情报交流涉及金融、交通、边境、司法、海关、网络安全等多方面内容，因此很难就国际间开展情报合作的各项法律要求一一作出安排，且存在因条文表述笼统抽象缺乏可操作性的现象。为畅通各类涉恐情报的国际交流机制，我方应当全面梳理反恐情报国际交流相关规则和要求，在保证我方利益的前提下，制定、修改相关法律法规，以减少反恐情报交流的法制障碍。例如，在情报材料的后续使用方面，许多国家出于尊重人权理念或国家利益考虑，对交换的情报材料或有使用范围限制，或有严格的保密要求。对此，我国可以通过修订刑事诉讼法等法律，明确交换的信息材料作为刑事诉讼、行政处罚证据使用的具体程序和条件。同时，制定严格的反恐情报保密规定、数据调阅权限以及行业内保密规范，在反恐情报共享与保密之间建立更加完善的共生机制。再如，在防范境外恐怖分子回流方面，应当以《反恐怖主义法》第 69 条规定为基础，进一步明确“主管部门”等用语，通过制定具体的旅客信息记录程序、重点口岸信息共享机制等，逐步建立全国范围内的旅客信息收集制度。在此基础上，与欧洲刑警组织等国际机构以及相关国家建立起有恐怖主义嫌疑旅客姓名的共享与交换机制，以控制恐怖主义嫌疑人员的跨国流动。

4. 加强人才培养提升反恐情报交流能力

执行人员的执法合作和情报交流能力是完成情报交流任务的关键。根据《反恐怖主义法》第 74 条的规定，相关部门应着眼反恐情报国际交流工作需要，加强相关部门业务人才的培养。一方面，要强化对在岗反恐人员的法治素养和情报技能培训，尽快使在岗人员掌握反恐情报交流有关的执法工作规定与要求。培训内容上，一是要明确反恐怖主义法具体要求，让执法人员了解我国反恐国际合作的规定要求及配套措施，准确把握我国反恐国际合作的原则和政策，以便依法、妥当地与其他国家或地区的对接人员开展合作。二是要熟悉本归口业务相关的国际法规、多边或双边条约及国际惯例，以便适应国际公认的业务术语体系和操作标准，提高开展情报交流的效率。三是要了解掌握重点合作对象国家或地区的反恐法律法规，增强与具体国家或地区开展合作的针对性和有效性。此外，还可以加强执法机关与国外相关部门的沟通交流，及时学习借鉴对方有益情报技术与经验。

另一方面，还可以通过高等教育形式，加快培养反恐国际合作专门人才的步伐。公安、武警院校及相关地方高校应分层次培养反恐国际合作人才，科学规划反恐课程体系，开设反恐情报分析技术、国际反恐法律制度等相关课程，把配合相关部门执行反恐国际合作任务作为教学重点，着力培养学员为反恐情报交流提供全程业务支持与保障的能力。此外，针对当前“东突”势力等境外恐怖组织活动区域和人员构成特点，加大对阿拉伯语、乌尔都语、普什图语等特定语言人才的培养，提高反恐部门获取、核查、辨识境外相关情报信息的能力。

综上，情报交流共享是国际社会开展反恐合作的重要内容，其在整个反恐斗争过程中发挥的作用至关重要。恐怖主义的国际化、分散化趋势，对各国开展反恐情报信息交流提出了更高的要求。《反恐怖主义法》的发布，为我国常态化、法治化开展反恐情报国际信息交流厘定了初步的制度框架。在我国推进国家安全法治化的背景下，相关部门应以法律为依据，充分运用法治思维和法治方式，积极主动作为，通过开展对话、构建平台、完善立法、培养人才等措施，不断提高我国反恐情报国际交流的成效。

第三章
反恐情报技术

一、技术情报在反恐工作中的应用[1]

反恐技术情报是指在反恐斗争中为获取情报，利用科技手段和网络信息技术，有针对性地甄别发现和提取数据信息，开展综合研判分析而获取的情报。技术情报主要是从情报的获取手段上对其进行界定，与其相对应的是人力情报。在情报工作发展历程中，技术情报与人力情报始终是相辅相成的。恐怖主义的大范围扩散趋势，决定了传统的情报工作方式已无法有效应对遍布全球的恐怖袭击，利用技术手段包括利用先进的感知设备和网络数据的获取设备，收集各类数据并进行分析和研判，已成为大势所趋。但是，目前国内外的研究及反恐现状看，技术手段在反恐情报保障中，还存在许多难题，值得深入研究。

[1] 孙频捷：《技术情报在反恐工作中存在的难题及对策研究》，载《情报杂志》2019年第3期。摘编后收入本书。

（一）技术情报在反恐工作中的作用

现代科学技术的发展，使侦察监控和情报获取手段发生了质的变化，高科技技术手段可全时空、多维度、立体式地对人员活动信息进行感知、认知和分析，这是传统情报手段和方法难以做到的。以大数据分析应用、人工智能为标志的新兴数据处理技术，为反恐技术情报的实战应用提供了全新的方法支撑。网络恐怖主义的迅速扩张，对技术情报的搜集分析能力提出了更高的要求。以线索驱动为内涵的社会网络空间的技术情报手段，比传统的人力资源情报的工作模式和方法，更具有可行性和可操作性。

1. 反恐技术情报的广泛应用

随着科学技术的发展，利用技术手段搜集和使用反恐情报已逐渐占据主导。国际化大都市容易放大恐怖袭击的“剧场效应”，成为恐怖袭击的主要目标，也是恐怖组织发动“城市游击战”的理想场所。在城市恐怖袭击的高风险区域，一般都有视频监控系统，能全时空、多维度、立体式的收集各类数据信息，利用音频、微波、红外及多种电磁波谱进行侦察，技术手段涵盖卫星、航空、无人机、地面（海上）、计算机网络等多领域，获取数据信息的手段更加多样化。利用可视化手段分析复杂数据的逻辑关联，获取有用信息和反恐情报。在数据挖掘分析领域，机器语言更加智能，对自然语言的识别效率更高，提高了多语言环境下情报分析功能和效益。技术情报手段取代人力成为情报获取分析的主渠道，使反恐情报的视野、范围和类型更加宽泛和广泛。情报工作模式转变为依托对海量数据信息的分析，发现有价值的情报信息，寻找恐怖活动的踪迹，这是以数据信息驱动为主导的理想工作模式。

2. 智能化分析手段的转型升级

随着反恐斗争的不断深入，恐怖分子为了逃避打击，隐匿其活动踪迹的能力越来越强。恐怖组织成员往往由亚文化人员群体组成，反恐情报人员的主动渗透存在很多困难，依靠传统的线索驱动模式难以实施，对内幕性情报信息的掌控十分有限，只能依靠智能化分析手段的转型升级和先进的技术情报手段。现代化的数据分析手段，可以将数据信息纳入情报分析范畴，发现其关联性，进而实现更为广泛的情报融合。反恐部门可利用嫌疑人用水、用电等生活资源的消耗情况，分析可能存在的恐怖袭击风险。恐怖分子在早期的预谋策划和实施作案过程中，选择的袭击目标往往具有象征意义，只要这些地点的信息化程度高，各种技术安防设备安装到位，反恐部门就能通过对异常行为的分析，发现和确定恐怖分子。只要有足够的恐怖组织活动信息，借助大数据技术，对收集的数据信息进行聚类关联分析，再结合人工手段，就能精准掌握特定恐怖组织成员的活动规律和活动轨迹。

3. 技术情报的非对称优势

非对称优势，就是指一个选项至少在一个方面比另一个选项要好，不存在比另一选项更差的维度。在反恐活动的不同维度，恐怖组织与反恐力量都存在非对称性对抗，恐怖组织可利用自杀性袭击弥补力量上的不足，而在科学技术领域，现代发达国家面对恐怖组织具有很大的非对称优势。在信息化网络时代，恐怖分子也在不断学习先进网络信息技术，不断发展具有针对性的反侦查措施，以提高其作案能力和生存能力。

从某种意义上说，反恐工作是围绕反恐情报斗争展开的，正常情况下暴露了行踪的恐怖分子很难逃过反恐力量的打击，因此依靠高度发达的技术情报，反恐工作将获得巨大的非对称优势。这种非对称优势体现在情报斗争的全过程，一是幕后的技术情报人员难以被恐怖组织发现，不易暴露，先进的技术情报代替传统的人工情报可大大减少人员伤亡，有效震慑恐怖组织并迫使其放弃恐袭计划；二是通过技术手段获得的非对称优势，能平衡恐怖组织依赖自杀性、“独狼”式袭击所获得的非对称优势。技术情报的获取，前期开发和投入巨大，使用和运维成本却相对较低，只要规模足够大就能够有效降低整体成本，并呈现出边际成本的递减效应。恐怖主义组织永远无法与主权国家相匹敌和对抗，技术情报的绩效优势，能平衡庞大的反恐安保成本。

（二）技术情报在现实反恐工作中的困境

网络空间对恐怖主义的生存与发展具有重要意义，也成为世界各国打击恐怖主义的重点领域之一。在信息化网络时代，恐怖主义组织超越了旧有的人事关系范式和层次结构，能够直接通过网络进行恐怖犯罪并影响现实变化，而不必通过多层次代理人达到犯罪目的。在恐怖主义泛滥、恐怖组织大范围流动作案的国家或地区，技术手段成为获取反恐情报的核心部件，利用技术手段获取情报变得尤为重要。从国内情况看，技术情报在反恐工作中还存在一些问题。

1. 技术装备应用能力不强，技术情报理论相对滞后

反恐技术装备是决定情报工作能力的重要物质基础，是赢得反恐斗争胜利的重要条件。从国际反恐的实际看，许多国家投入大量的人力、物力、财力，积极研发反恐情报的技术装备，技术装备决定其采用的战法技法，是制约技术情报的关键因素。由于起步晚，我国技术情报的装备应用能力不强，技术情报理论研究滞后，技术情报的装备优势没有充分发挥，主要表现在以下几个方面：一是系统内部的数据融合好，开源情报的信息融合能力差；境内信息获取能力强，境外情报信息搜集能力弱。信息数据的收集仅局限于体制内的机构提供，对这些开源情报信息的融合明显不足。开源情报获取能力的短板，使境外情报工作也难以有效展开。二是数据工具和分析装备利用率低，技术情报的分析应用处于低层次阶段。反恐技术情报的分析应用不同于常规性数据分析，数据的格式更加多样，有用数据淹没在海量信息中，对数据分析设备和技术情报的获取提出了更高的要求。依靠传统模式和凭经验操作，自动化程度低，随意性和偶然性增加，使数据平台的分析功能受阻，造成技术情报的质量下降，情报分析的信度与效度难以发生质的飞跃，反恐技术情报也难以获得突破。

2. 情报工作模式的变革滞后，难以发挥技术情报优势

反恐技术情报涉及很多技术门槛和制度性、强制性和约束性要求，敏感度和涉密性要求高。以实战需求为导向，实现信息数据交融和情报共享，还面临很多体制性、制度性障碍。在实际的反恐行动中，技术情报的优势在于能利用大规模的数据融合分析研判，发出早期预警，精准防控各类恐怖袭击。但是，技术情报的收集使用，其实际工作的开端是没有明确“需求”的，全部的工作都发端于多元化数据之中。在短期内技术情报的工作成效，很难与传统的人力情报的直接线索相比较，人力情报获得的重要线索，往往能够引起更多的关注，这与传统的思维惯性和工作方法具有关联性，技术情报在恐怖袭击威胁和风险较低时，很难突显出其存在价值。由于反恐技术情报需要投入大量的人力、物力、财力，信息数据的搜集分析和研判，消耗的时间和流转的周期长，需要持久性、连续性追踪搜集与分析，见效慢，直接应用到战役、战术环节和解决实际问题的过程延长，其从属地位非常明显。

3. 技术情报的人才培养周期较长

反恐技术情报的收集、处理、分析、研判具有较强的专业性、精准性和特殊性，情报分析人员必须具备跨学科思维与分析能力，尤其要具备综合多方面学科知识、实践经验、技术能力和情报分析研判的专业素养。在人才培养过程中，有实际工作体验的不一定懂反恐技术情报，懂技术的不一定懂反恐理论，而懂反恐理论的不一定懂技术，也可能更无实战经验。这三者之间在提出需求或开展经验交流时，存在着诸多难以跨越的理论认识上的差距，对技术情报的认知和理解也各不相同。此外，政府部门普遍关注人力资源培训的成本问题，执法培训机构难以承受技术人才培养所带来的高额成本。掌握高新技术的人才，由于培养成本高造成使用成本也相对较高，使得预算有限的公共机构难以维持一支长期开展职业化培训的技术情报工作队伍，导致高水平情报技术人才的不断流失。

4. 技术情报工作缺乏统一标准，系统化程度不高

目前，国内缺乏具有统一技术标准的预警系统和情报平台，很多实战部门各自为战，有相对独立的平台系统，形成资源浪费、重复建设和信息孤岛。由于没有构建反恐情报网络，形成全方位、多维度、立体式的反恐情报平台系统，在处理反恐信息数据过程中，科技化、智能化水平低，缺乏完整统一的信息数据分析的标准体系，缺乏对技术情报的系统整合与有效利用，导致反恐技术情报的系统化程度不高，影响反恐技术情报的整体效益。“9·11”事件的相关研究显示，美国联邦调查局、中央情报局、美国亚利桑那民航飞行学校等，在恐怖袭击发生前就掌握了相关信息，由于缺乏有效的沟通与整合，使大量的预警情报和信息被忽视，造成非常严重的后果。

(三)提高反恐技术情报水平的路径

恐怖组织通过弱化自身实体存在并化整为零，蜕变为一种以网络空间为依托，以社会知识为中心的网络型组织。恐怖分子转变为知识工作者，采用的网络技术手段花样翻新，甚至比反恐机构更先进、更实用，利用网络吸引更多的人加入组织并为其服务。提高反恐技术情报能力的现实路径，要以网络恐怖主义的作案手段和犯罪特点的发展变化为依据，发挥反恐技术情报在网络空间的反制能力、防控能力和预警研判功能。

1. 完善技术情报支持体系建设，强化应用理论发展

技术情报的实战运用需要完整的支持体系，包括技术装备建设、保障制度设计和应用理论的发展。首先，反恐技术情报需要特种技术装备的保障。在反恐情报的技术装备方面，要重点研制反恐数据侦察及监视设备，使数据信息能实时传输和有效利用；在数据分析方面，要研制专门的数据存储装备，实现数据信息的自动化、智能化提取和分析，实现对基础信息数据的整合梳理。其次，围绕“数据标准、数据开放方式、数据安全”制定规则和规范，为技术情报提供制度保障。再次，高度重视反恐技术情报的应用理论，探索开源情报理论及技术应用的实现路径，形成适用于反恐战略、战术情报的专业化数据挖掘技术和规范，提高全源情报获取与分析能力。积极引入成熟的商业数据挖掘与分析技术，吸收借鉴国外反恐技术情报先进经验，构建适合实际需要的反恐技术情报理论体系。

2. 完善情报工作流程，建立数据驱动的技术情报工作模式

网络恐怖主义隐蔽性强、活动分散、情报特征不明显，恐怖组织呈现扁平化、碎片化和多元化发展趋势，传统的以需求为导向的反恐情报工作流程，难以适应反恐斗争的现实需要。必须建立数据驱动的技术情报工作模式，突出技术情报的核心作用，以信息共享网络为中心的情报工作方式应该成为反恐情报工作的核心方式。数据驱动下的所有反恐需求，来自对数据的解读与分析，在这种情报工作模式下，不同的分析人员可以共享数据与经验，在不断获取技术情报的同时，也不断补充数据云的内容，从而加快情报分析的效率并促进情报分析技术的迭代。技术情报最显著的特征是拥有覆盖面广泛的海量数据，反恐情报工作必然转变为以数据信息为中心，要设立专门的技术情报管理部门，引入新技术和新思维，完善人机结合工作措施，以反恐技术情报的全源化搜集使用为突破，实现情报分析体系和数据驱动技术情报工作模式的转型升级，不断提升反恐技术情报的预警防控功能和综合实战能力。

3. 加强技术情报人才队伍建设，保障人才需求

随着国内外反恐形势的发展变化，技术情报人才的培养已日益迫切。在技术情报的专业人才培养中，要科学论证教学课程体系和人才培养方案，坚持理论与实践相结合，走实战化发展道路，切实加强技术情报的人才队伍建设。一方面要积极建立实战化平台和实战训练基地，让学员在实战中检验所学技术和理论；另一方面要积极创造条件，发挥反恐实战部门的优势，让培训学员和培养的学生多参与实践和实习，不断提高实战能力。要把专业院校培养与地方院校、民间力量培训相结合，培养和造就更多懂技术、懂理论的复合型人才。要坚持理论与实践相结合，坚持学有所用、用有所长，保障人才需求，为反恐实战服务。

4. 利用商用领域成熟技术，降低技术情报开发成本

商用领域的很多成熟技术，完全可以移植到反恐技术情报工作中，这将极大降低技术情报的开发成本和技术风险。西方很多知名互联网公司都与执法部门有着极为密切的合作。在保障安全的前提下，充分利用民间成熟的商用技术，是实现反恐技术情报智能化的现实路径。

此外，科学完善的决策支持系统，是保障反恐技术情报发挥作用的“大脑”。从现实情况看，技术情报对信息数据的处理，如果缺乏系统的分析与处理系统，会制约技术设备的功能最大化，因此，需要专门研发反恐技术情报的决策支持系统。通过开展对线上线下恐怖活动的动态监测，有效掌握恐怖组织活动情况，发现其特定的活动规律，及时预测预警，为反恐实战提供决策依据和情报支撑。

综上所述，技术手段是获取反恐情报的重要方式，在反恐实战中具有不可替代的优势。先进的技术情报系统具有智能化收集分析情报信息能力，极大地提高反恐工作成率；依托网络机器和数据工具等技术情报手段，搜集、筛选和分析碎片化的社会数据信息，实现信息数据的实时提取与分析，极大地提高技术情报的准确性与及时性；现代反恐情报系统拥有丰富的数学模型，数据挖掘能力强大，能突破传统情报理论框架的束缚，及时总结梳理恐怖分子行为特征和活动规律，为反恐行动提供情报支撑，在反恐斗争中占得先机。

二、基于大数据的反恐情报决策系统设计[1]

利用大数据方法对复杂的恐怖主义态势进行多种数据流的挖掘分析，建立情报数据主导反恐理念，进而实现反恐预警，是有效打击暴力恐怖活动的手段之一。

（一）反恐情报决策系统框架设计

由大数据驱动的反恐情报决策系统中，最基础的就是多种数据流的挖掘处理，通过多种数据挖掘分析方法，找出大量涉恐基础数据背后的规律和模型，再进行涉恐风险特征提取，根据风险特征的量化标准建立反恐积分预警，然后综合考虑“多元”因素构建反恐情报决策系统。框架如图 3.1 所示。

（二）反恐情报决策系统功能模块

1. 多种数据流挖掘

通过各种途径收集到的涉恐人员特征构成了反恐怖数据挖掘的基础数据。各种反恐情报线索最终要体现在涉恐人员的多种活动和属性特征上。这些特征大致可以分为两类：第一类是静态的特征；另一类是随着时间动态变化的特征。在进行数据挖掘分析前，必须先进行数据预处理，将多种数据流转换成这些静态的或动态的特征。

数据挖掘主要包括非频繁模式挖掘、频繁子图关联图谱分析、异常检测、关联分析、分类分析、聚类分析、序列模式挖掘、轨迹模式挖掘等方法。通

[1] 李勇男：《数据驱动的反恐情报决策体系构建》，载《情报杂志》2018年第10期。摘编后收入本书。

过这些方法的组合可以识别涉恐人员数据、发现涉恐活动之间的关联关系、涉恐地点之间的关联关系、涉恐人员之间的关联关系，这些信息可以为反恐风险分析提供多种反恐情报数据流中的规律和模型，作为已知的基础数据。

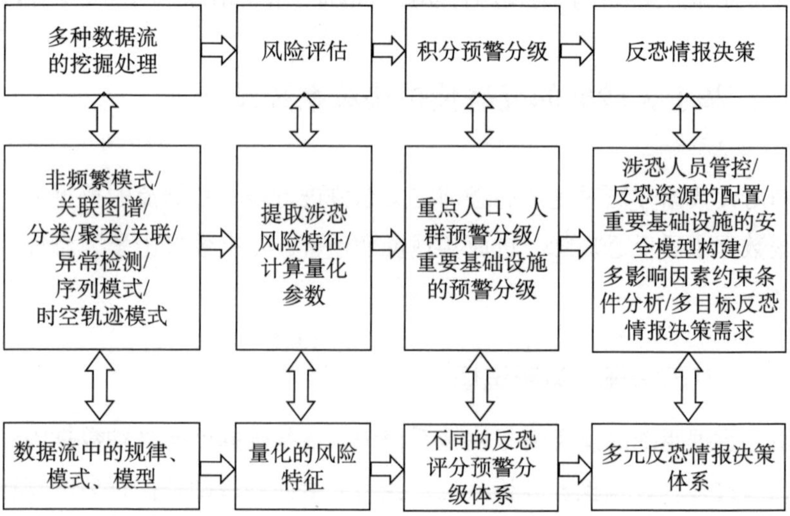

图3.1　大数据驱动的反恐情报决策系统框架

2. 涉恐风险特征评估

本节讨论的反恐情报风险分析不是对某一特定的潜在袭击目标进行风险评估，而是找出海量数据中的涉恐风险特征，然后分析出这些涉恐风险特征在不同应用场景下的风险系数，利用这些风险特征和风险系数对重点人员、重要地点、重要基础设施等进行风险等级评估，最后根据风险分级建立积分预警体系。

有两类风险特征是已知的，第一类是各种反恐和去极端化法规文件中已经明显指出的风险特征，如“鼓吹极端思想”“印制非法宣传品”“破坏公用设施”等，这类风险特征的敏感风险系数未知；第二类是通过多种数据流挖掘出的、与涉恐人员相关的静态特征和动态特征，这类风险特征一部分是带有敏感风险系数的，也有一部分是没有敏感风险系数的。这两类特征会有一部分交集。以上两类风险特征大多是体现在可能实施恐怖活动的人员身上，还有一类风险特征要从可能的恐怖袭击目标的角度进行分析，重点是潜在袭击目标的各种脆弱性特征分析。

使用各种定性的方法将涉恐风险特征找出来。第一，可以利用专家调查法，邀请反恐、风险评估、应急管理等领域的专家总结出那些针对袭击目标的涉恐风险特征，并设置比较粗略的风险等级。第二，参考国内外已发生各种类型的恐怖袭击，使用外推法中的前推法和旁推法，参考各种新形势下的影响因素，总结列举涉恐风险特征，同样设置比较粗略的风险等级。第三，汇总前两种方法中的涉恐风险特征，在此基础上利用层次分析法将各种涉恐风险特征设置为不同的层次，综合考虑各种风险特征之间的关系和已总结的粗略风险等级，作为后续进一步量化分析的基础。

使用各种定量的方法计算不同涉恐风险特征的敏感系数。这些涉恐风险特征发生的概率和风险系数，将作为积分预警的数据基础。对于提取的涉恐风险特征和其风险系数，要利用动态变化的增量数据进行实证检验并修正。对于风险敏感系数的计算，还要充分考虑不同的场景下对应的系数是不同的、动态变化的。

3. 积分预警分级

积分预警的触发条件主要分为以下三类：一是涉恐人员的预警触发。这部分主要涉及单一人员以及涉恐群体的积分预警。要设置不同等级的积分警报，各级积分阈值以及敏感风险系数都有一定的时效性，在实际应用过程中，还要注重预警效果的反馈，借鉴神经网络的思想，不断根据预警效果修正各级积分阈值和各敏感参数。二是潜在袭击目标的预警触发。潜在袭击目标和涉恐人员在系统中都属于数据实体，其积分预警的思路类似，也是要为各种不同的应用场景设置多层级的临界预警值，积分累计达到一定临界值则触发预警。积分累计的参数为通过多数据流挖掘和风险特征分析中总结出的数据。三是涉恐线索的预警触发。在多数据流挖掘过程中，已经有大量的可触发预警条件，当一些关联规则或序列规则的前件被触发后，即有超过一定的概率发生规则后件。一般情况下，只需将这些规则前件的项集或序列根据其涉恐特征的敏感系数进行累计积分。一些重要的规则前件一旦被触发，一方面要向对应的人员以及目标进行积分累加，另一方面还要直接触发预警条件，对应的情报决策条目直接启动。

4. 反恐情报决策

反恐情报决策模块主要包括重要涉恐线索的及时处置、涉恐人员管控、反恐资源配置、重要基础设置安全模型构建、多输入因素约束和多目标需求规划等。

第一是重要涉恐线索的及时处置。一部分重要的涉恐情报线索一旦出现，则直接触发预警。对于这类情报信息，必须设置多触发条件的应急预案，立即处置。

第二是涉恐人员管控。对于涉恐人员个体而言，其“静态涉恐特征”的积分是相对固定的，“动态涉恐特征”的积分是随时间不断变动的。一旦其总积分的等级发生变化，则对其管控力度也要发生变化。

第三是重要基础设施安全模型构建及反恐资源配置。对于每个关键性的基础设施即潜在的袭击目标，除了通过多数据流挖掘和通用的风险特征分析以外，还有其自身的特殊性。因此，在对这些设施设置安全模型时必须考虑到特殊因素的影响，无论是通用的涉恐风险特征还是专有的涉恐风险特征，其中有一些是随时间变化的，在风险等级随之变动时，反恐资源配置也要相应变化。

第四是决策人员的辅助。在反恐情报决策过程中，除了利用计算机系统提前设定的各种参数、方案、模型外，必须重视有经验的反恐情报分析人员在整个决策体系中的作用。由于各种反恐资源是有限的，在需要配置大量反恐资源时，必须由有经验的反恐专家参与。

第五，还要综合考虑多种因素约束条件和多目标需求，包括设定降低反恐情报决策成本、减少对环境和公众的干扰、加强重要基础设施和重要袭击目标的保护、提高反恐预警的准确性等。总体上讲，是基于多约束条件下多目标规划理论，根据海量数据的量化分析结果，从系统工程的角度和可实施性的角度，构建大数据驱动的反恐情报决策体系。

三、反恐情报分析系统构建[1]

（一）反恐情报分析系统概述

1. 反恐情报分析特点

恐怖活动具有不对称性、诡秘性、突发性、目标随机性。反恐情报分析就是对有关恐怖活动的情报资料进行甄别、筛选、研究、判断，最后形成预防、打击结论的活动。

反恐情报分析不同于其他的情报分析过程，其特点主要有以下几个方面：一是获取内容更加零散琐碎。由于恐怖活动的"隐蔽性"和"随意性"，其情报信息来源也就千差万别；二是分析时效性、准确性要求更高；三是人在情报分析中具有更重要作用。反恐斗争是国家、政府与暴恐分子之间的非对称作战，是智能较量，受文化因素影响很大，而这是计算机难以准确分析研判的。因此，人在分析中的作用非常重要，特别是长期从事反恐工作、具有丰富知识经验的人员，对研判走向起到至关重要作用。

2. 反恐情报分析系统功能需求

针对反恐工作的领导决策机制，分析系统需要满足如下功能需求：一是服务决策功能。能可视化显示涉恐人员网络、通联关系、空间活动轨迹等内容；对涉恐案件苗头线索提出落地核查、侦控意见建议；对重点线索进行深度核查，关联拓展，绘制关系图谱；能形成预警信息或判断结论，对发展趋势做出判断，对影响危害进行评估。二是具有良好交互。具有友善性、通用性应用界面，能输入结构化、半结构化、非结构化数据；能使用语义描述情报分析的各类概念，统一认识，防止歧义；能依据目的、任务和条件描述涉恐案件特征；可与其他系统进行交互。三是人机有机结合。利用先进的计算机技术，进行推理分析；发挥各类人员的知识经验分析研判；特定人员具有较高优先权，可以根据需要干预系统运行，赋予、修改相关模型参数；通过人与机器发挥各自优长和有机综合，使分析结论更符合客观实际。四是构造

[1] 曾庆华、陈成鑫：《基于综合集成方法的反恐情报分析系统构建》，载《情报杂志》2018年第4期。摘编后收入本书。

“网络研讨”。树立“反恐一盘棋”思想，利用网络视频会议，让相关单位专家在“网上”集体“会商”和研讨，对案件过程、结果模拟推演。五是具备反馈迭代。系统将分析结论反馈给相关单位，相关单位调查核查情况后可提出打击申请，系统分析研判后可予以审批，并及时将决定推送至指定地点。系统可根据分析进程要求相关单位进一步核查有关情况，不断丰富情报信息，产生“迭代”效应。

（二）综合集成方法运用于反恐情报分析系统的可行性

20 世纪 80 年代末，钱学森明确提出，处理开放的复杂巨系统的方法论是“从定性到定量的综合集成方法”（简称“综合集成方法”）。这种方法是从整体上研究和解决问题，采用人机结合、以人为主的思维方法和研究方式，对不同层次、不同领域的信息和知识进行综合集成，达到对整体的定量认识。其技术核心是“人机结合”和“从定性到定量的综合集成”。实质是指导人们在处理复杂问题时，把专家的智慧、各种数据模型和计算机的高性能有机结合起来，形成一个强大的问题求解系统。

反恐情报分析系统具有复杂巨系统的各种性质，是典型的复杂巨系统。计算机描述涉恐人员行为行动较为高效准确，但难以揣摩涉恐人员心理、想法，需要发挥相关人员的知识经验，结合计算机初步推理，深度推导研判涉恐案件的性质、目的、企图。因此，情报分析是一个集计算机技术、经验知识、专家判断相结合的过程，在具备反恐经验和对系统理解基础上，提出经验性判断猜想，借助计算机建立分析模型，模型综合集成感情、理性、经验、科学、定性和定量等知识。通过人机交互，形成分析判断结论，最终实现从感性上升到理性。可以说，综合集成方法是解决反恐情报分析系统的有效方法。

（三）反恐情报分析系统的构建方法

按照系统功能分析、框架结构建立、各类资源整合、分析流程研究、最终系统实现的思路，以人员体系为核心，以知识体系为支撑，以机器体系为手段，构建基于综合集成方法的反恐情报分析系统。

1. 反恐情报分析系统功能

反恐情报分析系统主要由三部分组成：情报获取、情报评估、趋势预测（如图 3.2 所示）。

一是情报获取。情报获取是分析的基础。通过各类感知设备、人力情报、技术情报、相关领域数据库，全方位多渠道获取涉恐人员数量、位置、行为行动数据等。

二是情报评估。依托相关研判分析工具，围绕涉恐人员、案件、线索等情报信息，进行数据挖掘、轨迹研判、拓展分析，用时间、空间、事件序列关联起来，从宏观到微观对涉恐人员进行动静态分析、位置分析、关键因素影响分析、行为行动企图判断等。

三是趋势预测。对涉恐人员进行数量变化预测、位置预测、企图目的预测、行为或行动预测，为可能打击行动、预警预防提供指导。趋势预测，还为深层次治理提供依据，通过分析涉恐人员的家庭背景、成长环境等，分析暴恐活动成因，找准源头性症结性问题，探索常态化“社会预防治理”模式。

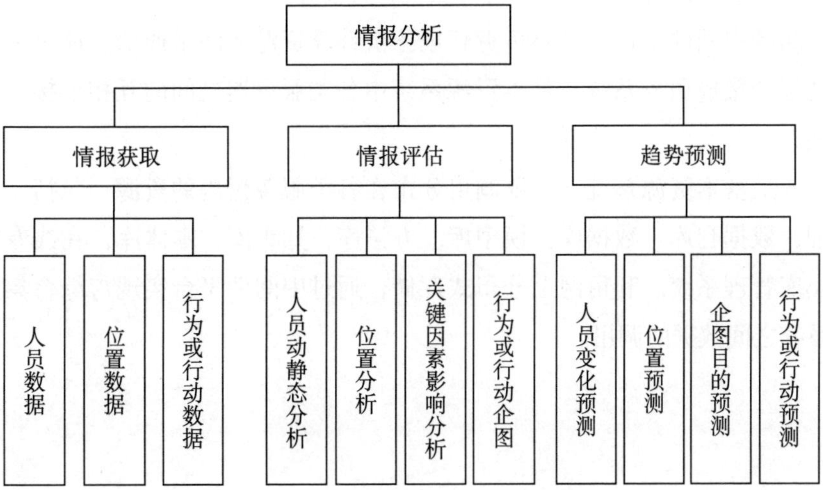

图3.2 反恐情报分析系统功能图

2. 反恐情报分析系统框架结构

在反恐情报分析系统中，可进行数据信息查询，获得问题背景信息；可发表见解，对其他人员意见进行评价；可综合利用系统提供的数据、模型、在线专家，对情报信息分析研判。系统框架结构如图 3.3 所示，主要包括：客户端、应用生成服务、综合集成服务系统、中间件平台、基本资源系统等五大部分。

一是客户端（用户界面）。根据研判需要，能够向用户提供资源，保存客户端数据。主要包括：人机交互、专家在线分析咨询、情报分析、意见表决汇总等功能界面。

二是应用生成服务。负责客户端与综合集成服务系统之间的表达转换。既能对客户端提交的内容按照一定格式标准、语义要求生成各类服务请求，又能把情报分析结论建议回传至客户端，也可把客户端输入的信息存储到基本资源系统中的各类数据库。

三是综合集成服务系统。其包含的系统分析引擎是核心关键，负责整体调度。对收到的服务请求进行分类、分发、汇总，生成各种指令。根据服务请求，调用情报分析模块，进行分析模拟、生成分析数据库；还可按需要对综合态势进行转换，形成相应态势表现，方便分析研判。

四是中间件平台。主要负责管理分析计算资源和网络通信。通过中间件实现综合集成服务系统与基本资源系统中各类服务器之间的互相连接、信息传递。

五是基本资源系统。主要调用分布在各类服务器内的资源，包括：系统管理、数据仓库、数据库、模型库、方法库、知识库、本体库、在线专家及各类库管理系统。利用网上分布式存储，通过中间件平台实现与综合集成服务系统之间数据的调用。

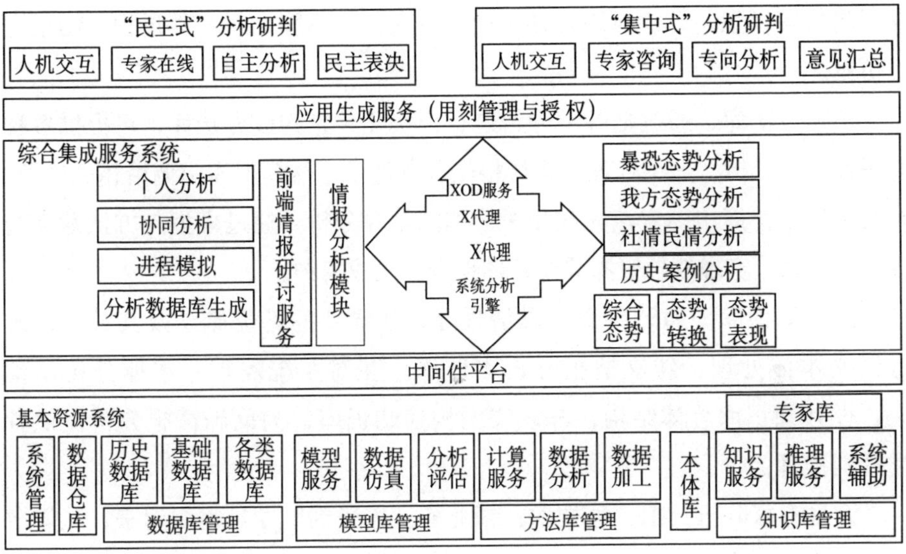

图3.3　基于综合集成方法的反恐情报分析系统框架结构图

3. 反恐情报分析系统重要组成部分

在反恐情报分析系统中，通过综合集成服务系统调用基本资源系统中的数据库、模型库、方法库、知识库，这些构成系统的重要支撑；通过基本资源系统中的专家库，可以提供专家队伍丰富的知识、经验和分析判断，完成计算机无法替代的分析研判；通过情报分析组织者，主持各类研讨，控制分析流程，形成结论建议。包括以下主要部分：

一是数据库。统一架构标准，构建国家、省区、地市、县四级反恐情报数据库，实行层级化管理，通过运用大数据、云计算技术，建立云数据中心，对数据进行云化处理。数据可以是结构化、半结构化、非结构化数据；录入方式可以手工录入、批量导入，也可以利用各类 App、微信、QQ 等软件上传。

二是模型库。模型库包括若干类模型，每类模型又划分成若干模块，每一模块侧重分析研究某一方面情报内容，对涉恐人员动态研判，对涉恐重大案件预警分析。通过阶段性分析、重要敏感节点分析、重大活动预测、事态发展趋势等模型，开展风险评估；通过建立仿真模型，对案件过程、结果进行仿真。

三是方法库。通过把各种分析进行模块化集合构成方法库，可提供各种通用计算、分析、加工处理。系统根据服务请求，从模型库中调用相关模型，同时调用方法库中的方法完成相关模型的运算分析。通过模型与方法建立的多对一关系，实现软件资源共享，体现资源集成集约。

四是知识库。通过研究反恐情报分析所需要的各类概念及其关系，进行语义本体处理，建立情报分析本体库。在对系统需求、本体分析基础上，设计知识库总体结构，并以实例构建知识库，为反恐情报分析提供各类规则推理。

五是专家队伍。把“懂技术、精业务、善研判”专家组织起来，从零散的、不系统的各类情报信息中挖掘出有价值东西，形成可信度高的分析结论。专家队伍要专兼结合，既要有公安专家，也要有高校或社会法学、社会学专家。

六是分析组织者。组织者一般是指挥员或其指定的情报方面负责人。对一般性涉恐问题情报分析，建立定期会商机制；分析组织者要对研判内容和组织程序全面细致把控。分析组织者可根据需要开展情报协作。

4. 反恐情报分析系统分析流程

反恐情报分析流程如图 3.4 所示。在分析组织者的主持下，客户端用户根据自身需求提出相关服务请求后，经过应用生成服务进行转换，通过本体服务及本体库的语义识别，发送至系统分析引擎。系统分析引擎作为核心，是各类任务调度中心，通过分析服务请求，构建分析方法策略。根据需要把内容分配至情报分析模块，进行个人分析、协同分析、进程模拟、数据库生成。在分析中要充分发挥各类专家的知识、经验，通过综合专家、模型、数据，分析形成情报产品，提供给情报分析模块。

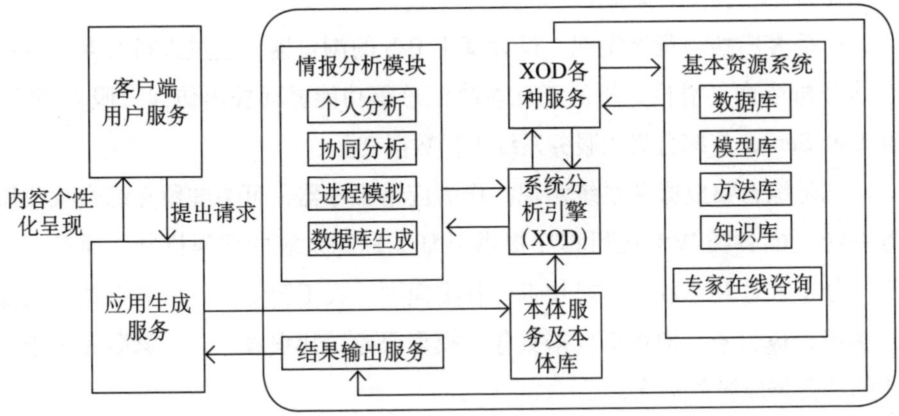

图3.4　反恐情报分析流程图

5. 反恐情报分析系统实现

采用 Browser/Server（B/S）结构软件开发，支持 TCP/IP 等网络协议，建立客户端浏览器、综合集成服务系统、包含各类数据库的服务器系统三层结构模型。基本表示如图 3.5 所示。

基础实现上，通过完善网络和通信基础设施，建设包括公安专网、互联网、电子政务网、视频物联网、移动警务网、无线集群网等大数据通信网络。完善云平台建设，依托公安云数据中心，建设共享开放的“云资源池”，构建标准化、结构化的大数据。提供统一的开发环境、开发工具、数据服务接口和资源访问门户，为反恐情报分析系统提供基础支撑。

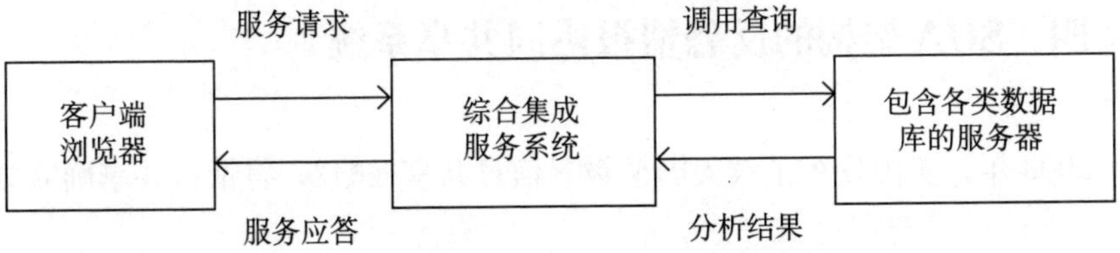

图3.5　反恐情报分析系统B/S三层架构模式

在 B/S 三层模式实现上：

一是客户端浏览器实现。设计基于 B/S 的浏览器，通过人机交互、专家在线分析咨询、情报分析、意见表决汇总等功能界面提出访问、服务请求，经 Web Server 与综合集成服务系统进行数据交互。

二是综合集成服务系统实现。作为应用服务器，可为驻留在综合集成服务系统上的各类 Web 应用程序提供对基本资源系统的访问机制。通过云计算、分布式计算、数据交换技术、各类模型、人工智能，设计具有调度功能的系统分析引擎，构建集数据服务、模型服务、知识服务、专家服务等于一体的综合集成服务系统。

三是数据库服务器系统实现。建设一个融合各类结构化数据、文本数据、媒体数据等多种类型资源的“云资源池”。数据库实现上，利用 Web 数据库技术，构建存储各类信息的分布式数据库；模型库实现上，定性模型根据模糊仿真、归纳推理、朴素物理方法实现。定量模型通过分类算法、聚类算法、人工神经网络、社会风险预警等多种算法实现；方法库实现上，整合各类分析计算方法，编写特定功能程序模块，实现可动态定义、维护和复合的方法集；知识库实现上，可利用美国国家航天局的 CLIPS 专家系统实现；专家队伍，综合利用专家会议法、集合会议法、德尔斐法、SWOT 分析法等，把专家知识经验运用好。

综上，基于综合集成方法的反恐情报分析系统构建，需要根据反恐情报分析的特点、系统需求、分析方法，设计系统功能、框架结构、重要组成、分析流程和实现方法，把情报信息数据、各类知识模型、专家队伍进行有机结合，实现“从定性到定量的综合集成”。

四、SOA 架构的反恐情报协同共享系统[1]

2008 年，美国发布了《美国情报界信息共享战略》，将情报共享确立为美

[1] 吴向志、刘慧、李锦玲：《基于协同机制及SOA的反恐情报共享体系构建》，载《情报杂志》2015年第3期。摘编后收入本书。

国情报界长期发展目标；2014 年，英国国家反恐网络开始进行共享情报管理，情报共享正逐渐成为世界各国优化情报反恐能力的重要做法。

（一）反恐情报共享系统的思路设计

根据反恐情报特点，构建反恐情报共享系统需解决三方面的问题：

一是反恐情报的知密范围决定情报共享必须依靠科学的分级共享平台。反恐情报是依靠各种特殊技术手段获取，本身具有极强的内幕性、预警性、保密性。既要有序推进情报共享，让各级反恐情报机构充分享受共享带来的丰富资源，又要合理控制知密用密范围，有效规避情报共享风险。为适应现行行政管理体系，设计搭建国家、部、厅/局三级反恐情报共享系统，便于管理。

二是反恐情报的竞争特性决定情报共享必须解决愿意分享的问题。目前，反恐情报工作在不同部门独立建设，各自为政，且存在获取情报要先于对手、情报研究质量要优于对手的利益竞争关系。这种各机构本身的体制归属及反恐情报固有的竞争特性，使得各级反恐情报机构间，在地位作用发挥、利益资源分配上的明争暗斗长期存在，导致反恐情报在各系统间流动受阻、共享受限。因此，需采用协同机制对三级反恐情报共享系统实施共享管理，确保反恐情报在有序、安全的环境下共享。

面对反恐业务单位地理位置上分布零散、技术层面上不同种类的操作系统、应用软件、系统软件、数据库相互交织的异构现状，重新建立一个新的基础环境是不可能也不现实的。采用面向服务的体系架构 SOA，不仅可以解决反恐情报共享的问题，将各业务单位的现有应用封装为服务进行共享，还保护了各业务单位的基础建设投资。

（二）反恐情报共享体系架构设计

1. 三级反恐情报共享系统 3-CTISS

3–CTISS 共分为国家级反恐情报共享、部级反恐情报共享和厅/局级反恐情报共享三个子平台，其总体构架如图 3.6 所示。其中国家级反恐情报共享平台在参与情报共享的同时，负责整个三级共享系统的运行和管理；部级反恐情报共享平台主要负责各部级单位的情报共享，以及所辖厅/局级共享平台的管理；厅/局级情报共享平台主要负责各基层业务单位的竞争性情报共享。

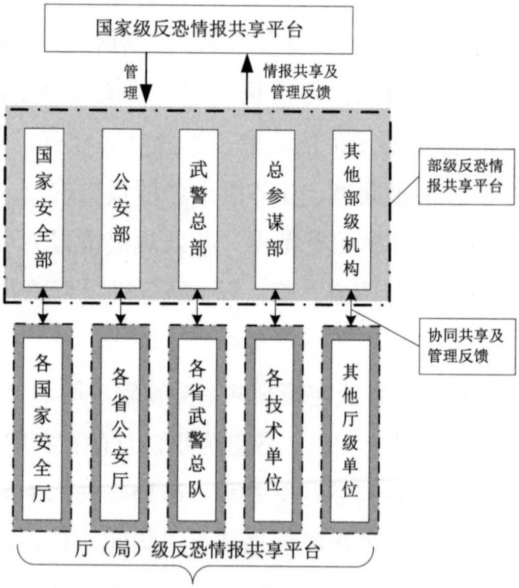

图3.6　3–CTISS总体架构图

2.3-CTISS 协同性分析

（1）协同机制的必要性

在 3–CTISS 这个反恐情报共享大系统中，子系统包括顶层的国家反恐情报共享平台，中层的部级反恐情报共享平台，以及底层的厅/局级反恐情报共享平台等 3 个反恐情报共享子体系，其中部级、厅/局级共享子平台的成员受体制归属影响，互相间都是竞争加合作的关系。这样一个结构庞大、成员构成复杂、内部竞争激烈的系统需要有序高效运转，形成整体合力，必须依靠科学管理及充分的协同合作来实现。不管是横向的各平台间的反恐情报共享，还是纵向的国家级反恐情报共享平台对部级反恐情报共享平台、部级反恐情报共享平台对厅/局级反恐情报共享平台的管理，以及逆向的由下至上的反馈，要顺利进行，都必须依靠协同机制来实现。

（2）**协同机制的可实现性**

3–CTISS 中各子平台间的协同关系如图 3.7 所示。其中，国家级反恐情报共享平台是 3–CTISS 的核心，对整个共享系统的运行起着统筹作用，一方面凭借其自身的信息优势和分析能力分享国际合作的情报资源，深化部级平台分享成果，引导促进部级反恐情报共享平台和厅 / 局级共享平台发展；另一方面凭借其核心领导地位，沟通协调部级反恐情报平台中各成员之间的竞争共享关系，监督各部级成员在情报分享策略制定等方面对平台的贡献，并辅以绩效管理。

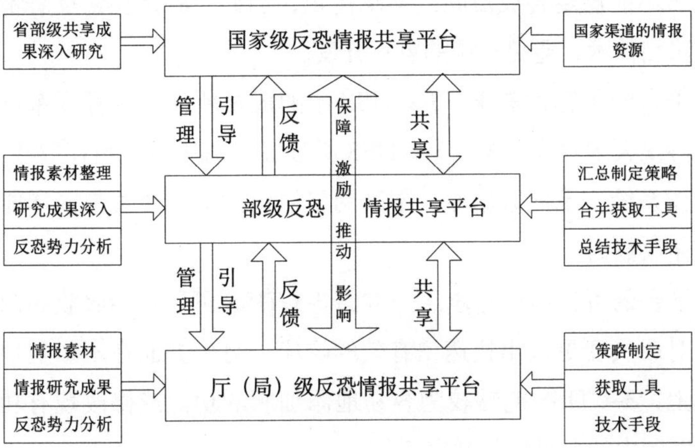

图3.7　3–CTISS中协同机制的具体实现

部级反恐情报共享平台是 3–CTISS 的枢纽，接受国家级反恐情报共享平台的引导和管理，其成员机构一方面对其所辖厅 / 局级共享平台所共享的情报素材、研究成果、技术手段等进行必要的竞争性排查，汇总深化后发布共享，同时将部级反恐情报平台的共享信息进行知密范围排查后，共享至其所辖的厅 / 局级共享平台；另一方面协调下属的厅 / 局级共享平台中各成员之间的竞争共享关系，监督各厅 / 局级成员在情报分享策略制定等方面对平台的贡献，并辅以绩效管理。

各厅 / 局级反恐情报共享平台是 3–CTISS 的基础，提供了整个共享体系所需的共享素材，接受上级部级机构的直接领导和管理，一方面最大限度地共享原始情报素材、情报分析成果及情报获取手段等信息；另一方面结合上级部级机构分享的情报信息提高自身的反恐作战能力。

3–CTISS 下级共享平台对上级管理机构均可进行管理反馈和共享反馈。

3. 基于 SOA 的 3-CTISS 共享实现

（1）3–CTISS 实现需求

3–CTISS 中的三个子平台都需要实现如下 4 项共享需求：

一是平台的分布性需求。3–CTISS 中各成员分布零散，集中式的情报共享方法显然不能满足各成员间的共享需求，因此，必须探索反恐情报分布式共享的方法和技术，避免资源的重复开发。

二是平台的包容性需求。3–CTISS 中的成员所使用的操作系统、数据库甚至网络协议大多存在差异。3–CTISS 必须具备跨平台成员存取数据的能力，即不同操作系统、不同数据库、不同网络协议的平台成员都同样能在信息共享系统中存取数据。

三是平台的可扩展性需求。一方面 3–CTISS 可以灵活吸收和减退共享成员，能够对成员变更做出快速、有效的响应；另一方面在不影响现有系统功能的基础上，3–CTISS 能够较为容易地添加新的功能或修改现有功能，及时适应成长发展中的反恐情报共享工作。

四是平台的安全性需求。反恐情报的安全价值及 3–CTISS 中竞争性情报的协同共享现实，要求 3–CTISS 必须安全、稳定、无故障、不间断地提供共享服务。

（2）SOA 共享架构

SOA 的概念是在 1996 年 Gartner 公司首次提出来的，是以服务为基础，根据需求通过网络对松散耦合的粗粒度应用组件进行分布式部署、组合和使用的一种架构模型，具有松散耦合、粗粒度服务、标准化接口、无状态服务等特点。目前 SOA 架构广泛应用于各行各业的信息分享平台中，取得了一定的现实收益，积累了较为广泛的经验成果。

服务是SOA的灵魂和核心，服务之间通过简单、精确定义接口进行通信，不涉及底层编程接口和通信模型，将SOA引入3–CTISS，可以忽略平台成员的地理分布差异，透明化成员间操作系统、数据库、网络协议的异构性，实现3–CTISS分布性、包容性共享需求。而Web Service是目前最适合实现SOA的技术集合，也满足3–CTISS的共享需求：

一是独立的功能实体。就客户端而言，通过查找UDDI目录，客户端的应用程序配置不受服务提供方的动态改变，3–CTISS可以灵活吸收和减退提供服务的共享成员，而不影响作为客户端成员的共享服务。就参与共享的Web服务器而言，服务请求者所有的访问都通过SOAP进行，只要WSDL接口封装良好，服务请求者无法直接访问服务器端数据，即3–CTISS能够较为容易地添加或修改新的客户端功能而不影响提供服务的共享成员。

二是大数据量低频率访问。对于以Web Service为基础的SOA而言，通过使用WSDL和基于文本(Literal)的SOAP请求，其服务请求者和服务提供者之间访问的边界非常简单，就是一个请求，一个响应，没有任何其他的信息往返，满足SOA以大数据量的方式一次性进行信息交换的需求。基于此，3–CTISS很大程度上防止了传递中反恐情报的窃取隐患，并且保证了大量共享成员进行在线访问时共享系统的稳定，实现了3–CTISS安全、稳定、无故障、不间断提供共享服务的需求。

三是基于文本的消息传递。Web Service的通信是基于XML的SOAP进行的，其不包含任何处理逻辑和数据类型，服务间只传递文本，极大简化了SOA的服务传递，进一步满足了3–CTISS包容性和安全性共享需求。

（3）3–CTISS中的SOA架构

3–CTISS中各级反恐情报共享平台中的SOA架构，自下而上均分为数据层、SOA层、应用层三层，如图3.8所示。通过分层，可以降低系统各部分之间的耦合程度，便于维护和扩展。

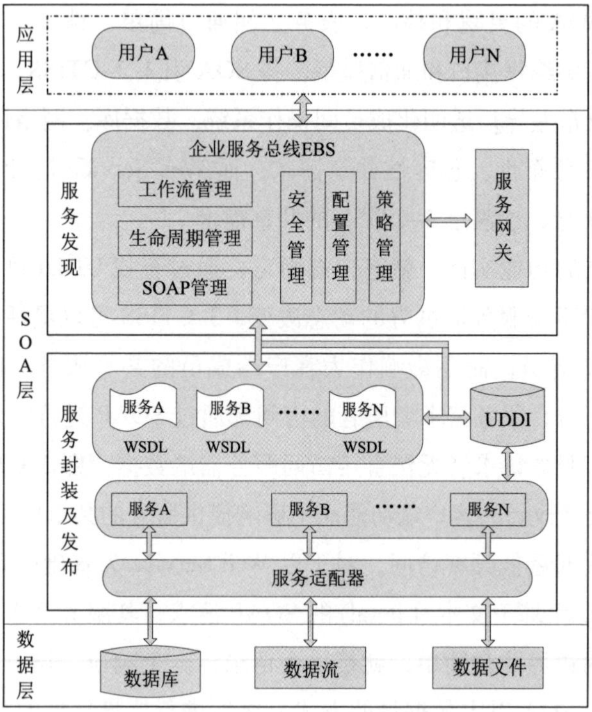

图3.8 3–CTISS 中的SOA架构

其各层功能主要是：

数据层：主要包括参与反恐情报分享的各成员在协同机制下分享的情报数据，这些数据可以来自不同的数据库，运行于不同的操作系统及网络协议之上。

SOA 层：分为服务封装、发布模块和服务发现模块。对于来自分布式异构应用系统的数据层信息，封装及发布模块首先将各反恐情报分享成员提供服务的传输方式、方法接口、参数等生成 WSDL 文档，通过权限认证后向本级 UDDI 注册库发布，并在此基础上基于 SOAP 服务框架开发相应的 Web 服务适配器，以实现“契约定义的接口与传统数据 / 消息 /APIS 间的映射”，实现服务封装及发布。对于已经封装并发布的服务，服务发现模块通过查找 UDDI 得到服务的 WSDL 并生成访问 SOAP 请求，适配器将其处理后的

SOAP 消息通过 SOAP 路由返回，最终实现服务发现。

应用层：主要为 3–CTISS 中用户的访问界面，用户通过该界面进行访问注册后，依注册权限进行共享平台访问。

（三）3–CTISS 的协同共享实现

3–CTISS 中各级反恐情报共享平台均以协同机制及 SOA 架构为基础，限于篇幅，本文仅以部级反恐情报共享平台为例，根据图 3.7、图 3.8 中的协同实现及 SOA 架构，给出其协同共享的具体实现，如图 3.9 所示。

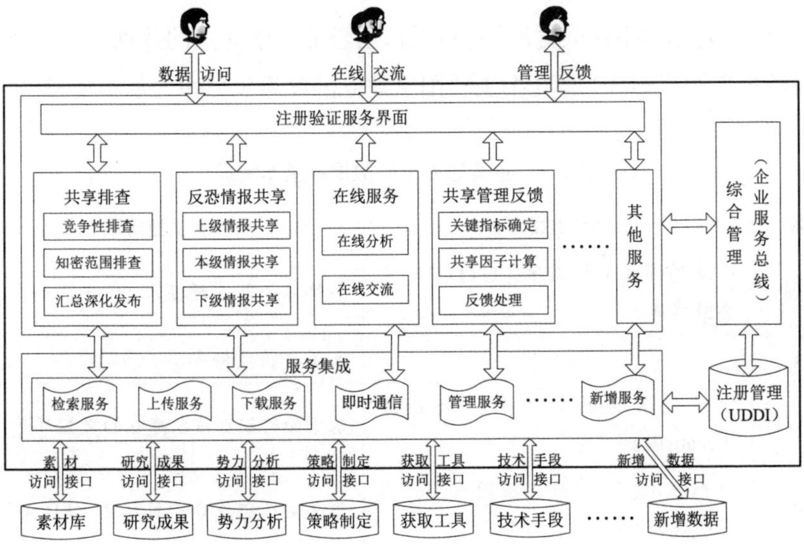

图3.9　部级反恐情报共享平台的协同共享实现

图 3.9 中，参与共享的各类数据通过特定的访问接口实现服务集成，用户通过注册验证界面进入共享系统后可以根据共享权限实现共享排查、反恐情报共享、在线分析及交流等共享服务，该系统还能够实现上级共享平台与下级共享平台间的管理与反馈。同时，该系统还具备良好的服务扩展性能。

总之，针对反恐情报协同共享系统需要解决的问题，设计的 3–CTISS，首先采用协同机制解决了分享体系中各成员愿意分享的问题，采用 SOA 架构实现了各级分享平台的分布性、包容性、可扩展性和安全共享需求，实现各机构情报共享与协同合作，提升了国家反恐情报保障能力。

五、反恐数据库构建的国际比较[1]

(一) 现状分析

根据各个国家的国家利益和自身内在需求，反恐数据库的分类也有所不同。从数据库的内容来看，可以分为两大类：以记录恐怖主义事件为主的数据库（以下简称“事件数据库”）和以识别恐怖分子为主的数据库（以下简称“人员数据库”）。表 3.1 是几个主要国家建立的反恐数据库的基本信息。

表3.1　主要国家反恐数据库基本情况

国家	事件数据库	人员数据库
美国	全球恐怖主义数据库（GTD）等多类数据库	恐怖分子筛选数据库（TSDB）等
日本	/	人员生物数据库
英国	以统计数据的文件为主数据库（Statistics）	基于面部识别技术建立的数据库等
法国	与西班牙、比利时、德国建立犯罪记录联合网络	恐怖主义犯罪分子数据库（FILAIT）
加拿大	加拿大事件数据库（CIDB）	/
俄罗斯	是其综合数据库的一部分	恐怖分子声像数据库等

(二) 比较样本概况

建立反恐数据库受多重因素的影响，综合考虑了各个国家间的经济水平、反恐经验、科学技术等因素，以美国、加拿大、英国、法国和俄罗斯等这几

[1]　叶琼元、兰月新、夏一雪等：《反恐数据库构建的国际比较及对我国的启示》，载《情报杂志》2018年第5期。摘编后收入本书。

个走在世界反恐斗争前列的国家为分析样本，选取“事件数据库”与“人员数据库”为具体分析对象。

1. 美国反恐数据库

（1）事件数据库——全球恐怖主义数据库（GTD）

目前，GTD 被认为是记录全球恐怖主义活动最全面的数据库，已编纂了超过 15 万个恐怖事件，梳理了全球曝光率最高的 25 个恐怖主义组织及其活动情况，包括每个组织发起的恐怖主义袭击的数量、伤亡人数、活跃的年份等，为研究恐怖主义事件规律提供便利。

（2）人员数据库——恐怖分子筛选数据库（TSDB）

美国联邦调查局（FBI）下属的恐怖分子筛选中心（TSC）负责管理一个大型恐怖分子筛选数据库，恐怖分子名单数据库在不断扩大。成为目前美国用来检测嫌疑恐怖主义人员最有利的武器。收进该库的恐怖分子的观察名单包含被确定的恐怖分子、涉嫌与恐怖主义相关的人、或在某种情况下与恐怖分子或恐怖分子嫌犯有关系的人或其同伙。

2. 英国事件数据库（Statistics）

自 20 世纪 70 年代起，英国内政部开始收集有关恐怖主义的统计数字，并于 2008 年恢复统计公报，并延续至今。该文件中的数据仅涉及英国，即英格兰、威尔士和苏格兰。这主要是由于在北爱尔兰应用不同的和更多样化的反恐怖主义立法，以及北爱尔兰恐怖主义统计中使用的不同计数规则，使其难以进行比较。

3. 法国人员数据库（FIJAIT）

2016 年 7 月，法国建立了 FILAIT，以识别恐怖主义罪犯，收集恐怖主义罪犯的基本信息，防止恐怖主义犯罪分子再犯。FIJAIT 中的名称自动完成，在法官和司法部的监督下，所有数据必须首先获得批准；在解雇和无罪释放的情况下，个人姓名将被删除。

4. 加拿大事件数据库（CIDB）

2013 年 12 月，加拿大开发了事件数据库，可供公众查阅，并描述了与加拿大有关的恐怖主义和暴力极端主义事件。该数据库涵盖 1960 年以来 1800 多个恐怖主义和暴力极端主义事件，提供了可用于识别恐怖主义的模式和趋势。

（三）比较指标选择

现代恐怖主义威胁的多样化和复杂化导致对反恐数据库的数据提出了更高的要求。收集、整合、分析是数据库构建的三个主要步骤。

第一步是“收集”。主要是指收集人员需要在大数据中确定搜索范围、有针对性地在大量收集资料源中瞄准目标，通过定义好的搜索标准，进行筛选是否确定为可用资料，最后用相关资料进行佐证，并标明出处，以实现“收集”过程中有证可依、有证可查。因此，提取出“事件数据库”所需要比较的指标为：“来源”“范围”“标准”“技术”。

第二步是“整合”。是指整合人员需要在“收集”过程基础上进一步归类，需要考虑“整合标准（编码规则）”“整合所需要控制的变量”“整合形式”“整合技术”“更新频率”等因素，并且这些因素在编码本中都有所体现。

第三步是“分析”。分析人员将整合的信息采用图表、地理空间技术等得到的分析结果发布在数据库中，因此，“分析内容”“分析方法”“分析工具”“分析结果”“运用情况”是比较“事件数据库”重要内容。

以三大步骤为框架，确定各个具体的比较指标如图 3.10 所示。

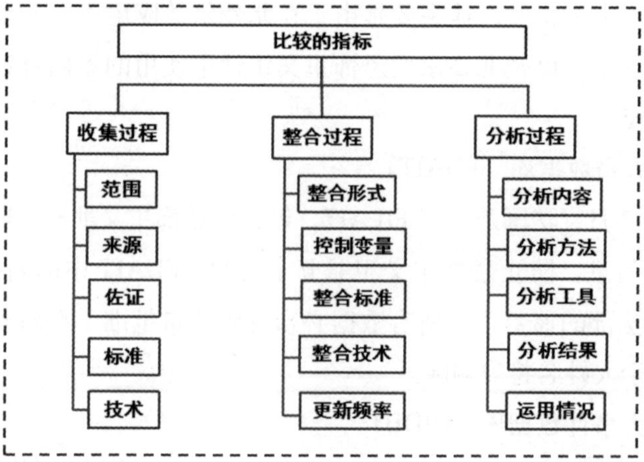

图3.10　反恐数据库的具体比较指标

(四)事件数据库的比较

1. 收集过程的比较

由于各国恐怖主义形势、政府关注度、大众期待度等都有所不同，因此，在各国事件数据库中的收集比较存在明显的不同（如表 3.2 所示）。“收集范围”“收集标准”和“收集技术”等存在差异，从而导致各事件数据库的定位也不同。

表3.2 事件数据库中收集过程比较

	GTD（美）	Statistics（英）	CIDB（加）
范围	国际+国内	国内	国内
来源	一级来源（新闻和有线服务）、二级和三级来源（图书、期刊，现有数据集）	政府内部各部门所统计的数据为主	一级、二级、三级资源+政府行动数据
佐证	是	否	否
标准	事件必须是故意的；必须引起一定程度的暴力或直接的暴力威胁；同时还需符合三个标准中的二个	以英国立法所规定为主；注重法律至上	事件必须是故意的；事件必须引起某种程度的暴力或暴力威胁；这个数据库不包括国家恐怖主义行为
技术	机器收录、翻译（Metabase应用程序编程接口、自然语言处理（NLP）和机器学习技术）	统一报告并监督所有内政部国家统计局数据	TABARI文本分析方法（是一种基于动词和名词模式识别的编码程序）

(1) 收集的“范围”“来源”与“佐证情况”不同。GTD 定位于全球的恐怖主义事件记录与分析，而 Statistics 和 CIDB 却集中于国内恐怖事件的研究，GTD 更加注重各媒体的开源情报，而 Statistics 和 CIDB 侧重于国内政府的相关数据。

(2) 标准不同。各国对“恐怖主义”的定义有所不同。例如，GTD 将“恐怖主义”定义为涉及“以通过恐惧，胁迫或恐吓，威胁或实际使用非法武力和暴力来实现政治、经济、宗教或社会目标”的事件，而美国国务院对“恐怖主义”定义仅限于“有政治动机的暴力”，因此排除了恐怖主义行为而是以宗教、经济或社会目标为动力。

(3) 技术不同。GTD 侧重于对相关的数据进行挖掘，而 CIDB 是采用 TABARI 文本识别方法。美国侧重分类与预测，而加拿大侧重提取和判别。

2. 整合过程的比较

整合过程是构建数据库时将大量杂乱无章的数据进行梳理与归类的重要过程。各个国家的事件数据库会根据自身的定位与标准确定其所需的数据和信息。各国受不同的经济发展和科技水平所影响，整合技术也有所不同。因此根据整合的比较指标，重点分析 GTD、Statistics、CIDB 三国事件数据库（如表 3.3 所示）。

表3.3　事件数据库中整合过程的比较

		GTD（美）	Statistics（英）	CIDB（加）
整合形式		**开源网站**	**政府官网（开源）**	**开源网站**
整合控制变量	时间	仅有开始时间	有起止时间	有起止时间（精确）
	地区	国家、州/省、城市、地区	仅包括国家、城市	仅包括国家、城市
	攻击者	名字、数量、责任者、抓获数量	被捕情况、预扣押期限、检控和定罪	加拿大肇事者
	攻击类型	类型概括、自杀式袭击、是否跨区域	类型概括	类型概括
	受害目标	目标类型	无	目标和属性
	政府行动	无	在叙利亚战斗人员人数	加拿大政府行动的日期，行动者，行动
	伤亡数量	美国公民伤亡数量、攻击者死亡数量	恐怖主义造成的死亡数量	加拿大公民与攻击者伤亡数量与非加拿大的
	武器战术	武器类型	武器类型	武器类型
整合标准		有编码本	英国统计局（UKSA）评估	有编码本
更新频率		每天	每季度	每天
整合技术/方法		人工审查筛选；数据管理系统等	政府人工审查筛选为主	Lexis-Nexis技术；统计分析系统程序等

可以看出几个特点：

一是整合形式比较一致，都是开源网站。二是整合控制的变量有所不同。GTD 整合的变量更全面，侧重于事件的基本情况概述；Statistics 侧重于袭击者受到法律惩罚的情况，对于恐怖袭击者的拘捕、扣押、审判等都比较重视；CIDB 侧重于其政府如何行动以及对恐怖主义事件数量的统计情况。三是整合技术不同。GTD 所采用的是 DBMS，其产品一般都提供了一些系统配置变量、存储分配参数。CIDB 主要依赖于科技，即通过 Lexis-Nexis 这个过滤和自动编码过程帮助研究助理仔细审查和纠正错误。GTD 侧重于人工审查，Statistics 则侧重于技术审查，GTD 整合的技术消耗更多的人力、物力，但是整合也更加精确。

3. 分析过程的比较

如何采用新的技术架构和分析方法以更有效地提升数据库的价值成了关键指标，如表 3.4 所示，分析工具、分析结果以及分析内容都是存在一定的差异性，主要体现如下：

第一，分析结果大多采用图表的形式，但是 Statistics 不能进行关键词搜索，主要以每季度的 Excel 的文件格式进行整理，难以进行关键词搜索。

第二，分析工具有所不同。GTD 采用的地理空间技术明显优于英国与加拿大。GTD 根据每年的恐怖袭击，制作相应的地图。可供用户查阅时间、发起组织、袭击类型和袭击目标、地理空间等，可视化程度高。

第三，分析内容不同。GTD 分析将所有国家发生的恐怖主义事件以热力图和圆圈图的形式展现出来，展现恐怖主义发生趋势，归纳总结恐怖主义的研究现状及规律。Statistics 与 CIDB 更侧重于本国政府所采取的行动效果以及完善反恐策略与模式。

表3.4　事件数据库中分析过程的比较

<table>
<tr><th colspan="2"></th><th>GTD（美）</th><th>Statistics（英）</th><th>CIDB（加）</th></tr>
<tr><td colspan="2">分析内容</td><td>全球恐怖主义总体程度、主要根源和分布、杀伤力及恐怖主义组织的活跃程度</td><td>2000年恐怖主义法案下的警察权力行动</td><td>检查加拿大反恐模式；检查加拿大政府行动的效果</td></tr>
<tr><td colspan="2">分析方法</td><td>时间序列分析等</td><td>统计分析方法为主</td><td>统计分析方法为主</td></tr>
<tr><td colspan="2">分析工具</td><td>地理空间技术；涉及一系列双因素和多变量统计分析</td><td>涉及一系列双因素和多变量统计分析</td><td>涉及一系列双因素和多变量统计分析</td></tr>
<tr><td rowspan="4">分析结果</td><td>是否开源</td><td>是</td><td>是</td><td>是</td></tr>
<tr><td>是否有图表</td><td>是</td><td>是</td><td>是</td></tr>
<tr><td>是否可以关键词搜索</td><td>是</td><td>否</td><td>是</td></tr>
<tr><td>是否能下载</td><td>是</td><td>是</td><td>否</td></tr>
<tr><td colspan="2">运用情况</td><td colspan="3">进行科研、评估反恐情况、预测预警等</td></tr>
</table>

（五）恐怖主义人员数据库的比较

人员数据库大多是与相关信息数据库的信息相匹配，以查询嫌疑恐怖组织者、跟踪疑似恐怖分子等。由于许多国家在建立反恐数据库时十分注重人权保护，尤其是隐私权，因此，只能获取一些基本的信息进行比较。

表3.5　恐怖主义人员数据库过程的比较

		TSDB（美）	FIJAIT（法）
收集	来源	“恐怖分子身份数据分析环境”数据库、国内恐怖分子信息	以政府逮捕、扣押、审判的恐怖主义犯罪分子为主要来源
	标准	定义为“合理怀疑是有根据的合理怀疑，从事构成恐怖主义和恐怖主义活动的准备，协助或有关的行为”	以政府相关恐怖主义法律为主，对恐怖主义分子进行了法律层面上的界定与规范
整合	内容	背景调查，审查护照和签证申请人的记录，与美国边境口岸旅客的正式遭遇以及乘客筛查	身份信息、生物特征信息、犯罪记录等
	基本程序	1.通过情报收集或执法调查来识别已知或可疑的恐怖分子。美国政府有正式的候选名单提名程序 2.提名确定 3.与政府各系统或列表相关联	1.与其他人员数据库关联，自动生成 2.在无罪或释放的情况下，个人姓名将被删除 3.向警方和国家官员提供的系统将存放罪犯的姓名及其罪行20年
	形式	仅限内部使用	警方，情报和国家官员使用
分析	作用	用于编制各种监视列表和筛选系统	为调查人员和法官工作提供援助
	不足	在列入嫌疑名单的标准方面仍存在争议	促成了公众对隐私问题的讨论

从表 3.5 内容可以看出其共同点在于人员数据库不断更新变化；其收集内容大多是恐怖分子身份信息、生物特征信息、犯罪记录等；其数据库基本与各个数据库相互联系。不足之处主要是该类数据库引发的隐私权等人权的争议与思考。不同之处主要有：一是认定恐怖分子的标准不同。TSDB 侧重

于具有嫌疑的人员，而 FIJAIT 侧重于犯罪分子，即已经被审判的人员。二是分析运用也不同。TSDB 侧重于预警预测，与美国各国数据库、计划相互联系；而 FIJAIT 侧重于防范犯罪分子，为调查人员和法官工作提供援助。三是来源不同。TSDB 的来源主要是“恐怖分子身份数据分析环境”数据库，侧重国际恐怖主义信息；而 FIJAIT 更加侧重于与国内有关的恐怖分子的信息。

（六）综合反恐数据库的构建思路

综合以上分析，构建综合反恐数据库时，在人员数据库建立的层面上，首先应当保障好安全防御等手段，保护好本国及其他国家人员的隐私；其次，在“收集”层面上，应当注重国际合作，与各个国家的人员数据库相连接，可借鉴偏向于法国的做法；在“整合”层面上，可借鉴侧重于美国的做法，充分运用国家各个政府机关的相关信息，加强政府间信息共享，同时也要保证安全防御；在“分析”层面上，需加强政府内部工作人员的分析素质和保密意识，预测分析恐怖主义人员的行动轨迹、犯罪倾向等动态，提高数据库的价值。

(1) 在数据收集阶段，应当明确数据的来源与范围，明确收集的标准，采用适当的收集技术，进行广泛而明确地收集。建立事件数据库可以借鉴 GTD、CIDB 等收集来源与技术，建立人员数据库最好以 FIJAIT 的收集方法为主，即对已经接受拘捕、审判的恐怖人员进行记录，不能随意侵犯人权，但是可以与国际相关数据库合作建立相关可疑人员数据库。

(2) 在数据整合阶段，应当注重数据整合的变量，在合理运用整合技术的同时，要充分考虑到各个变量，以便于更加快捷服务于政府与科研学术人士。建立事件数据库可以借鉴 CIDB 的定位，即侧重于为政府与科研学术服务，因此，在整合数据变量时应更加侧重政府行动的相关数据的记录。针对人员数据库，整合变量应该尽可能全面，同时，加强政府间的信息共享是至关重要的。

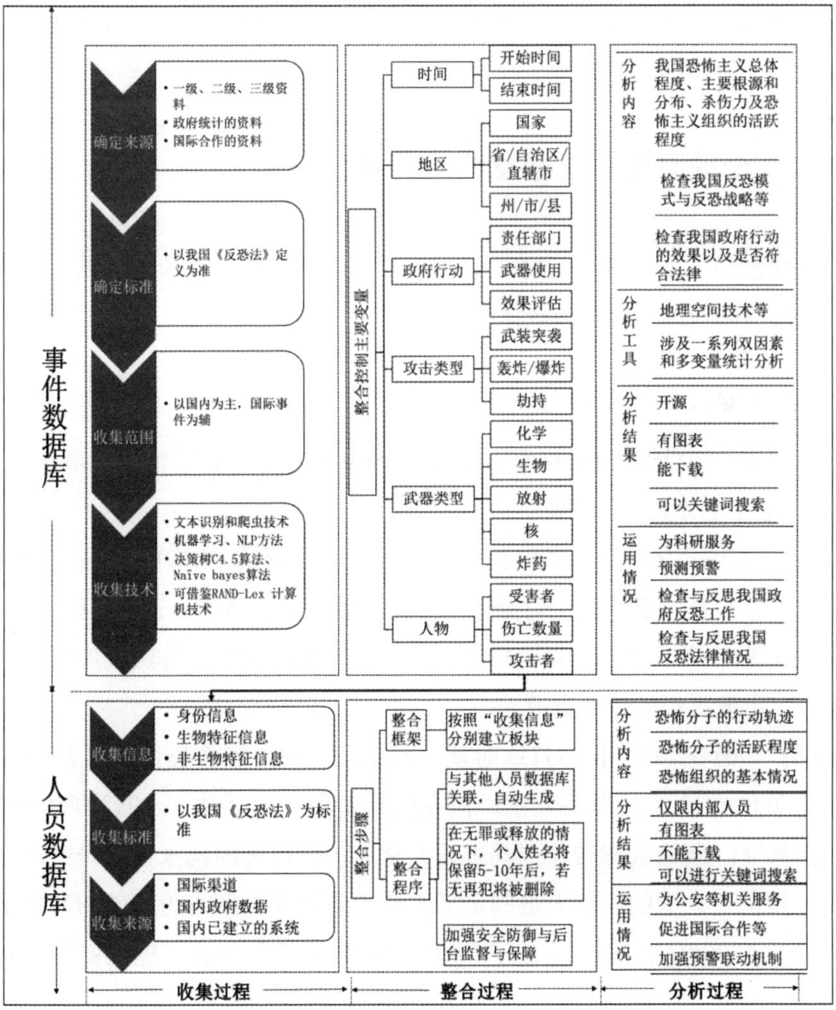

图3.11 综合反恐数据库的构建框架

（3）在数据分析阶段，应当注重分析工具与分析结果的输出，基于一定的分析方法和技术，切实提高数据库的整体效用价值。在建立事件数据库时，可以借鉴 GTD 的分析工具，即地理空间分析技术，加强数据的可视化，充分运用各种统计分析方法以更好为政府与学术界服务。在建立人员数据库时，加强人员信息数据的分析，研究其行动轨迹和思想状态等，从而加强预测预警机制。

六、全球恐怖主义数据库的建设与发展[1]

全球恐怖主义数据库（简称GTD）是追踪恐怖主义源流和谱系，了解恐怖主义发展趋势的一个重要数据库。

（一）GTD的发展历程

GTD是一个开放源数据库，收录了1970年以来全球恐怖主义事件信息。GTD的建设经历了三个时期：

（1）1970—1997年，平克顿全球情报服务（简称PGIS）时期。PGIS是美国的一家私营安全机构，对全球发生的恐怖主义袭击事件进行鉴别和记录，其信息主要来源于通讯社新闻报道、美国政府部门报告、外国政府报告、美国和外国主流报纸的新闻报道。

（2）2001—2005年，GTD时期。PGIS于2001年将恐怖主义数据库的原始拷贝件送给了马里兰大学。但在转移过程中，丢失了1993年的数据，且无法恢复。原始数据转移到马里兰大学后，获得美国国家司法研究所基金资助，马里兰大学的研究人员制定了数据库编码和以网络为基础的数据录入平台，并于2005年12月完成了PGIS原始数据的数字化，这也就是最初的GTD。

（3）2006年至今，GTD2时期。在2006年4月，美国恐怖主义研究和应对全国联盟（简称美国START联盟）与恐怖主义情报研究中心合作，从国土安全部获得额外资助，将GTD扩展到1997年以后。目前GTD2的数据收集由加里·阿克曼和查尔斯·布莱尔创立的GTD2标准委员会负责，这个标准委员会由一群国际恐怖主义专家组成，他们对原有的PGIS标准进行评估，制

---

[1] 周松青：《全球恐怖主义数据库及对中国反恐数据库建设的启示》，载《情报杂志》2016年第9期。摘编后收入本书。

定了最终版的 GTD2 收集指南。确定了两条指导原则：保留 PGIS 文件数据的价值，改进数据收集程序的严密性，弥补收集质量缺陷。数据收集小组对收集到的潜在事件进行评估，以判断哪些事件符合恐怖主义事件的标准，每一个案例至少有两篇来源的文章加以确证，并向监督者提交所有他们期望的案例供其评估，有歧义的案例提交给 GTD2 委员会作最后决定。

GTD 虽然对 PGIS 作了修正，但仍然有两个弱点：首先，尽管数据的收集者做出了巨大的努力提供所有相关的媒体源，但是所有开放源恐怖主义数据库依赖采自新闻源的数据，而它们在本质上偏向最具有新闻价值形式的恐怖主义；特别是，媒体常常因为不能识别袭击者，没有关于袭击者的信息，难于精确地将事件界定为恐怖主义，而错失一些恐怖攻击。第二，像其他开放源数据库一样，GTD 缺少与每一起恐怖主义事件相关的问题的详细信息。

（二）GTD 的数据搜集及标准

1.GTD 的数据搜集

为了最大限度地实现 GDT 数据收集的效率、精确性和完整性，美国 START 联盟的 GTD 团队采取自动收集和手工收集两种策略。首先，使用元数据应用程序，通过自定义的关键词对全球媒体每天发表的 100 多万篇全部主题的文章进行筛选，从这些文章中识别、抓取和形成描述恐怖主义事件的文章子集。同时，再把从开放资源中心下载的文章补充进入元数据库中，开放资源中心把来自全球 160 个国家 80 多种语言的文章翻译成了英文文献。通过元数据过滤端口分离这两个来源文献所构成的文章，形成相关主题文章的初始池，每月大约有 40 万篇。其次，使用更精细的自然语言程序和机器学习技术对这些初始池中的文章加以优化，删除重复文章，识别可能相关的文章，形成第二个文章子集。再次，GTD 团队人工评估这第二个文章子集，以识别满足恐怖主义采录标准的事件，然后根据 GTD 编码规则给予研究和编码。

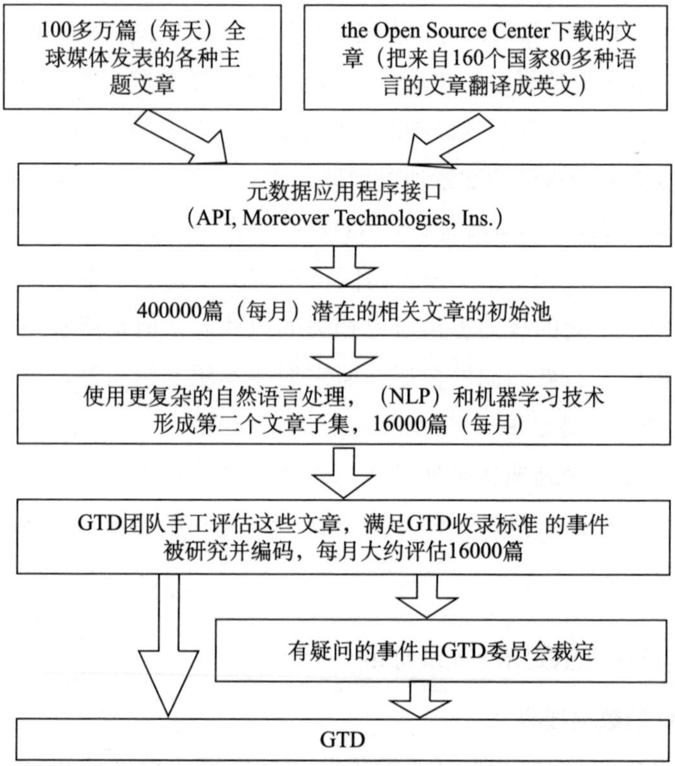

图3.12　GTD数据采集流程图

GTD 研究团队对文件来源的有效性非常重视，因为文件的效度随着时间和地点的变化而发生巨大的差异，因此评估文件来源的质量对于数据的效度非常关键。而高质量来源的信息应该是独立的，不受政府、政治侵害者、社团的影响。此外，可以从外部证明的日常报告的内容，和那些是第一手而不是第二手的资料，都是高质量的数据来源。受偏见影响的事件和不可靠来源的事件将被从 GTD 中剔除。

2.GTD 事件的收录标准

GTD 对恐怖主义袭击事件作了精细的定义，这个定义成为制定录入标准的基础。恐怖主义事件是指。一个非政府的行动者，作为威胁或实际使用非法力量和暴力，通过恐惧、强制或恫吓，以实现一个政治、经济、宗教或社会目标。一起事件要想被收入 GTD 中，必须具备三个条件：一是事件必须是有意的——是侵害者有意计算的结果；二是事件必须牵涉一定级别的暴力或即时的暴力威胁——包括侵财暴力和侵人暴力；三是事件的侵害者必须是非国家的行动者。数据库不收录国家恐怖主义行为。

除了这三个条件外，还必须满足如下三条标准中的两条才能被收入 GTD 中：

标准 1：行动必须致力于实现一个政治、经济、宗教或社会目标。对于经济目标，专门追求利润的暴力事件不符合这个标准，它必须涉及追求更广泛的、更系统的经济改变。

标准 2：必须是明显有意的威胁、恐吓。所采取的行动作为一个整体是有预谋的，而无论参与采取行动的个体是否意识到这种有意性。只要攻击背后的任何计划者或决策者打算威胁、恐吓或公开化，有意的标准就被满足。

标准 3：行动必须是在合法的战争行动之外。行动必须是在国际人道主义法律允许的条件之外（特别是禁止有意把市民或非战斗人员作为目标）。

但是，恐怖主义袭击事件和其他形式的犯罪或政治暴力事件的界定之间存在定义重合之处，而且，许多案例没有足够的信息来源或在多重信息来源之间存在信息冲突，而使编码者无法决定该事件是否满足了纳入 GTD 的标准。在这种情况下，GTD 用户通过使用一个额外的过滤器可以进一步管理他们搜索结果的参数。在 GTD 检索平台中，建立了一个“适当怀疑恐怖主义”检索字段，可以用于 GTD 高级搜索页面。这一编码策略和检索设定，使许多跨界事件可以在数据库中被保留下来，而由 GTD 的使用者和研究者自己对相关事件作判断。

（三）GTD 数据的编码参数和变量

1.GTD 单个事件的界定

GTD 团队为每一起恐怖主义袭击事件编码，由于恐怖主义袭击事件在时间和地点上非常复杂，GTD 团队对单个事件作了区分，规定发生在相同时间相同地点的事件将被认为是一个单一事件，但是如果事件发生的时间或地点不持续，将被认为是不同的事件。

时间和空间是衡量事件为单个事件还是多个事件的标准，只有在相同的时间相同的地点发生的事件为单个事件，相同的时间不同的地点，不同的时间不同的地点，不同的时间相同的地点发生的事件，则是多个事件，需要分开对这些事件进行编码和描述。而单个事件在时间上持续或在空间上发生具有持续性的转移，则仍然为单个事件。这一规则确保每一起事件能够被独立编码，避免出现事件遗漏和混淆的情况。不同事件之间的关联性不会因为独立编码而被割裂。

2.GTD 单个事件的代码编制规则

GTD 中的事件代码遵循 12 位数字 ID 系统编制规则。前 8 位数是日期，记录“年月日”，后 4 位数为该日期所发生的案例序列编码（0001, 0002 等），除非在同一天有多起事件发生，否则该事件将被编码为“0001”。对于极少数案例，矫正了攻击发生的日期，为了保持事件编码的稳定性，日期的改变不影响事件的原有编码。在事件案例中发生的时间超过一个延续的时间段，出现跨年的情况，编码将记录事件首先发生的年份。当事件的确切日期不知道或不清楚时，可以采用“近似日期”记载。

3.GTD 的六大主题变量

GTD 团队建立了六大主题变量，并为每个主题成立了一个数据录入和采集团队。这六大主题变量又根据需要衍生出若干子变量和亚子变量。表 3.6 列出了主要变量。

表3.6 GTD的六大主题变量

事件信息	事件地址	武器和战术		目标、受害者信息	侵害者信息	伤亡和后果
		攻击信息	武器信息			
事件摘要	国家及编码	攻击类型	武器类型	目标/受害者类型	侵害者的组织名称	死亡的总数量
纳入标准1、2、3	地区及编码	第1攻击类型	第1种武器亚型	目标/受害者亚型	侵害者亚组织名称	美国人死亡数字

（续表）

疑似恐怖主义事件	省、行政区、州	第2攻击类型	第2种武器类型	受攻击目标的名称	第2侵害者组织名称	侵害者死亡数字
疑似恐怖主义事件备选名称	市	第3攻击类型	第2种武器亚型	特定目标/受害者	第2侵害者亚组织名称	总受伤人数
多重事件的部分	附近	成功的攻击	第3种武器类型	目标/受害者的国籍	第3侵害者组织名称	美国受伤人数

（四）GTD 的主要特点

第一，简略性和详尽性并重，尽可能准确完整地记录每一起事件的所有要点，不遗漏，不偏废。一些变量以尽可能简略的形式记载，而武器和战术、目标信息及侵害者信息被详尽分类，主变量下面分化为若干子变量，子变量又分化出亚变量。

第二，建立了完善的文本变量转化为数字变量的策略，使庞大的文本数据转化为数字数据成为可能，为 GTD 建立界面友好的电脑录入端口，确保数据库的开放性和网络检索便捷性奠定了基础。在将文本文件转化为数字文件时，GTD 团队对事件地址、攻击信息、武器信息、攻击目标制定了尽可能详尽的编码，使文本材料的数字化成为可能。除了给国家编码外，还对攻击类型、武器类型和攻击目标制定了详尽编码，并对每一种类型作了周延完整的定义。录入者在对某一主题进行数据录入时，只需对照编码表录入编码即可。而所有的恐怖袭击案例都采取相同的编码和录入模式，确保了整个数据库的数字化和一体化。

第三，GTD 建立了可视化工具，使用户能够对 GTD 数据采取可视化分析，能够直观地了解全球恐怖主义的发展趋势。GTD 的可视化主要体现在两个方面：（1）地点可视化。地点的可视化是 GTD 系统将组织及其关系可视化的核心，通过把每一个事件放在地图上，详细的地理关系和模式立即变得明显。而且，可视地图是可缩放的、平摊的，这使调查可以在任何一个尺度上展开。(2) 时间可视化。GTD 团队建立了交互时间的方法，通过河流图，显示时间在恐怖事件中与分类维度的关系。在河流图中河流对应于一个分类维度的值，这个维度由分析师交互选择。

不能否认，GTD 也存在一些缺陷，主要体现在如下两个方面：

第一，GTD 的数据来源主要以美国的主流媒体及其政府报告为核心，结合开放资源中心翻译的英文文献。GTD 团队在对可信赖媒体的评定上，存在高度的美国中心的倾向，将美国主流媒体当作高信源，而对其他地区的媒体怀有一定的偏见。这种倾向在采录美国以外他国发生的恐怖主义袭击事件信息时，表现出较高的选择性偏见。GTD 在信息来源的选择上首先是美英媒体，其次是其他国家的英文媒体，再次是其他语言的媒体，这种有意无意的语言偏见和中心——边缘意识，在数据源可信度的定义和选择上若隐若现。

第二，GTD 在定义和选择暴恐袭击案例时存在一定的意识形态偏见，而将他国发生的一般刑事案件当作恐怖主义事件。GTD 团队认为 GTD 是全球最好的恐怖主义数据库的原因之一，就是 GTD 最初由私人公司建立，为商业公司的经济活动提供安全咨询，不受政府控制和政治影响，在对恐怖主义的定义上保持高度的中立性。但是，GTD 对美英媒体、通讯社的偏好，使之借助美英媒体之眼，看待美国以外的暴恐袭击事件，本身就戴上了一副意识形态的有色眼镜，美英媒体对发生在美国以外的事件，往往是根据其价值取向进行了一定的裁剪，偏见和谬误也就由此而生。

（五）GTD 的借鉴意义

GTD 对于研究全球恐怖主义的流行趋势，恐怖主义组织的活动规律和行动特征，国家和地区区域内恐怖主义流行动态，以及不同的时间和地点上恐怖主义行动的关联，具有重大的价值。据来自美国 START 联盟的统计，检索 GTD 数据的主要有三类使用者：一般公众，调查分析员，恐怖主义专家和研究者。统计显示，绝大多数查询 GTD 的人来自调查分析员，他们想要发现恐怖主义行动之间的关系或相关性。

虽然 GTD 存在一定的缺陷，但随着网络时代开放源数据的方便获得，GTD 的选择性偏好和意识形态偏见得到了一定程度的修正。GTD 对于其他国家建设反恐数据库具有重要参考价值，可以得到以下几点启示：

第一，反恐数据库应该以智库的形式建设，实现大学、研究机构和安全机构之间的合作。反恐数据库是一项基础性工作，需要有稳定的工作团队，时间上的持久性，经费资助的可持续性。官方和研究机构之间的合作非常有必要，它既能保持数据库建设的独立性，又能保证建设工作的国家安全指向和战略需求。中国境内的恐怖主义势力脉络清晰、简明，在这个方向上的数据库建设任务简洁明了。

第二，美国 GTD 关于恐怖主义的定义、相关指标、变量、主题和分类可以借鉴，但过度繁复的部分变量需要修正和简明化。GTD 建设经历近 50 年的延续和嬗变，越来越完善，定义的严整性、变量的闭合性、逻辑的严密性、软件的亲和性都得到了检验，定义、变量、标准都可以为我所用，但对恐怖主义的认知需要以本国为主，突显各国自己的国家利益诉求。在恐怖主义的界定和恐怖主义事件的甄别和选取上要体现本国意识。

第三，反恐数据库建设要保持持久性和适用性，在数据的收集和采录过程中，梳理全球恐怖主义组织的派系和源流，变种和分支。了解不同恐怖主义组织的价值诉求和行动模式，为针对可能面临的恐怖主义威胁做好准备。

第四，反恐数据库建设从过程到结果都应保持开放态度，恐怖主义的定义、分类、变量的选取、指标的确定、事件的取舍，要充分吸取各方专家的意见，吸取 GTD 以及其他版本的恐怖主义数据库的相关界定。在建成的数据库终端，也应保持开放性，供所有有需要的使用者检索。只有保持完全的开放性，才能够接受各方的检验，也才能在实践中得到磨砺，而终端的开放性，确保投入效益的最大化。在全球一体化时代，恐怖主义是一个全球性毒瘤，是文明世界的共同敌人，只有全球所有国家共同应对，才能保障人类共同体的利益，才能共同维护和打造人类命运共同体，实现共同繁荣。

七、反恐情报数据仓库架构设计[1]

大数据时代，涉恐人员及恐怖组织的行为活动不可避免地会在海量数据信息中留下蛛丝马迹。分析数据相关性，挖掘数据的深层次价值，能够拓展反恐情报的收集和获取渠道，提升反恐情报的综合分析处理能力，提高对涉恐人员及恐怖组织的轨迹追踪与行为预测的精确度，增强对恐怖主义活动的预警与监控的时效性及科学性等。

（一）大数据背景下的反恐情报与数据仓库

1. 大数据背景下的反恐情报

随着全球对恐怖主义活动的常态化高强度打击，涉恐人员及恐怖组织的行为活动愈加隐蔽，通过人力或秘密手段获取反恐情报的难度和风险越来越大。同时恐怖主义利用互联网等信息技术手段宣扬恐怖思想，策划、组织、实施恐怖活动已成为的新趋势。大数据时代，数据信息之间的互容性极大增强，表面无关的信息在其深层次上却有着千丝万缕的关联。因此，大数据背景下的反恐情报就具备了独有的特征。

一是极度的综合化。大数据的数据体量是海量的，数据内容具有极强的综合性。就反恐情报源而言，反恐情报源更加开放、涵盖范围更加广泛，包括涉恐信息相关联的一切来源。一方面，反恐情报中涉及国家安全、政治安全、社会安全、公共安全等全方位的内容；另一方面，社会因素、经济因素、心理因素等多层次因素与反恐情报有了更深层次的结合，因此反恐情报存在于国家、社会、公共生活的方方面面。

二是极度的碎片化。大数据在强调数据的准确性的同时，允许数据信息一定程度的混乱与碎片化。反恐情报混杂于海量的无关信息之中，零散、模糊的反恐情报的破碎程度进一步加深。这也是大数据价值性特征的外在表现。相较于海量级的无关数据信息，有价值的反恐情报数据规模小，离散度高，

[1] 瞿志凯、张婷：《基于大数据的反恐情报数据仓库体系结构设计》，载《情报杂志》2016年第2期。摘编后收入本书。

辨识度低。

三是极度的弱关联性。大数据的核心之一在于挖掘数据之间的相关性，如同谷歌运用大数据通过用户检索预测到流感疫情的爆发与扩散；沃尔玛将飓风与蛋挞销售通过大数据相关联，以提高蛋挞销量。原本毫无关联的数据信息，通过大数据构建起了相互关联，而这种关联往往微弱到难以察觉。在信息海洋之中，反恐情报隐秘于海量的社会、经济、公共信息等之中，不经过专业的整合与分析，数据信息的情报价值难以发掘。再加之恐怖分子及组织，为了逃避打击，努力将自己的意图、行为隐匿起来，极力避免相互之间的显性联系，更使得反恐情报的关联程度极度弱化。

2. 大数据背景下的数据仓库

预测作为大数据的核心，是通过对已知的网络节点、网络结构和其他外部信息的分析，挖掘缺失的连接和预测未来可能出现的连接。这与情报主导反恐的目标相一致。而传统的操作型数据库在数据分析方面的局限性，使其难以满足大数据的现实需求。相比之下，数据仓库能够提供全视角、高集成的系统分析数据，并能够深入挖掘数据相关关系。其特征主要表现为以下几个方面：

一是面向主题。主题是指为某一决策问题而设定的，涵盖数据分析对象所涉及全部数据信息的完整的、一致的描述。大数据中描述事物的数据信息复杂而多元，面向主题的数据仓库使得海量数据更加系统，更具针对性。主题能够完整、统一地刻画各个分析对象所涉及的各项数据。按照不同主题实现反恐情报数据存储，使得反恐情报数据处理更加便捷和高效，更利于反恐情报数据分析，为反恐决策提供更高层次的决策支持。

二是集成。多样性的数据是大数据的特征之一，大数据中包含结构化数据、半结构化数据及非结构化数据，同时大数据允许数据的混乱，甚至包容错误数据。数据仓库将原本分散于各数据库的数据进行转化、去噪，形成全面、统一、完整的数据。因此，数据仓库为大数据反恐情报的数据挖掘提供了实现途径和平台。碎片化的大数据反恐情报数据在数据仓库中呈现出整体特性，为大数据反恐情报数据的关联分析奠定了基础。

三是非易失性。传统的操作型数据库中的数据更新变化过于频繁。而大数据中数据的变化频度更加快速。没有相对稳定的数据就不能完成数据的预测和分析。数据仓库中数据一旦写入就不再变化，对决策者而言数据仓库中的数据是只读的。但是数据仓库中的数据又并非是一成不变的。数据装载写入数据仓库的频度与数据库相比低得多，这使得数据仓库中保存了数据的历史状态，为数据的分析与预测提供了稳定的基础保障。

四是随时间变化。数据预测的基础是对历史数据的全面挖掘和分析，大数据预测与反恐情报预警都必须基于历史数据。数据仓库中的数据是批量装载的，装载的周期性使得数据仓库中的数据的时间广度更宽。同时数据仓库中的数据是一系列在特定时刻生成的复杂快照，使得数据仓库保存了活动和事件的历史记录。

（二）反恐情报数据库的特点

目前，反恐情报主要来源于对涉恐信息的加工整合。隐秘的、碎片化的反恐信息只有通过反恐情报数据库的归类、整理、存储才能更有效地发挥其反恐情报价值。当前国内反恐情报数据库普遍采用操作型数据库。其面向的是事务处理应用，能够快捷地完成对数据的检索、插入、修改和删除，数据的更新频度高。

小数据时代，操作型数据库的运用极大地提升了反恐情报的收集、整理的效率，一定程度地优化了反恐情报分析研判过程。但是，随着近几年来信息技术的快速发展，操作型反恐情报数据库在应对超大规模、非结构化数据时暴露出了自身难以克服的弊端，主要表现为：

一是分析能力薄弱。面向事务处理的操作型数据库其核心在于对于数据的检索、插入、修改和删除。但是数据分析才是大数据反恐情报的核心。大数据及情报主导警务均强调对海量数据进行深层次综合分析，挖掘数据之间的相关性，服务于决策支持。虽然当前国内的反恐情报数据库也具备一定的分析处理能力，但是当面对海量数据时其处理能力表现较为缓慢、低效。

二是“信息孤岛”现象突出。在构建反恐情报数据库时缺乏统一的标准，数据开发工具、开发环境及数据库系统可能各不相同，不同的反恐情报数据库系统无法实现兼容共享，造成了“系统孤岛”现象。反恐情报部门间甚至是部门内部的数据信息难以实现流动共享，数据库中存在大量的冗余数据信息，造成了“数据孤岛”现象，在数据处理时必然造成处理效率低下的问题。基于自身部门需求单独构建的反恐情报数据库，无法实现反恐情报力量的有机整合，割裂了本应密切联系的反恐情报体系。同时当前我国反恐情报数据库中的数据集成度低，历史数据存储时间不同，难以支持对反恐情报的综合分析。

三是数据存储类型无法适应大数据的现实需求。大数据中的数据包括结构化数据、半结构化数据、非结构化数据，而且半结构化和非结构化数据的体量比重巨大。视频数据、音频数据以及互联网中的流数据等非结构化数据难以被存储于反恐情报数据库之中。

（三）基于大数据的反恐情报数据仓库体系结构设计

破除当前反恐情报数据库的技术瓶颈，从海量信息中深入分析数据的相关性，挖掘反恐情报的深层次价值，为反恐战略情报、战役情报、战术情报预警提供技术支持，是大数据反恐情报的迫切现实需求。基于大数据的反恐情报数据仓库结构设计如图 3.13 所示。

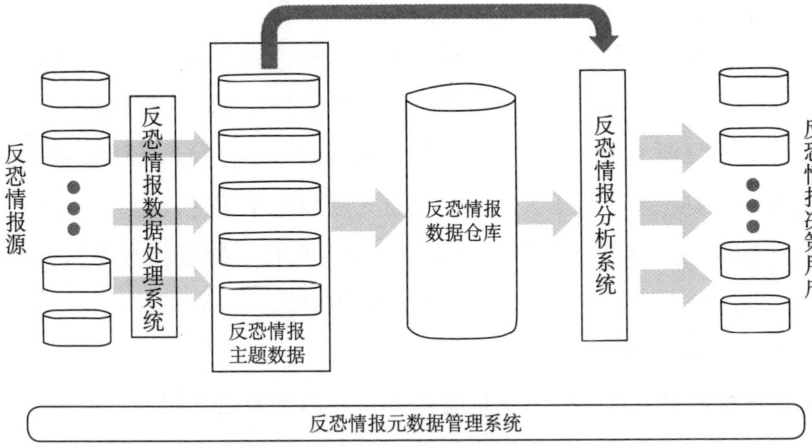

图3.13　基于大数据的反恐情报数据仓库结构

基于大数据的反恐情报数据库体系结构包括反恐情报源、反恐情报数据处理系统、反恐情报主题数据库、反恐情报数据仓库、反恐情报分析系统、反恐情报元数据管理系统、反恐情报决策用户七部分。反恐情报数据从海量的反恐情报源中，经过反恐情报数据处理系统的抽取、转换、清洗，按照不同的主题装载入反恐情报主题数据库中。反恐情报主题数据库中按照不同的主题对反恐情报进行分类存放。反恐情报主题数据库与反恐情报数据分析系统直接相连，实现反恐情报战役、战术层面的挖掘分析。反恐情报主题数据库与反恐情报数据仓库连接再与反恐情报分析系统相连，实现反恐情报的综合分析，满足反恐情报高端用户（如国家级反恐机构）的反恐情报战略分析应用，并且实现部门级和基层级反恐情报机构的反恐情报战略、战役、战术的统筹谋划；同时考虑到数据仓库的建设成本和反恐情报数据库的实际，采取自下而上式的构建方式，首先构建起反恐情报主题数据库，在此基础上构建反恐情报数据仓库。反恐情报分析系统与反恐情报决策用户相连接，实现用户需求的响应与反馈。反恐情报元数据管理系统贯穿于整个反恐情报数据仓库体系结构，为大数据反恐情报数据仓库提供全面稳固的技术保障支持。

1. 反恐情报源

如今，社会生活的各方面无时无刻不在产生着数据信息，这些海量数据的形态、结构复杂多样，存储于各类社会信息数据库之中。而涉恐人员及其组织作为社会中的一分子，亦无法摆脱海量数据而存在的。恐怖分子及其组织在谋划、准备、实施恐怖活动过程中总是不可避免地留下数据痕迹。因此，大数据反恐情报源不仅要包括反恐情报机构通过人力、技术等手段获取的反恐情报来源，更应当立足于大数据，广泛拓展反恐情报源，在传统反恐情报源基础上构建包含治安、刑事、医疗、交通、电信、物流、水电气、金融、互联网、地理信息等多维数据的大数据反恐情报源。

2. 反恐情报数据处理系统

反恐情报数据处理系统主要是通过 ETL 工具对反恐情报源的数据进行抽取、转换、清洗、装载。将不同反恐情报源的中海量、离散、不清洁的数据进行转换、清洗、拆分、汇总等处理，实现反恐情报数据格式、编码、位数等的转换，冗余数据、无关数据及错误数据等的清洗，形成完整、统一的反恐情报数据。同时按照不同反恐情报主题将反恐情报数据装载入反恐情报主题数据库之中。

3. 反恐情报主题数据库

反恐情报主题数据库面向反恐情报各职能机构，按照涉恐人员、恐怖组织、恐怖行为（事件）三大主题进行划分。反恐情报主题数据库存放特定主题的数据信息，提供满足具体反恐职能机构所需的数据分析环境，减少数据处理量，提高数据处理效能，优化数据利用能力，能够快速解决某些特定具体问题，便于特定反恐职能机构的情报查询检索和综合分析。

（1）涉恐人员

涉恐人员是实现恐怖主义的物质载体，恐怖主义的一切主张和行为均不可能脱离涉恐人员而孤立存在。涉恐人员包括恐怖分子及恐怖主义相关人员。恐怖分子是恐怖主义的宣扬者和实践者，恐怖主义思想和主张通过恐怖分子的言行得以实现和扩散。恐怖分子包括实施宣扬、煽动、教唆恐怖主义的人员；组织、领导、参加恐怖组织的人员；组织、策划、实施恐怖行为的人员。恐怖主义相关人员是为恐怖主义提供信息、资金、物资设备或者技术、场所等支持、协助、便利的人员。恐怖主义相关人员虽未直接宣扬和实践恐怖主义，但是客观上为恐怖主义的实现和扩散提供了滋生蔓延的温床。

大数据时代，涉恐人员无论采取什么样的措施都不可避免的会产生数据信息。这些数据信息虽然是隐性的、破碎的，通过传统手段难以发掘，但是通过大数据的多维度的深入挖掘和深层次相关分析，隐藏在涉恐人员言行背后的反恐情报一定能够发挥其预防和打击恐怖主义的价值。

（2）恐怖组织

恐怖组织是由恐怖分子有机结合而产生的。恐怖分子因为共同的利益追求相互勾结联合，形成了目标统一，组织结构稳定，具有特定管理模式和稳固资金来源的有机整体。从恐怖活动的实际来看，除极少数“孤狼”式的恐怖袭击行为（事件）外，绝大多数恐怖行为均源于相关恐怖组织。严密的组织、严格的纪律、稳固的资金支持等为恐怖主义行为活动提供了可靠的支持，恐怖分子个人意志由恐怖组织的集体意志得以最大化。因此，恐怖组织的煽动性更强，活动规模更大。恐怖组织实施的恐怖行为（事件）的暴力性更强，破坏性更突出，造成的国际国内社会深层次影响更加严重。

恐怖组织的人员、组织结构、管理模式、资金来源等从多个角度为收集和获取大数据反恐情报提供了有效途径和渠道。深入挖掘恐怖组织的大数据数据信息，发掘其相互关联，能够更加全面综合的了解和掌握恐怖行为的企图和动机，为寻找恐怖组织的内外部薄弱环节，预防恐怖行为（事件）和彻底瓦解恐怖主义提供可靠的情报支持。

（3）恐怖行为（事件）

恐怖行为（事件）是指恐怖分子、恐怖组织基于特定的政治、宗教等目的，采取暴力、破坏、恐吓等手段实施的暴力犯罪行为。恐怖行为（事件）是恐怖主义目的动机的外在表现。一方面，持有不同恐怖主义主张和思想的个体和组织所发动的恐怖行为（事件）具有不同的特点，对恐怖行为（事件）的数据信息的深入挖掘，能够使反恐情报更具针对性，实现对恐怖主义的精确打击。另一方面，通过对恐怖行为（事件）历史数据的综合分析，能够使反恐情报部门掌握恐怖分子、恐怖组织发展演变规律，实现反恐情报的战略决策应用。再者，恐怖行为（事件）本身还具有感染示范作用，那些破坏性突出、社会影响力大的恐怖行为（事件），往往成为恐怖分子及组织效仿的对象，对于恐怖行为（事件）的大数据分析，能够发挥反恐情报预警价值，真正实现预防恐怖主义。

4. 反恐情报数据仓库

（1）反恐情报数据仓库概念模型

在反恐情报数据仓库概念模型的设计中，首要的是确定反恐情报数据仓库的主要主题及相互关系。反恐情报主题数据库与反恐情报分析系统直接相连，实现的是反恐情报的战役、战术情报综合分析。而反恐情报数据仓库将反恐情报主题数据库的数据进行高层次综合，实现的是反恐情报的战略分析功能，从反恐情报涵盖内容及与反恐情报主题数据库对接的两方面考虑，将反恐情报数据仓库的主题设定为涉恐人员主题、恐怖组织主题、恐怖行为（事件）主题三大主题，如图 3.14。

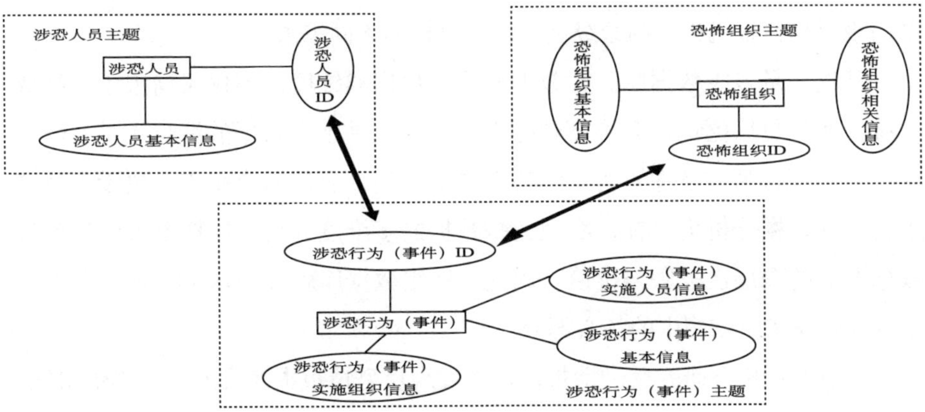

图3.14 反恐情报数据仓库概念模型

涉恐人员主题、恐怖组织主题、恐怖行为（事件）主题三大主题涵盖了反恐情报的全部范畴。在实际恐怖主义活动中，某一涉恐人员可以组织、参与、实施多起恐怖行为（事件）；一起恐怖行为（事件）中可以包含多名涉恐人员；某一涉恐人员可能涉及多个恐怖组织，而某一恐怖组织同样可能涉及多名涉恐人员；某一恐怖行为（事件）可能涉及多个恐怖组织，某一恐怖组织可能策划实施多起恐怖行为（事件），因此，涉恐人员、恐怖组织及恐怖行为（事件）均是多对多的关系。

（2）反恐情报数据仓库逻辑模型

首先是粒度，在数据仓库中粒度决定数据仓库中数据的详略程度，粒度值设置越小，数据量越大，综合级别越低；粒度值设置越大，数据量越小，综合级别越高。反恐情报粒度是反恐数据仓库中反恐数据单元的详细程度和级别。反恐情报粒度是基于反恐情报需求而划定的。反恐情报实际工作中，职能层级越高对于情报需求的综合程度越高，能够更好地实现情报的战略分析，如国家级反恐情报机构。反之，职能层级越低对于情报需求的细化程度越高，能够更好地满足情报的战役分析、战术分析，如部门级和基层级反恐情报机构。因此，按照反恐情报部门的职能等级将反恐情报数据仓库的粒度划分为详细数据、轻度综合、高度综合三级，用于满足基层反恐情报机构、部门级反恐情报机构、国家级反恐情报机构的不同需求。

其次，是多维数据库。大数据时代，数据的维度已不仅仅局限于一维或二维，而是更广泛地以多维度数据形式显现。基于大数据的涉恐人员、恐怖组织、恐怖行为（事件）的多维特性更加突出。而数据仓库作为决策支持的平台，以数据分析为目标，实现的是数据的多维度分析，以期全方位的展现数据背后的深层次关联与价值。因此，多维数据库就成为基于大数据反恐情报数据仓库体系结构中的核心部分。

大数据视角下研究反恐情报，可以发现反恐情报中涉恐人员、恐怖组织、恐怖行为（事件）均具有多维特性，而且在不同的属性中存在着相互的关联与共享。特定的时间点，某一涉恐人员可能在某恐怖组织的命令或影响下组织实施或者参与协助了某特定的恐怖行为（事件），因此，时间属性即是涉恐人员、恐怖组织、恐怖行为（事件）的共享属性。同理，个体信息也是涉恐人员、恐怖组织和恐怖行为（事件）的共享属性；组织活动是恐怖组织和恐怖行为（事件）的共享属性。目前，常见的数据仓库多维数据模型有星形模型、雪花形模型和事实星座模型三种。其中单个星形模型或雪花形模型对应的是一个主题，具有一个事实表和多个维表。而事实星座型模型中包含多个事实表，而且事实表之间可能共享一个或者多个维表。这一特性与反恐情报多维特性具有较高契合度，因此，在大数据反恐情报数据仓库构建中适合选择事实星座模型。

在反恐情报数据仓库中构建了涉恐人员事实表、恐怖组织事实表、恐怖行为（事件）事实表等这三个事实表，这与反恐情报数据仓库概念模型中设定的涉恐人员主题、恐怖组织主题、恐怖行为（事件）主题相一致。与涉恐人员事实表相对应的是时间维表、个体信息维表、社会信息维表、组织情况维表、行为轨迹维表等这五个维表。从五个维度来描述涉恐人员。恐怖组织事实表对应着时间维表、基本信息维表、组织结构维表、个体信息维表、组织活动维表，基本涵盖了反恐情报中关于恐怖组织的全部数据信息，其中时间维表、个体信息与涉恐人员事实表对应的时间维表、个体信息维表属于共享关系。恐怖行为（事件）事实表对应着时间维表、地点维表、组织活动维表、侵害对象维表、实施手段维表、损失情况维表 6 个维表，从多个维度对反恐行为（事实）进行了描述，其中与涉恐人员事实表共享时间维表、个体信息维表，与恐怖组织事实表共享组织活动维表。

反恐情报机构按照职能等级由高到低可以划分为国家级反恐情报机构、部门级反恐情报机构、基层级反恐情报机构。职能等级越高的反恐情报机构所需的反恐情报数据综合程度越高，数据细化程度越低，数据量越小，反恐情报粒度越高，反恐情报数据仓库中维表数据综合级别越高。反之，职能等级越低的反恐情报机构所需的反恐情报数据综合程度越低，数据细化程度越高，数据量越大，反恐情报粒度越低，反恐情报数据仓库中维表数据综合级别越低。

5. 反恐情报分析系统

反恐情报分析系统建立在以联机分析处理（OLAP）基础之上，通过对某一特定反恐情报主题实施联机数据访问，依托多维数据立方体对反恐数据实施数据切片、数据切块、数据旋转等操作，实现多角度、全方位地快速分析处理，实现服务反恐情报决策支持。在数据分析过程中，职能等级越高的反恐情报机构往往更偏重于反恐情报粒度高的数据信息，而职能等级越低的反恐情报机构往往更侧重反恐情报粒度低的数据信息。

大数据带来的海量反恐情报数据，经过 OLAP 分析处理后形成了系统、完整、客观的多维数据分析结果，但是，反恐情报的特殊性不可或缺的需要专业反恐情报人员基于反恐实战的分析与预测。所以，在 OLAP 多维分析基础之上，在反恐情报分析系统中引入反恐情报预决策模块，反恐情报分析人员在运用 OLAP 完成数据多维分析和处理的基础上，综合各类数据信息，结合各类其他数据信息和相关反恐案事件，做出相应反恐情报预决策，为反恐情报决策用户提供客观、科学、合理、价值度高的决策支持意见。

6. 反恐情报元数据管理系统

大数据使得数据的体量海量化，数据复杂程度极大化。数据管理就成为大数据数据分析的重要内容。同样，在基于大数据的反恐情报数据仓库中数据的管理至关重要。反恐情报元数据管理系统就是解决大数据反恐情报数据仓库数据管理的重要组成部分。反恐情报元数据是关于反恐情报数据的数据，是在大数据反恐情报数据仓库构建中所产生的一切数据信息，包括反恐情报粒度划分原则、反恐情报数据来源信息、数据转换规则、数据结构和反恐情报数据仓库构建方法等描述性数据信息。反恐情报元数据产生于大数据反恐情报数据仓库各组件之中，使反恐情报数据仓库管理者和情报决策用户更加便利地掌握和理解大数据反恐情报数据仓库。反恐情报元数据管理系统主要工作是对元数据进行分类、存储、维护、更新、集成和交换，减轻大数据反恐情报数据仓库系统管理的工作量，改善大数据反恐情报数据仓库数据抽取质量。

7. 反恐情报决策用户

反恐情报决策用户是基于大数据反恐情报数据仓库体系结构的终端组件。反恐情报决策用户是大数据反恐情报需求者和服务对象。在反恐情报工作中仍以职能等级对反恐情报决策用户进行划分。职能等级越高的反恐情报决策用户，反恐情报的战略需求越高，所需的情报支持综合程度越高。反之，职能等级越低的反恐情报决策用户，反恐情报的战役或战术需求越高，所需的情报支持综合程度越高。

八、互联网反恐情报搜集系统设计[1]

从近些年发生的多起暴恐事件来看，恐怖活动的主要表现有：一是组织愈发国际化，不同国家和地区的狂热分子紧密联系；二是打击目标和行动目标日

[1] 范林军、曹青青、凌云翔、李本先：《互联网反恐情报搜集系统建设需求分析》，载《情报杂志》2016年第12期。摘编后收入本书。

趋多样化；三是恐怖手段趋向高科技化，充分利用计算机和互联网技术来制造暴乱与实现通信、组织与指挥控制；四是活动方式越来越专业化和隐蔽化；五是社会影响日益扩大化。种种迹象表明加强反恐措施建设，尤其是反恐情报信息的搜集已经成为了当前反恐力量建设的关键。在信息化的大背景下，事前的情报搜集在打击和瓦解暴恐分子及其团伙中占有极其重要的地位。

在反恐情报搜集方面，西方发达国家及其他一些军事大国研究较为成熟，美国国防部于 20 世纪 90 年代就建立了 DCGS 和 ISR 系统，实现了美国军队与情报中心的情报信息共享，形成了集情报搜集、监视与侦察于一体的反恐体系；俄罗斯也研发了一系列反恐信息系统与数据库，如恐怖分子声像数据库和跨部门的自动化信息系统；在很大程度上提高了反恐情报的搜集、分析、处理、预警能力。

目前，互联网舆情获取主要采取舆情系统监控与人工研判相结合的方式；前者主要针对网络舆情采取关键词聚焦的方式，而对反恐情报信息的关注较少，且缺乏上下文的语义语境关联搜索；后者不仅效率低，而且可信度不高、时效性不强。据调查，90% 以上的暴恐狂徒都是由年轻人组成，他们经常游离在网络世界中。因此，要想从庞大浩瀚的互联网开源信息找到所需的反恐情报信息，可采用类似于舆情监控的网络爬虫、数据挖掘等技术，再结合先前反恐情报关键词样本库和上下文语义关联分析，开发相应的反恐情报搜集预警系统，实现反恐信息搜集与预警的自动抓取判断，从而使互联网反恐情报搜集与传统的舆情监控区别开来，获取更加针对可信的反恐情报信息，从而辅助相关部门进行反恐行动决策，提高决策的效率。

（一）系统需求分析

1. 系统模块设计

反恐情报收集系统可分为系统设置、实时监测、站点巡查、舆情聚焦、情报预警、云搜索和情报搜索 7 个功能模块，主要实现系统管理、情报收集、情报预警和情报查询等业务功能，其功能模块图如 3.15 所示。

系统设置：用户可对系统进行管理，可根据自身权限在此进行用户组的设置与管理、角色管理、权限管理、修改密码、网站信息管理、排除规则管理、系统进程管理、关键词管理、手动提交舆情设置、境外网站管理和日志管理。

实时监测：实时跟踪监测互联网数据，并动态报告巡查情况。用户可根据自身需求选择监测时间段，并将其信息在客户机界面进行结果显示。

站点巡查：根据实时监测到的信息进行逐个巡查，挖掘相关信息并将其存入情报数据库等待分析处理。用户可根据需求进行巡查站点的设置，并显示巡查站点列表和巡查到的相关信息。

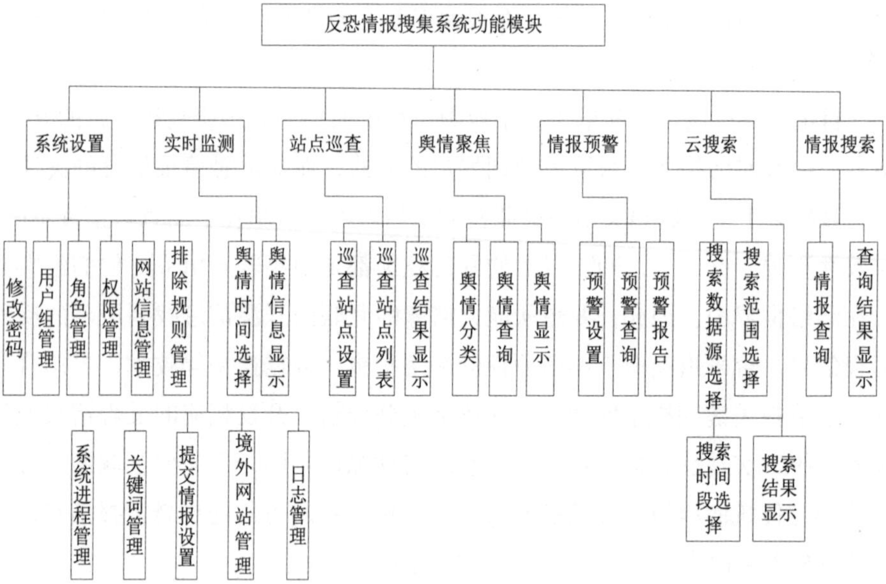

图3.15　系统模块设计

舆情聚焦：对互联网上热点反恐舆情进行关注和收集。用户可通过此模块对当前舆论形势进行分析，并得出相应的结论和报告。该模块还可将关注的反恐舆情传给后台数据库，给情报预警提供数据源。用户也可按需进行舆情分类查询。

情报预警：该模块主要是对上述功能模块所采集到的情报信息进行分析。系统自动利用关键词上下文语义关联技术等分析采集到的情报是否与反恐相关，并根据其相关度进行预警提示。在该模块中还涉及了预警设置、预警查询和预警报告生成等功能。

云搜索：该模块主要是为用户提供本地数据库信息的搜索。在该功能模块中设计了搜索数据源选择、搜索范围选择和搜索时间段选择等子功能。用户可以根据需求利用云搜索对已经存入数据库的情报信息进行查询。

情报搜索：此模块作为系统的顶层功能模块主要实现用户的查询需求，同时也是反恐情报收集系统的目的所在。用户可在时间轴上选取时间段进行查询，可搜索、查看来自论坛、新闻网页、博客、贴吧、境外网站、网聚的情报信息，亦可选择全部浏览。此模块的界面还可以显示搜索历史以及月、周、日的数据统计。

2. 系统功能需求

反恐情报信息数据源是多种多样的，既包括互联网 Web 基本信息又包含论坛、新闻信息、微博信息以及贴吧、电子邮件、电子公告板等，因此基于互联网开源信息的反恐情报搜集系统首先需要掌握海量的 Web 信息，才能全面、有效地收集信息。同时在系统进行信息收集的过程中，会通过多种手段对其信息进行去重和去噪，筛选过滤掉部分重复、没用的信息，并对有用数据信息进行分析和标注后存入后台数据库。为用户提供反恐情报数据检索、情报预警分析和情报热点打分，辅助相关部门进行反恐决策。

系统主要使用参与者为系统管理员、管理用户和一般用户，其系统用例如图 3.16 所示。本部分主要是采用 UML 统一建模工具从用户和系统功能模块两方面对系统进行需求分析，并运用 UML 图例对各功能模块进行用例描述。

（1）用户权限分析

该系统根据用户权限将涉及的所有用户分为：系统管理员、管理用户和一般用户三个用户组，并根据权限分管机制对不同用户组权限进行分配和管理。系统管理员对系统具有最高权限，拥有系统所有操作权，能够进行用户添加、修改和权限赋予；管理用户是系统的管理层，对系统拥有系统进程管理、用户组管理、站点管理、排除规则管理、境外网站管理、网站信息管理、日志管理、数据库管理以及情报采集、储存、挖掘和一般用户的所有权限；一般用户具有对情报进行搜集、查询、手动提交情报和生成情报简报的权限。

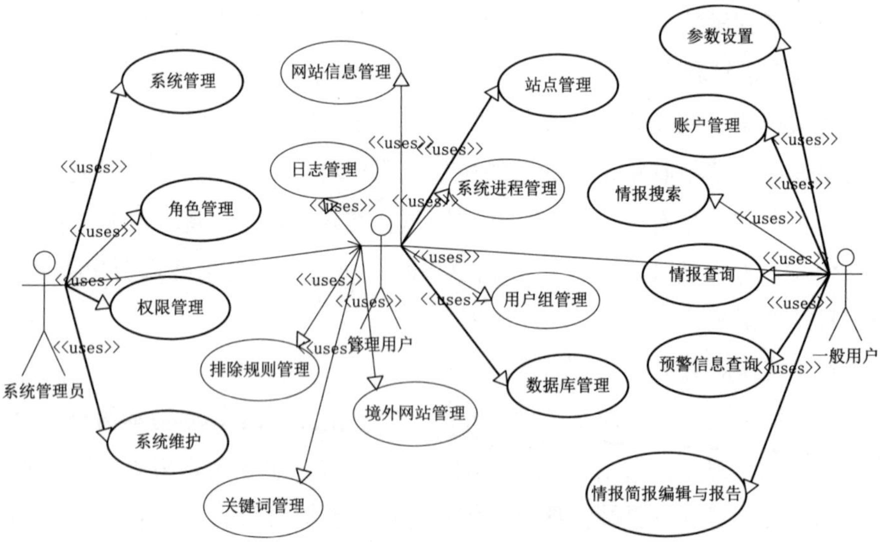

图3.16　系统功能需求用例图

（2）主要功能模块需求设计

参数设置需求：该模块主要是不同权限的用户对相应参数进行设置，主要是对网络主机（Web-host）、抓取路径（snap-path）、日志模式（log-mode）、巡查网站时间间隔（inspect-site-interval）、巡查境外网站时间间隔（inspect-oversea-interval）、巡查关键词时间间隔（inspect-keyword-interval）、巡查时间间隔（inspect –interval）、巡查分类时间间隔（inspect-category-interval）等参数进行设置。为用户采集、挖掘和搜索情报提供保障。其功能用例如表 3.7 所示。

表3.7　参数设置功能用例描述

用例编号	001
用例名称	参数设置
用例描述	登录后，根据用户需求对参数进行设置，保证不同用户采集、挖掘、搜索情报的需求
前置条件	用户正常登录进入系统参数设置界面
后置条件	参数设置成功，退出系统设置界面，打开搜索窗口输入关键字
基本流	1. 用户登录成功后点击进入系统设置界面；2. 点击参数设置；3. 进入参数设置界面对不同参数进行设置
扩展点	无
补充说明	不同用户对参数设置有不同的权限，如网络主机参数仅限于系统管理员设置

实时监测功能需求：实时监控的功能作用是全时跟踪、监控互联网信息源中网站信息的更新和修改状况，当所监测的网站中一旦出现新的 Web 信息，系统将即刻对其网站进行统计并将其发送给站点巡查模块。其主要特点：一是监控效率高，系统采用多线程并发式监控，每分钟可以完成上百家网站的监控和对新增信息进行研判；二是信息采集精确，系统一旦发现用户设定的目标网站出现更新和修改时，会立即对新增加或修改的内容进行分析，然后通过蜘蛛爬虫准确抓取和采集 Web 信息，实现信息采集精准化。其功能用例如表 3.8 所示。

表3.8　实时监控功能用例描述

用例编号	002
用例名称	实时监测
用例描述	对互联网信息源的全时监控和对Web信息分析，并显示监测结果
前置条件	用户设置需监测的站点类型（如论坛、博客、境外网站）
后置条件	在监测站点列表中分时间段显示系统监测到的网络站点
基本流	1. 进入实时监测界面；2. 选择设置实时监测时间；3. 显示监测结果
扩展点	无
补充说明	1. 用户可根据需求设置监测时间；2. 监测结果可按用户要求显示网址或标题

站点巡查功能需求：站点巡查主要针对实时监测模块监测到的网络站点根据预埋关键词进行逐个巡查，通过分析与关键词相关度以网页的形式分类显示巡查结果。用户还可以根据意愿对巡查站点进行设置、修改以及对过时任务进行重新编辑或删除。其功能用例如表3.9所示。

表3.9 站点巡查功能用例描述

用例编号	003
用例名称	站点巡查
用例描述	对实时监测模块所监测到的网站或网页进行逐个巡查，并将巡查结果分类显示
前置条件	预埋关键词
后置条件	在界面分类显示与用户相关的网页信息
基本流	1. 进入站点巡查界面；2. 点击所需查看网站类型；3. 显示巡查结果
扩展点	无
补充说明	1. 用户可以对巡查站点进行设置、修改和删除；2. 结果显示可以根据用户需求选择显示网页或标题

反恐舆情聚焦功能需求：反恐舆情聚焦主要是通过敏感词汇分类技术对巡查到的Web信息进行聚集分类并将其分类好的数据存入后台情报数据库以供用户搜索和查询。该模块用户还可以根据任务需求选择情报信息的来源、发布时间、媒体名称和信息标题，可以根据不同反恐舆情聚焦分类现实聚焦结果。其功能用例如表3.10所示。

表3.10 反恐舆情聚焦功能用例描述

用例编号	004
用例名称	反恐舆情聚焦
用例描述	聚焦监测巡查到的情报信息供用户查看
前置条件	对巡查到的数据信息进行敏感词汇分类
后置条件	在聚焦首页显示反恐舆情聚焦结果
基本流	1. 点击进入反恐舆情聚焦界面；2. 设置显示参数；3. 显示聚焦结果
扩展点	无
补充说明	1. 用户可以不同聚焦分类查看聚焦结果；2. 系统将所有情报数据自动分类储存至后台情报数据库

任务中心功能需求：任务中心功能模块是在反恐舆情聚焦结果的基础上，实现对用户相关（关键词）搜索的所有分类聚焦的情报信息进行统计，形成统计图表。用户还可以在任务中心对某个搜索任务进行停止或启用的操作。

任务启用：用户通过输入关键词进入搜索任务，任务在启用之后会开始在分类聚焦情报信息搜索提取信息。

任务停用：用户可以对进行中的某项搜索任务选择停用，特别是在多个任务同时进行时，可以减轻系统运行负担。

任务编辑：用户可以在任务进行中，实时对搜索任务进行编辑，主要对提取信息的类别和时间段进行编辑。

任务统计：用户可以通过任务统计，了解掌握与搜索关键词相关的情报信息的数据统计，包括信息来源、发布时间、标题、IP 地址、域名地址、信息类别等信息。

情报预警功能需求：情报预警功能主要对任务中心的情报信息，通过关键词关联度分析，对分类情报信息进行情报指数预警和敏感关键词预警。用户通过关键词分类选项，输入相关分类及所需关键词，选择是否预警，达到关键词预警信息的搜索显示（如表 3.11 所示）。

表3.11 情报预警功能用例描述

用例编号	005
用例名称	情报预警
用例描述	通过对统计信息的关键词关联度分析来实现情报指数和敏感关键词预警
前置条件	选择关键词分类
后置条件	将预警信息在用户查询界面进行显示
基本流	1. 选择关键词分类；2. 关联度分析；3. 情报指数和敏感关键词预警
扩展点	无
补充说明	情报预警信息可以根据关联度的不同进行热点情报预警打分

云搜索功能需求：云搜索功能模块主要是用户输入关键词后通过云搜索技术对云端数据库内的反恐情报信息进行查询。该模块用户可以根据任务需求选择不同数据源、数据范围、发布人和搜索时间来查看情报信息。其功能用例如表 3.12 所示。

表3.12　情报预警功能用例描述

用例编号	006
用例名称	云搜索
用例描述	通过云搜索技术查询云端数据库的反恐情报信息
前置条件	用户输入关键词
后置条件	显示查询结果
基本流	1. 输入关键词；2. 选择相关数据源、范围、发布人和时间，点击“搜情报”；3. 显示搜索结果
扩展点	无
补充说明	该模块可以显示相关热点情报预警评分

（二）业务流程分析

1. 用户操作流程

用户根据模糊需求，在系统的操作界面进行的相关操作。在反恐情报收集系统中具体包括：系统登录、参数设置、关键词输入、情报查询和结果显示。其用户操作流程图如图 3.17 所示。

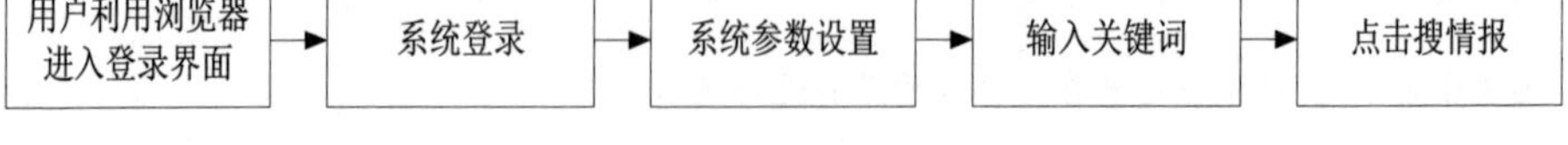

图3.17　用户操作流程图

2. 系统业务流程

业务流程是一个反映整个业务处理过程的“流水账本”，对业务功能分析进一步明细化。一个科学的业务流程能使用户更清晰地了解一个系统的具体的业务处理程序。对于反恐情报收集系统，其业务流程包括：情报收集业务流程、参数设置业务流程、热点反恐舆情聚焦业务流程和情报预警业务流程。

（1）情报收集业务流程

系统采集功能启动后，系统将根据用户需求自动进行情报收集和数据分析与处理、情报数据分类、情报预警。系统在情报数据源采集结束后自动进行数据归类，并在归类完成后自动进行下一项任务，形成系统智能控制一体化。本系统在充分理解用户需求的基础上，以用户实际需求为切入点，按照获取情报数据、情报数据分析与处理和查询结果显示的业务处理过程对系统进行业务流程分析。情报收集业务流程图如 3.18 所示。

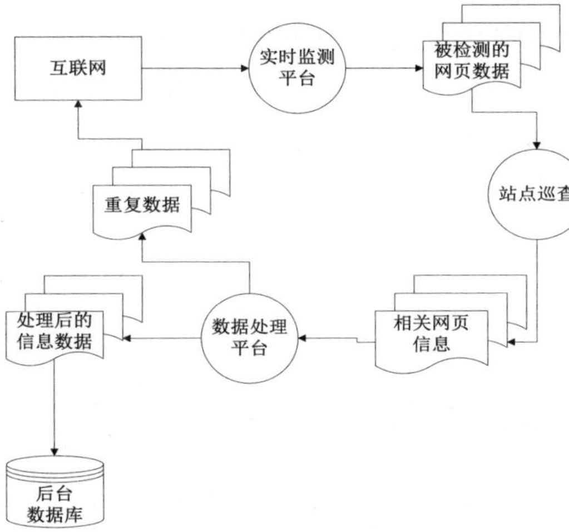

图3.18　情报收集业务流程

获取情报数据：获取情报数据是通过网络实现对互联网上论坛、新闻网站、微博、贴吧、境外站点和网聚网站等情报信息源进行检测，对相关站点进行巡查，并与样本情报数据库中情报数据进行匹配比较，从中获取反恐情报数据和信息，将获取的数据和信息按照不同的字段传给数据服务器（信息预处理子系统），同时把新的情报信息本体存入样本情报库。其获取情报数据流程图如 3.19 所示。

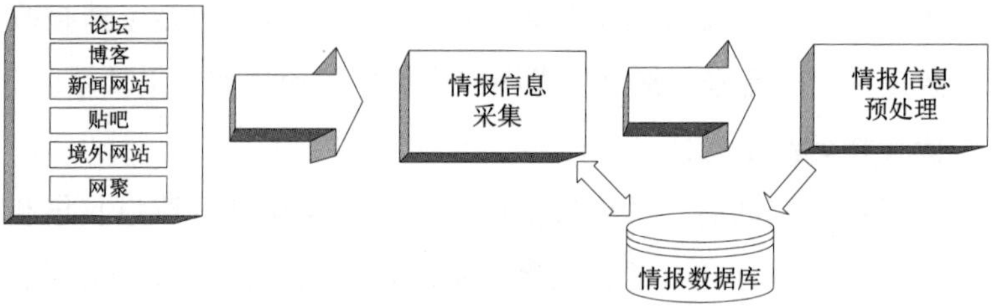

图3.19　获取情报数据流程图

情报数据分析与处理。在此阶段，将上面采集到的情报信息连接到数据服务器，在通过分词技术、去噪消重等方法，实现情报分类、热点情报发现。应用服务器调用数据服务器中已经分类存储好的数据，根据相关算法实现可信度评价、热点反恐舆情聚焦等功能，并将结果返回到 web 服务器，供用户搜索和查询。其处理流程图如 3.20 所示。

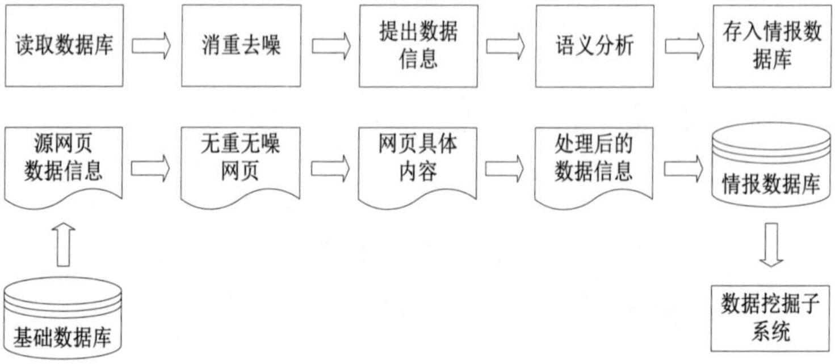

图3.20　数据处理流程图

（2）情报搜索业务流程

全网搜索：全网搜索就是用户进入系统界面后通过关键词对所选时间段的相关网络信息进行搜索。其主要业务流程如图 3.21 所示。

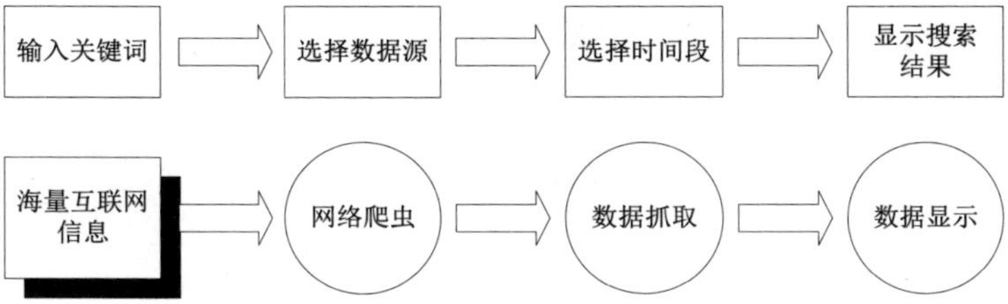

图3.21　全网搜索流程图

云搜索：云搜索是指用户通过键入关键词对已经存入系统数据库的数据进行搜索和查询。在此过程中用户可以选择不同的数据源（全部、论坛、新闻、微博、博客、境外、网聚），可以选择不同范围（全部、标题、内容、发布者），可以选择不同搜索时间（全部、一天内、一周内、一月内、一年内）进行搜索查询。搜索结果以文本信息形式在用户界面显示，同时界面还将显示情报贴合度情况，以数字（百分制）的形式显示在系统查询界面并且同时显示其热点情报的相关信息，用户可以根据自身的需求查看关心的情报信息和热点情报。

(三)数据流程分析

在反恐情报收集系统中，系统根据用户设置的参数并利用网络爬虫技术和数据抓取技术在互联网抓取数据，数据主要包括：系统设置模块中的基本信息、实时监测模块中的网页信息、站点巡查模块中的站点信息、情报预警模块中的预警情报信息以及反恐舆情聚焦模块中的热点情报信息。而基本信息又包括用户信息和参数信息两大类，网页信息、站点信息、热点情报等信息结合参数信息在经过系统数据分析处理后将存储到系统后台云搜索数据库、基本数据库、图片数据库供用户搜索查询。其顶层数据流程图如3.22所示。

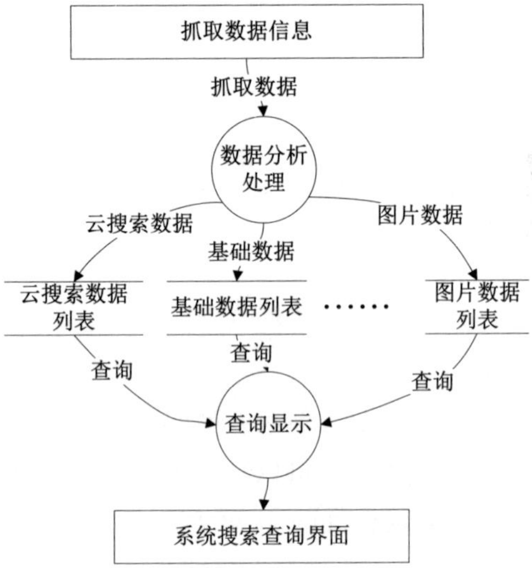

图3.22　顶层数据流程图

由上图可知，在数据处理之前系统要接入数据源，只有数据源的正常接入才能实现数据源接入子系统和数据预处理子系统的对接。所以就要求用户在登录系统之后对用户信息和参数信息进行录入，以及利用网络爬虫和数据抓取技术对网页信息、站点信息、热点情报信息与预警情报信息进行抓取和采集。其数据流程图如图 3.23 所示。

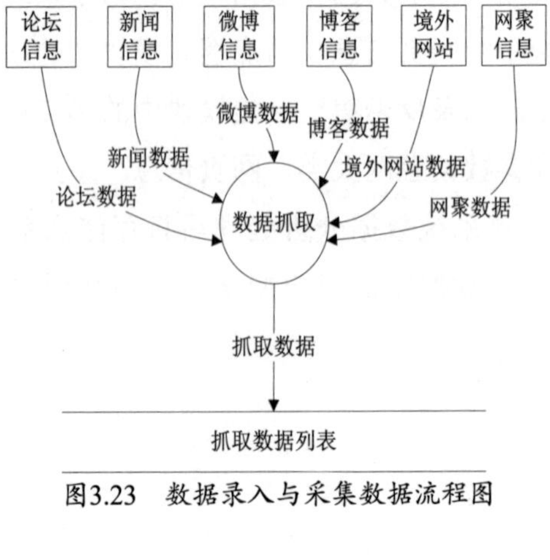

图3.23　数据录入与采集数据流程图

九、面向反恐智库的知识库构建 [1]

（一）智库知识库概述

知识库（Knowledge Base）是关于某一领域各种知识的集合，用于实现知识的存储、管理和重用。数据库 (Database) 是知识库构建的重要基础之一。数据库是按照数据结构来组织、存储和管理数据的建立在计算机存储设备上的仓库。智库知识库与智库数据库有相同也有不同之处。两者都涉及对知识的存储、组织与管理，都离不开信息资源和数据的支持。但前者重在提供“方案”，直接提供决策咨询服务，而后者重在提供“数据”，间接为决策咨询提供数据支持。智库知识库的目标用户主要是智库内部研究人员，而智库数据库不仅供内部研究人员使用，也可以向政府部门、媒体、公众开放。

知识库的构建研究是知识工程研究的重要领域，目前主要有基于聚类方法、可拓知识表示、神经网络、本体四种构建方法。本体能在语义和知识层面描述概念及其之间的关系，最大程度地实现知识的共享利用。本体可为知识库的构建提供基本结构，帮助人们清楚理解特定领域的相关元素、关系和概念，有助于管理和维护知识库。本文所采用的就是基于本体的知识库构建方法。

反恐情报与反恐数据库的研究是反恐智库知识库构建的理论基础。国外对于智库知识管理的研究比较成熟，许多智库已建立规模化、专业化知识库，如美国兰德公司的全球恐怖事件数据集。国内还没有国家层面的专业化反恐智库，现有的反恐智库基本上采取依托院校建设的模式，比较分散。无论是反恐智库还是反恐智库知识库，目前尚停留在雏形阶段，与国家战略需求之间还存在较大差距。

[1] 黄一洲、师喆：《面向反恐的智库知识库构建研究》，载《情报杂志》2017年第7期。摘编后收入本书。

（二）反恐知识库设计

构建反恐知识库首先需要分析用户对知识库的需求，了解用户需要哪些类型的知识。其次明确知识的来源，进行采集。在此基础上进行知识库总体结构设计，构建反恐本体库和反恐数据库，组成反恐知识库的总体框架（如图 3.24 所示）。

1. 构建要求

主要有三个方面的要求：一是实时性。恐怖主义及其活动是在不断变化发展的，这要求反恐智库将信息从现实情况和传统文献进行双向整合，其信息资源必须与恐怖主义活动形势保持实时动态跟进，在收集信息时需关注恐怖主义活动最新发展趋势。二是战略性。反恐智库重点服务的目标包括国家安全委员会、各级反恐怖主义工作领导机构和国家反恐怖主义情报中心。因此反恐智库知识库的构建要站在国家安全战略的高度。三是协同性。一方面，反恐知识库的构建不是为单一某个反恐智库服务的，它必须有利于目前各反恐智库进行知识的检索与利用，以实现协同创新。另一方面，恐怖主义的产生与应对是一个复杂的社会问题，所以反恐知识库也不是仅针对反恐这一领域而服务的，而是为政治、经济、军事、文化等各智库提供综合服务的，因此在构建时要注意协同性。

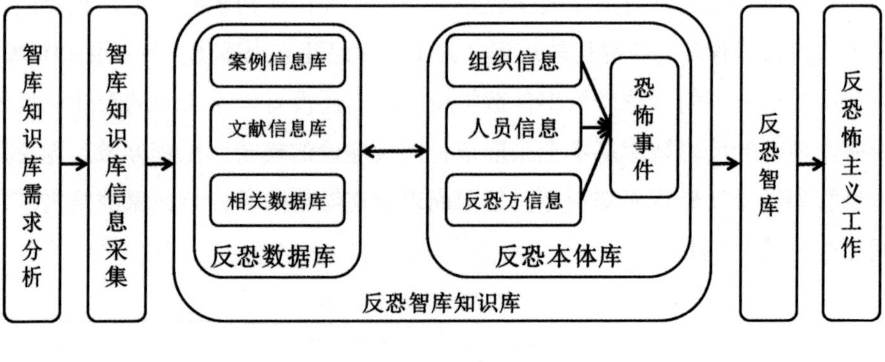

图3.24　反恐智库知识库框架设计

2. 需求分析

反恐知识库的服务对象主要是反恐智库研究人员，他们在知识组织管理、生成智库产品过程中需要以海量反恐相关知识为依托，这些相关知识将直接影响智库产品的科学性与战略性。按研究目的划分，发反恐知识库需求可归纳为以下三类：

一是反恐基本信息。首先，面向反恐方，包括对恐怖主义的界定、反恐所涉及的机构与组织、应对处置措施、反恐形势、反恐战略、反恐合作情况。其次是恐怖活动组织和恐怖活动分子的基本情况，包括中国当前恐怖组织的概况，暴恐分子的特点、认定、教育改造措施等。此外，还包括一个国家社会的基本情况，如社会矛盾、民族、宗教、民生和恐怖活动之间的关系。

二是恐怖活动事件信息。恐怖活动事件是反恐研究的重点。恐怖活动事件信息包括各相关信息，如事件的时间、地点、组织、伤亡、目标、袭击方式等。同时事件发生前后相关的网络舆情也是需要关注的方面。

三是反恐文献信息。国内反恐研究始于 20 世纪 80 年代后期。国内对反恐法规、宗教恐怖主义研究较为深入。国外对反恐研究也相当关注，网络、宗教、海上、核恐怖主义是国外恐怖主义前沿研究，恐怖主义经济学、心理学、社会学、政治学是国外研究恐怖主义的新兴学科。这些文献信息是反恐智库重要的知识支撑。

3. 信息源分析

反恐相关信息的获取来源可分为网络来源和数据库来源两方面。在信息采集时必须设立严格的标准，只有那些是第一手的资料或可以被其他第一手资料证明的内容，才是可靠的信息。

有关反恐的网络信息主要来源于网站和社交媒体。一是网站，包括政府机构网站、研究机构网站和新闻类网站。通过政府机构网站可以获取反恐相关的法律法规、最新的国家战略、政策。研究机构网站是反恐文献资源的重要来源。新闻类网站的相关报道是恐怖活动事件的重要来源。二是社交媒体主要包括论坛、微信、微博、各社交软件平台等，恐怖组织利用社交媒体进行内部联络交流、外部宣传煽动，这些网络舆情信息是反恐研究的重要内容。

反恐信息的数据库来源主要包括两方面，一方面是内部数据库，如“金盾”工程建立的八大信息资源库，作为反恐方，各机构在长期的实际工作中逐渐形成了各自的内部数据库，可为反恐知识库构建提供重要的数据库支撑。另一方面是社会信息资源数据库，根据《反恐怖主义法》相关规定，包括电信、互联网、金融、住宿、长途客运、机动车租赁、物流等行业的海量信息，随着社会信息资源的整合，这些信息为反恐预警与反恐行动提供重要的智库支撑。

4. 结构设计

反恐知识库的总体结构包括数据库和本体库两个部分。反恐数据库包括案例信息库、文献信息库和相关数据库三个子库，案例信息库存储以往案例信息，文献信息库存储学术研究成果等相关文献信息，相关数据库存储与反恐相关的各种网络信息与数据库信息。

反恐本体库中存储恐怖事件信息、恐怖活动组织信息、恐怖活动人员信息、反恐怖主义工作信息，这些信息通过恐怖事件本体建立语义关联。

（三）反恐本体库构建

根据反恐智库研究的实际情况和需要，借鉴斯坦福大学提出的“七步法”，作为反恐本体的构建方法。

1. 本体概念和类的提取

依据知识需求与信息源，参考《反恐怖主义法》相关规定及文献研究成果，对反恐核心概念进行提取。在此基础上，对这些概念进行评估，按照一定的逻辑规则分组，确定从恐怖活动类、反恐怖主义工作类、恐怖活动组织类、恐怖活动人员类这四个方面构建反恐本体（如图 3.25 所示）。每一组概念又可从上向下进行分类。

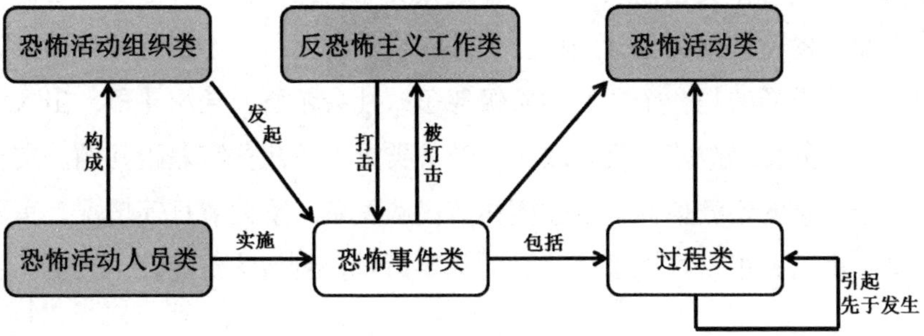

图3.25　反恐本体类

(1) 恐怖活动类，是指恐怖活动事件，可分为恐怖事件类和过程类。一个恐怖活动事件可能有一个或多个过程。过程类表示在某恐怖活动事件发生到结束，根据时间、性质、规模、影响等因素可划分为若干独立的过程，上一个过程的结束是下一个过程的开始或引起原因。时间和空间是衡量多个恐怖事件为单个事件的多个过程还是多个恐怖事件的标准。

(2) 恐怖活动组织类，是指为实施恐怖活动而组成的犯罪组织的相关方面。本文以恐怖活动组织的一般运作内容为分类标准，将恐怖活动组织类分为金融类、宣传类、社交网络类和武器类四个二级子类。金融类信息包括恐怖组织为维持其正常运作与为实施恐怖活动进行准备而涉及的资金流入流出、恐怖主义融资等信息，尤其是暴恐事件频发的地区的金融类信息。宣传类包括恐怖主义思想传播与涉恐舆情。社交网络类包括通信与人员构成。武器类包括传统武器，例如枪炮和炸弹，也包括生化武器、车辆类武器等。

(3) 反恐怖主义工作类，指防范和惩治恐怖活动、加强反恐怖主义的能力建设的工作，可分为机构类、制度类、国情类三个二级子类（如图 3.26 所示）。其中，机构类分为领导、防范处置、联动、协调配合机构。制度类中，安全防范类包括宣传教育、网络监督、查验、管制物品、重点目标、大型活动、风险评估等方面。情报信息类包括反恐情报收集、技术侦察、研判、预警等方面。应对处置类包括预案、指挥、封锁、救援、武器使用、立案侦查等方面。国际合作类包括政策对话、情报交流、执法合作、国际资金监管合作等方面。保障措施类包括经费、训练、科学研究、技术创新等方面。国情类中，政治类指的是一个国家的阶级斗争、社会矛盾、党派斗争、出入境政策以及一贯的反恐战略、反恐政策。经济类重点关注贫富差距问题。文化类包括一个国家的宗教信仰、宗教团体、民族关系、重大节日等情况。军事类指的是一个国家用以打击恐怖主义的军事力量，包括队伍建设、人员、装备情况。

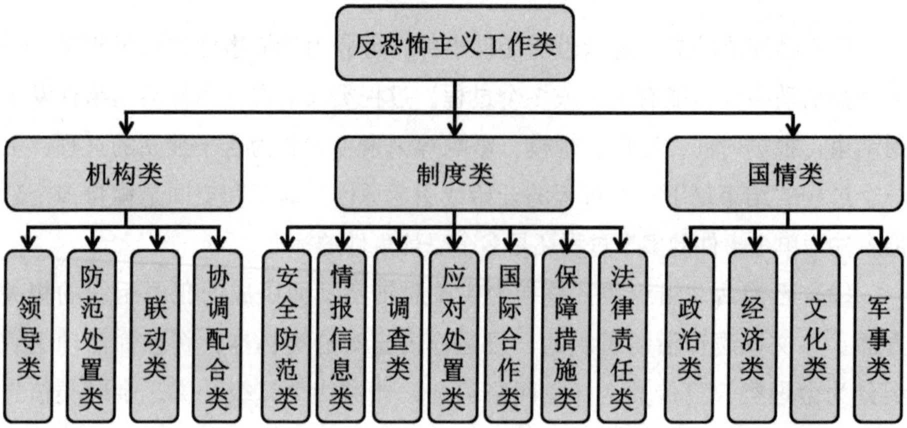

图3.26　反恐怖主义工作分类

（4）恐怖活动人员类。包括实施恐怖活动事件的人员和属于恐怖活动组织的成员。本文根据已有的实践经验，将其分为基本信息类与地位作用类二个二级子类。地位作用类指的是人在恐怖活动组织中的地位和作用，包括头目、实施者、后勤保障人员、思想传播人员等。

2. 数据属性的定义

数据属性是表示类或概念与值的关系，表 3.13 为部分反恐本体库的数据属性。

（续表）

表3.13 部分本体数据属性

类名	数据属性
恐怖活动类	编号，名称，时间，地点，袭击方式，目标类型，目标名称，人质，财产损失，武器类型，武器细节，信息来源，受伤人数，死亡人数，参与组织，实施人员
恐怖活动组织类	编号，中文名称，英文名称，别称，政治倾向，宗教信仰，前科，创立时间，总部地点，创始人，领导人，分支，网址
反恐怖主义工作类	编号，机构名称，内容
恐怖活动人员类	编号，姓名，别称，性别，年龄，民族，学历，籍贯，职业，前科，政治倾向，宗教信仰

3. 非等级关系的定义

本体的对象属性用来表示类之间的非等级关系，表 3.14 为部分反恐本体库的非等级关系的说明。其中“事件类”指“恐怖事件类”，“反恐类”指“反恐怖主义工作类”，“组织类”指“恐怖活动组织类”，“人员类”指“恐怖活动人员类”。

表3.14 部分本体非等级关系

	关系名称	关系说明	所属类	关联类
互逆	包括	表示一个事件包含有若干过程	事件类	过程类
	是……的过程	表示若干过程组成了一件事件	过程类	事件类
互逆	打击	表示采取了哪些反恐怖主义工作打击哪些恐怖活动	反恐类	恐怖活动类
	被打击	表示哪些恐怖活动被哪些反恐怖主义工作所打击了	恐怖活动类	反恐类

（续表）

互逆	使用	表示某恐怖事件中使用了哪些武器	恐怖活动类	武器类
	被使用	表示哪些武器被恐怖活动组织用来实施某恐怖活动事件	武器类	恐怖活动类
互逆	发起	表示某恐怖组织发起了某恐怖活动	组织类	恐怖活动类
	被发起	表示某恐怖活动由哪些恐怖组织发起	恐怖活动类	组织类
	实施	表示某恐怖活动人员实施了某恐怖活动	人员类	恐怖活动类
	继……之后	表示过程之间先后顺序发生的关系	过程类	过程类

4. 实例的添加

依据构建的反恐本体，以 2015 年 12 月 29 日巴基斯坦马尔丹市 (Mardan) 国家数据库和注册局 (NADRA) 遭到自杀式炸弹袭击这一事件为例，进行实例添加（该事件信息来源于 GTD，在数据库中该事件编号为 201512290001）。表 3.15、表 3.16 分别是恐怖活动类下恐怖事件类和过程类的实例添加，列出了“国家数据库和注册局遭到自杀式炸弹袭击”事件实例、“Tehrik-i-Taliba Pakistan 代表否认参与”过程实例下的部分属性值。反恐本体即对反恐相关知识进行表示，在本体中体现为类、数据属性、对象属性与实例。

表3.15　“国家数据库和注册局遭到自杀式炸弹袭击”事件类实例

对象属性	实例
include	自杀式炸弹被引爆
include	Jamaal-ul-Ahrar声称负责
include	另一个Tehrik-i-Taliba Pakistan代表否认参与
is_Raised_by	Jamaal-ul-Ahrar(有待考证)
use	炸弹

（续表）

对象属性	实例
name	“国家数据库和注册局遭到自杀式炸弹袭击”
number	“”
time	“2015/12/29”
place	“Mardan,Khybe Pakhtunkhwa,Pakistan”
attack_type	“自杀式炸弹袭击”
target_type	“政府部门”
target_name	“国家数据库和注册局(NADRA)”
extent_of_property_damage	“小于100万美元”
weapon_type	“爆炸物”
weapon_details	“一件装满炸药的背心”
injuries	“51”
fatalities	“27”
perpetrator_group	“Jamaal-ul-Ahrar(有待考证)”

表3.16 “Tehrik-i-Taliba Pakistan代表否认参与”过程类实例

对象属性	实例
occur_after	Jamaal-ul-Ahrar声称负责
is_Part_Of	国家数据库和注册局遭到自杀式炸弹袭击
is_Raised_By	Tehrik-i-Taliba Pakistan
reason	自杀式炸弹被引爆
reason	Jamaal-ul-Ahrar声称负责
数据属性	**实例**
name	“Tehrik-i-Taliba Pakistan代表否认参与”
number	“”
perpetrator_group	“Tehrik-i-Taliba Pakistan”

由于不同领域研究内容不同，对知识资源的需求、管理、分析研究方法都有所不同，因此构建面向各自领域的专业化的智库知识库非常必要。面对海量涉恐信息，构建反恐智库知识库对涉恐信息进行有效的搜集、组织、存储和管理，可以使反恐智库产出更加优质的产品服务于反恐战略与反恐行动。

十、反恐预测算法的“双黑箱”问题[1]

世界各主要国家都在应用反恐预测算法，以提高预测恐怖活动组织和恐怖分子的决策能力。机器学习是人工智能的核心。实践中，反恐预测算法作为机器学习的应用算法，目的在于预测恐怖活动组织和恐怖分子何时、何地将制造恐怖事件，进而尽量规避恐怖事件的发生。但是，有批评人士认为，基于机器学习的反恐预测算法会造成“保密黑箱”叠加“技术黑箱”的“双黑箱”问题，反恐机构应该公开算法的法律基础、用途、目标、好处以及缺点。本书讨论的“黑箱”是指不能为人所知，既不能打开，又不能从外部直接观察内部状态的系统；“保密黑箱”是指因为事关国家安全，系统内部不被公众所了解的状态；“技术黑箱”也叫“算法黑箱”，是指因为机器学习技术的复杂性，普通人无法理解系统内部如何处理数据并输出结果的过程。“双黑箱”问题不但给公众留下了反恐行动缺乏透明度、难以捉摸的刻板印象，而且也有违现代社会法治精神。2017 年以来，国内外学术界开始关注人工智能的“黑箱”问题，但基本上集中在研究“技术黑箱”造成的风险以及如何规避“技术黑箱”，忽视了反恐及国家安全领域“保密黑箱”的问题研究。

（一）“一体两翼”算法分析

反恐预测算法，包括了战术预测算法和目标锁定算法两个应用子算法。因为反恐预测算法的本质还是一种机器学习算法，所以该算法依赖机器学习的工作理念。目前全球机器学习和军事领域的共同关注集中在无人控制情况

[1] 党俊琦、王永宝、胡晓晖：《反恐预测算法“双黑箱”之对策研究》，载《情报杂志》2019年第9期。摘编后收入本书。

下，火控系统的识别、追踪和打击程序的研发和完善。然而，机器学习对军事行动和非军事行动的影响远不止如此。事实上，“9·11”事件后不久，美军发现了反恐预测算法在情报反恐分析研判方面具有重要价值。但是，问题的难点在于专门的应用算法，既要满足法律审查，又要满足实践需要。因为反恐目标的确认以及打击方式要同时受到国内法和国际法的规制，所以必须将这些国内法和国际法都转化为计算机编码，以便反恐预测算法能够在较短时间内对允许运用的武力阈值给出合理化建议。

1. 算法的法律要求

国际法在军事行动中作用显著，特别是“三项原则”作为国际武装冲突法的核心，各国军队运用反恐预测算法时都必须遵守。一是“区分原则”，交战国必须对平民、平民财物以及军事目标进行区分，并且只能对军事目标进行攻击。二是“比例原则”，交战国不得发动意图直接导致平民死亡、受伤和财物损失，或与直接的军事意图相比导致平民过度死亡、受伤和财物损失的军事行动。三是“预防原则”，军事指挥官必须注重保护平民的生命和财产，采取切实可行的预防措施来避免任何情况下平民的意外死亡、受伤以及财产损失。

在反恐战争中，必须要解决由以上三个原则引发的两个法律问题。第一个是如何评价军事指挥官的作战命令，第二个是战争罪的法律责任问题。按照规定，军方不但要能够准确预判敌军及其方位，还要能够准确预判平民和平民目标的位置，这样才能确保军事行动不违反国际武装冲突法。

2. 战术预测算法

反恐机构应用战术预测算法是为了预测何时、何地恐怖袭击事件最有可能发生，进而有针对性地进行决策。世界各主要国家的刑事司法部门都已经应用了此类算法帮助警察预测时间、位置的特种犯罪发生概率。无论何时，想办法了解敌方都是各国情报人员的主要任务。但当“基地”组织、“伊斯兰国”等恐怖活动组织缺乏正式的军事理论时，以往预测敌人的传统方法就会失效。因此，战术预测算法是一种替代传统军事情报研判的、富有吸引力的方式。基于海量的数据统计，战术预测算法将预测恐怖活动组织下一步的行动方向成为可能。该算法还可以基于模式识别和异常识别技术，预测恐怖袭击事件发生的概率。总的来说，战术预测算法能够比人类更好、更快地处理和分析海量的涉恐情报数据。反恐机构不但要预测恐怖活动组织下一步的行动，还要能够套出恐怖活动组织的战术理论，进而采取相应的行动。

3. 锁定目标算法

锁定目标算法的目的是帮助反恐机构从正常人群中寻找到异常行为的恐怖分子，以及从恐怖活动组织中寻找到异常行为的关键人物。实践中，锁定目标算法往往和战术预测算法协同作战。借助美国海量的历史犯罪记录，分析这些记录的时间、地点、人员以及其他相关的因素，通过机器学习进行相关性建模，分析关联网中个人犯罪的可能性，并赋予危险性分数。锁定目标算法可以通过分析恐怖活动组织的通信数据，模拟恐怖活动组织内部的组织构架，研判出恐怖活动组织的正常活动规律，寻找到异常行为的波动轨迹，从而寻找到恐怖活动组织的关键人物。

（二）算法应用的表层问题

虽然目前反恐预测算法还处在弱人工智能的阶段，只能用于解决特定的具体任务，并不具备抽象思维和自由意志，反恐机构也仅运用预测算法辅助决策，但是民众依然认为反恐预测算法应该受到更大范围的监督。

1. 数据偏差

反恐预测算法对情报数据十分依赖，高质量的数据是确保反恐预测算法结论准确的基础。然而，收集情报数据的基础工作往往不够细致扎实，而程序员却要基于这些数据开发反恐预测算法。客观上，人们永远无法收集到全部的情报数据，也无法了解全部的真实情况，只能掌握经过选择的信息片段。需要注意的是，即使原始情报数据十分可靠，但把为解决一个专门问题而开发的预测算法生硬地移植用于解决其他问题时，也容易产生令人遗憾的结果。总之，反恐预测算法目前仍然缺乏可靠性，故反恐机构应该尽量收集恐怖活动组织、恐怖分子的情报信息，然后创建一个样本库较小但经常更新的数据库，这样就尽可能保证了反恐预测算法结果的可靠性。

2. 算法歧视

批评人士认为，反恐预测算法很容易在不经意间落入人为歧视的陷阱。因为开发该程序的程序员或者向程序员提供原始数据的采集人员会在无意中选择了包含性别、种族以及收入等歧视性信息的数据，所以该算法在输出结果时便不可避免地将歧视性数据进行了复制。例如，战术预测算法、目标锁定算法都是将恐怖分子过去的犯罪历史作为了预测的决定因素。如果在一个特定的社区，美国警察逮捕非洲裔美国人的比例显著高于其他种族群体，那么该算法也将预测非洲裔美国人更有可能犯罪。这种情况就是美国警察的歧视造成了数据建模的偏差。只有开发反恐预测算法的程序员敏感地意识到同一个行为在美国和目标对象的原籍国以及战斗地区的含义完全不同，他们才可能在数据建模过程中排除算法歧视。任何的算法歧视都将不利于反恐机构遵守国际法以及制定科学、理性的反恐政策。

3. 透明不足

应用预测算法的决策者往往声称难以准确理解机器学习内部复杂的运行过程。原因在于：一是无法从外部直接观察应用算法的内部情况；二是无法获取应用算法的原始建模模型；三是无法理解应用算法编程的技术原理；四是无法理解如何进行数据加权处理并输出结果的过程。此外，研发此类算法时面临的最大挑战是如何将所有需要遵守的法律都转换为计算机编码。虽然最终程序员研发出了符合法律要求的计算机编码，但是除了研发创始人之外，一般人难以理解研发人员在转换过程中对法律做出的解释说明和价值判断。当美军官员无法理解某个算法做出预测的决策过程和背后逻辑时，往往会感到不安。为了解决这个问题，美军强调了一个原则，即如果美军无法理解某个算法本身，那么就会忽视该算法给出的预测建议。

4. 问责不力

监督反恐预测算法是否被合理的应用，以及确定该算法相关错误的责任主体是一个长期且艰巨的任务。因为目前尚不清楚谁应该为机器学习做出的反恐决策负责。虽然在反恐实践中几乎不会实行问责制度，但是某个算法一旦发生错误，决策层和研究者至少需要弄清楚错误的来源，以便提高该算法的可靠性。同时，人们还担忧受到反恐预测算法影响的个人是否有能力在特定情况下质疑某个具体算法的合法性和合理性。例如，在美国反恐战争中，因为缺乏国际法规定，所以受到美军反恐预测算法影响的个人无法质疑美军所做出决定的正当性。因此，反恐预测算法出现问题后造成的现实成本非常低。可以说，反恐预测算法的反恐以及国家安全性质是造成一般监管部门无法对其监督的实质原因；反恐预测算法的技术复杂性质是造成一般监管部门无法对其监督的程序原因。

5. 过度依赖

因为“过度依赖”现象的客观存在，人们容易成为机器算法的仆从。一方面当反恐预测算法没有给出辅助决策时，反恐机构无法主动采取行动；另一方面当反恐预测算法给出辅助策略时，反恐机构不加区别的过分信赖。超负荷的工作、复杂的任务以及有限的时间，这些因素共同导致了反恐机构工作人员认知功能的降低，进而造成了人们“过度依赖”反恐预测算法。因为反恐战争通常比刑事司法更为复杂而艰巨，所以美军反恐战争中，基层军官更容易陷入对机器学习“过度依赖”陷阱。

总体上看，公民普遍地对反恐预测算法以及此类应用算法持有怀疑态度。在反恐工作中，公民普遍认为只有人类，才有能力，也才应该对限制他人自由或剥夺他人生命的行为负责。因此，反恐机构应该确认对恐怖活动组织和恐怖分子展开行动的控制权仍然牢牢掌握在人类手中，而并不是某个机器学习算法。

（三）算法应用的深层问题

反恐预测算法应用中存在“保密黑箱”叠加“技术黑箱”的“双黑箱”问题。美军在反恐战争将国家安全的“保密黑箱”置于机器学习的“技术黑箱”当中的作法，破坏了理性价值判断和法律问责机制。后“9·11”时代反恐工作的一个关键教训就是，虽然美军在反恐战争中运用了复杂的机器学习技术和高度保密的手段，但结果却造成近年来全球人民对美军反恐战争的质疑。虽然美国拥有健全的刑事司法体系，立法、执法、司法三权分立、相互监督，但是一旦进入到包括反恐在内的国家安全领域，反恐机构就会拥有绝对的话语权。这就造成了反恐预测算法的“保密黑箱”。

总体而言，目前反恐预测算法仍处在“保密黑箱”叠加“技术黑箱”的“双黑箱”当中。美国政府说明了反恐预测算法的目的是提高反恐机构决策的可靠性，减少决策偏差。美国政府在打开反恐预测算法“双黑箱”方面确实做出了努力，但还远远不够。反恐预测算法必须遵守法律，可参与性、可诠释性和可问责性的透明化路径是解决反恐预测算法“双黑箱”的积极面向。

1. 法律透明

因为早前美国缺乏非国家组织武装冲突的法律理论，所以美国对“基地”组织以及其他恐怖活动组织的反恐行为存在不确定性。一些议员们认为，奥巴马政府应该提高反恐政策及法律框架的透明度。第二届布什政府和奥巴马政府最终都对提高打击“基地”组织法律框架透明度的要求做出了回应。一方面，奥巴马政府的高级反恐官员以及美国国家安全高级官员，通过发表一致的公开演讲，明确了美国对“基地”组织使用武力的法律边界。另一方面，奥巴马政府在任期结束时发表了一份报告，阐述了相关国际和国内法律，并说明了该法律如何在恐怖主义活跃地区适用的问题。同时，美国还明确了反恐领域的法律边界。虽然美国政府努力公开了该国反恐的法律框架，明确了反恐的法律边界，但是详细阐述人工智能以及机器学习反恐的权利主体和责任问题，而这恰好是破解反恐预测算法“双黑箱”问题的法律基础。

2. 政策透明

奥巴马政府曾就美军的反恐战争阐明了美国政策。这些政策文件说明了美国在反恐战争中遵守着比国际法要求更高的标准。例如，美国“定点清除”计划要求“板上钉钉地确认”锁定恐怖主义目标，“板上钉钉地确认”非战斗人员不会受伤或死亡。奥巴马政府制定严格的反恐标准，一方面是因为无论何时，有针对性的杀人政策都是极具争议的，另一方面是因为希望让国际社会认为美军剥夺他人生命是非常慎重的。美国反恐人机互动的机器学习模式实质就是给人工智能发展主动套上枷锁。破解反恐预测算法“双黑箱”问题的方法不应该是采取回避“双黑箱”的鸵鸟政策，而是应该坚持发展可解释的人工智能政策，并且改进机器学习技术，让人类能够理解、信任并且有效管理人工智能。各国反恐机构都应该以美国反恐战争为鉴，在对具体、详细的反恐数据和反恐战术进行保密时，主动公开反恐工作的政策、法律以及反恐预测算法的原则和机理。

（四）算法“双黑箱”解决对策

虽然后“9·11”时代，美国政府迫于内部泄密以及国际舆论的强大压力，开始了反恐政策和法律两个层面上透明化的进程，但是这样的透明化探索只是框架式地对反恐战略基本理论进行了解释说明。虽然也能够解决一部分的问题，但是并没有解决“双黑箱”问题的核心问题。破解反恐预测算法“双黑箱”问题应该坚持反恐战略全方面透明的思路。

1. 参与

一方面，因为反恐预测算法的数据偏差以及算法歧视事关该算法预测结论的准确度，所以有针对性地扩大数据采集端的人员参与度是非常必要的。另一方面，因为反恐预测算法的决策结果和个人的生命权、自由权紧密相关，所以导向性地扩大终端用户的参与度是非常必要的。因此，应该全流程扩大反恐预测算法数据采集端、算法设计端以及终端用户参与度。此外，应该让反恐预测算法接纳政府权威监管部门的全程参与，一方面是为了确保对算法权力的制约和监督，杜绝“双黑箱”向“权力黑箱”发展；另一方面让受到机器学习算法不公正对待的个人有获得申诉和救济的机会。积极吸纳各类人才以及实务专家，共同研究反恐预测算法的法律法规制度、技术标准制度、监督监管制度以及技术理论框架，进而实现对反恐预测算法本身、算法应用以及决策结果的合理性、合法性，还有安全性的全流程风险规避和审查监督。

2. 诠释

由于反恐预测算法有着自身的特殊性，本质依然是一种模拟行为，不会比自然现象更加难以理解和分析，也就是说反恐预测算法天生具有可诠释性；另外，因为反恐预测算法具有反恐以及国家安全属性，并不适用一般机器学习算法向社会开源以及公开相关数据的情况，所以反恐预测算法的可诠释性必须也只需面向反恐机构的特定用户。在具体的操作层面，一方面要发展可解释的 XAI 技术；另一方面要发展辅助解释算法技术。辅助解释算法是用一种算法来监测分析另一种算法，目的就是将反恐预警算法作为一个客观的事物来进行观察、施加影响和结果分析。同时，辅助解释算法还能根据反恐预警算法模拟生成仿真偏差数据以及造成仿真故障，并利用在频谱分析和时序分析等技术所构成的信号进行处理和动态建模。因此，反恐机构的特定用户能够理解反恐预警算法产生偏差结论的原理和过程。

3. 问责

问责不但是现代法治国家的要求，也是政府机构负责任的体现。确保反恐预测算法的可问责性，既是破解“双黑箱”过度依赖以及问责不力问题的具体路径，又是在智能反恐时代，确保机器学习算法处于法治之治当中的必要保证。也只有这样，监管机构才能分析理解以及监督反恐预测算法的决策过程，并且对错误做出必要校正，进而保证事前设计、事中监督以及事后追责的合法化。然而现实中，包括反恐预测算法在内的机器学习算法确实存在难以明确错误责任主体的问题。一方面，机器学习算法错误的责任主体难以追溯，尽管反恐预测算法作为一种机器学习算法，本身是否具有法律主体资格、是否能够独立承担责任，尚存在争议，但是机器学习算法的研发人员、所有权人、管理人员、终端用户等应该始终对机器学习算法有监督和管理的职责，特别是反恐预测算法的特定用户应当承担机器学习算法错误的主要责任。同时，这种问责性质应该属于“无过错责任”的范畴。对机器学习算法进行归责，就是对研发人员、所有权人、管理人员、终端用户问责，尤其是要对反恐预测算法终端的特定用户问责。

综上所述，智能反恐时代，也是法治之治时代，绝不能只看到“双黑箱”的反恐效率，还应看到“双黑箱”带来的舆论压力和法治倒退。应该在精神上对机器学习技术和国家安全属性给予充分的尊重，在追求可参与性、可诠释性和可问责性的透明化路径道路上，把机器学习、人工智能应用于反恐领域后，自然形成一般技术标准和规律规范化；把指导反恐行动的反恐战略框架以及相关理论学术化；把从域外借鉴的反恐预测算法法律制度法治化。

十一、涉恐个体识别中的数据挖掘 [1]

随着数据技术的发展，运用大数据进行反恐情报分析已成为趋势。综合利用个人数据信息开展涉恐人员的主动性挖掘、筛查和预警分析，是有效预防暴恐类事件发生的一个重要手段。如何从海量的数据体系中实现快速和有效的涉恐人员主动识别，并及时开展预警和处置是当前反恐情报分析研究的重要内容。

（一）个人特征数据的构成与分类

在数据层面上，个人特征数据可以归纳为身份、行为和关系三个主要类型。

1. 身份特征数据

身份特征数据也称为本体特征数据，是个人与生俱来或在后天社会活动中形成的具有社会属性或人为标识的数据类型。个人的身份特征数据可分为三类：一是生物特征数据，就是每个个人与生俱来的属性数据，包括个人的性别、血型、DNA、指纹、声纹、虹膜等，具有独特性和稳定性特点，在鉴别和识别涉恐人员的身份唯一性方面具有很重要的作用。但这类数据采集难度较大，采集渠道十分有限。二是社会特征数据，就是个人在自然成长过程中所具有或生成的一些稳定的外在属性数据，包括个人的籍贯、民族、学历、宗教信仰、语言结构、职业技能等，这类数据具有一定的覆盖性和动态性的特点，会随着时间和环境的改变发生变化。三是物理特征数据，就是个人在数字化和信息化社会环境中的数字标签，具有被机器读取和识别的特性，且具有唯一性的特点，如个人身份证号、驾驶证号、车牌号、手机号、银行与社保账户、网络账号等。

2. 行为特征数据

个人行为特征数据是在信息化环境下，通过个人的身份特征标识与社会感知设备之间碰撞计算，所产生的一系列日常行为记录信息。按照物理设备

---

[1] 陈鹏、瞿珂、陈刚等：《反恐背景下的个人特征数据构成与涉恐个体的挖掘分析》，载《情报杂志》2018年第4期。摘编后收入本书。

记录信息的数据结构字段特殊性，大致可以分为交通、通信、交易、居住、物流、网络社交、治安、行业管理等八个种类。其中，交通类数据主要包括个人在出行过程中所产生的轨迹类数据；通信类数据主要包括个人使用通信工具过程中所产生的行为数据，如通信双方标识、时长、地点、频次等；交易类数据主要为个人的银行、社保等金融标识类工具所产生的资金往来行为数据，如交易对象、地点、时间、方式、数额等；居住类数据主要为个人所产生的居住行为数据，如居住地址标识、时段等；物流类数据主要为个人所产生的物品流通数据，如寄递对象、物品标识、时间、地点、托运方信息等；网络社交类数据主要为个人关联的网络社交行为信息，如交互方式、对象、内容、频度以及社交活跃度、从属性和影响度等；治安类数据主要为个人所关联产生的违法行为信息，如案件类型、手段、对象、时段、地点、结果或盘查地点、时间等；行业管理类数据是个人在特定消费类场所产生的行为数据，包括场所类型、地点、时间等。

3. 关系特征数据

与个人的身份特征数据和行为特征数据相比，个人的关系特征数据是在身份特征数据和行为特征数据基础上的延伸，即关系特征数据是身份特征数据和行为特征数据进一步计算的结果。从类型上，关系特征数据可以划分为行为伴随关系（个体与个体）特征数据和社会群族关系（个体与群体）特征数据。

（1）行为伴随关系特征

伴随关系主要是从个人的身份特征与行为特征所延伸出来的关系数据，其判断标准是计算一定的时空范围内个人之间是否存在行为和轨迹上的重叠性。如个人之间是否存在着相同的交通、居住、治安与消费性行为，或是在交易、物流、通信、网络社交等特征数据中存在的关联行为等。一般情况下存在同一时空或同一环境下的行为或轨迹伴随即可建立起个人之间的伴随类关系。但行为伴随关系只是揭示了个人之间可能存在一定的联系，这种联系是否成立还需要通过频度分析等方法进一步的确证。

（2）社会群族关系特征

群族关系是个人之间通过彼此之间社会属性特征而产生的直接关联关

系，因此主要源自同一社会属性及群族关系特征数据，如同籍、同教、同族、同业、同学、同利益群体等关系。相比于伴随关系，这种关系的特点是个人之间的关系明确，能够直接确定个人之间的联系规则。

需要说明的是，个人的身份、行为、关系三类特征数据之间并不是相互割裂的，而是在彼此之间存在着确定性的逻辑关系，这种关系可以由图 3.27 描述。其中，身份特征数据是个人最为根本的特征数据，其反映了个人的基本生物特性和社会特性。而在信息化环境下，通过身份特征数据中的物理特征则可以关联和计算出个人相应的一系列行为特征数据和关系特征数据。可以认为，行为特征数据是身份特征数据的拓展，而关系特征数据是在身份特征数据和行为特征数据基础上的进一步延伸。

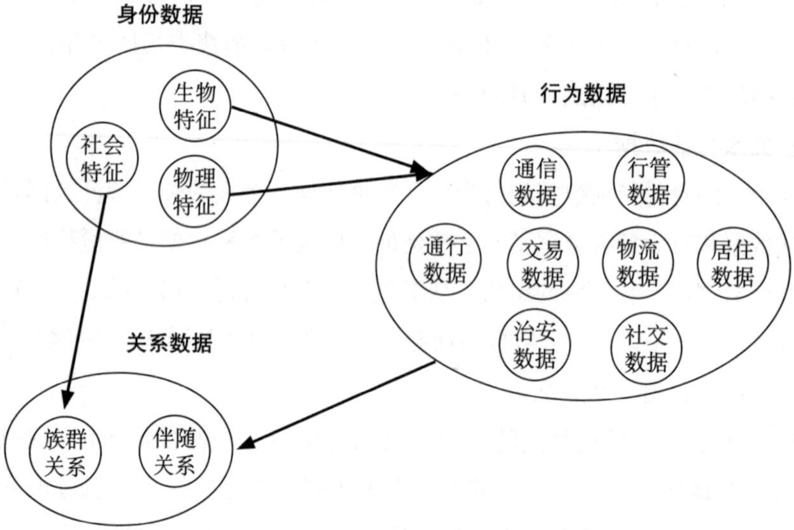

图3.27　个人特征数据的构成及其相互联系

（二）基于个人特征数据的涉恐人员挖掘

个人特征数据体系的构建是对涉恐人员开展主动性筛查识别和研判预警的前提，要高效地从大量的数据集中，主动性地实现涉恐人员的识别与处置，需要紧密结合特征数据体系，从个人的特征数据体系入手，开展有效的涉恐人员挖掘分析。

1. 从综合性和整体性角度分析挖掘

一系列暴恐事件案例表明，涉恐人员在身份、行为和关系上均关联着非常复杂的特征模式，如身份敏感、行为异常、关系隐蔽等。要实现对涉恐人员完整和准确的研判和识别，就需要将个人数据按照特征分类，组织成身份、行为和关系等多个特征数据集，然后从多维度角度进行分析。不能将身份、行为和关系特征数据割裂开来，而是要进行数据的关联交互（图 3.28）。例如，当发现敏感性的涉恐人员身份线索时不仅要对其身份数据进行全方位的梳理，同时还需要从其行为特征和关系特征的维度对其进行相应的研判分析，最终得到分析对象在身份、行为和关系等不同维度下的完整刻画。对行为线索和关系线索的处理也遵循同样的流程。由此，便可以获得分析对象的全方位描述。

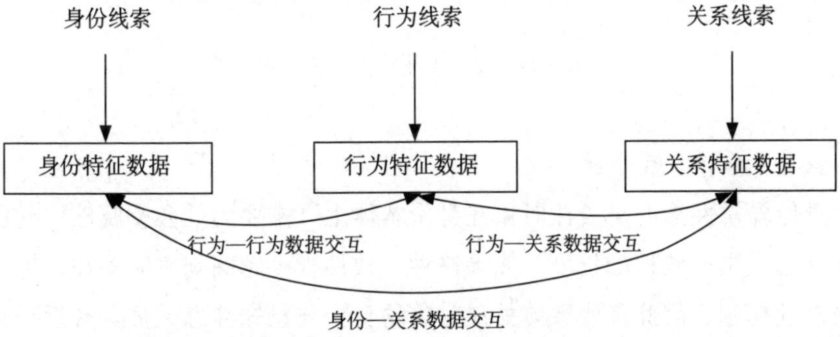

图3.28 涉恐人员挖掘分析的操作过程

2. 进行“三维度”的异常性研判分析

对于分析的涉恐对象主体来说，其涉恐的危险性水平与其自身在身份、行为和关系三个特征维度上的状态有关。简单来讲，涉恐主体的涉恐危险性可以表示为其身份异常性、行为异常性和关系异常性的加权综合。因此，对涉恐主体的涉恐危险性分析就可以转变为其身份异常性、行为异常性和关系异常性的分析（图 3.29）。

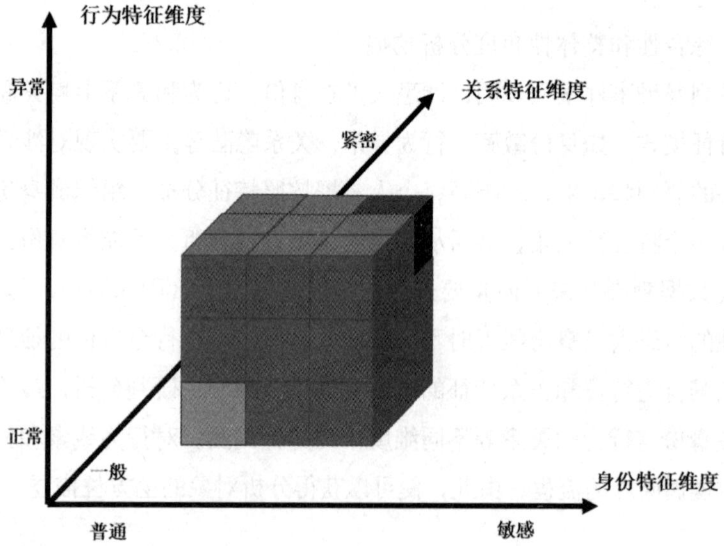

图3.29 涉恐主体挖掘分析架构

（1）身份异常性分析

身份异常性指的是关注对象在身份本体上（主要为社会类属性）与已确认的涉恐人员一致性的程度，如果这种一致性程度越高则表明关注目标的身份异常性越强。因此，如果被关注对象的身份与已知涉恐人员具有近乎相同的特征，便可以认为其具有较强的异常性，需要重点进行关注。而从实现方法上，可以从关注目标身份特征中的社会属性入手，对其主要的社会属性变量进行标签化，然后利用统计学习工具对其进行分类处理，从而便可以得到涉恐主体的身份异常性结果。

（2）行为异常性分析

行为异常性指的是关注对象在行为特征方面与已确认的涉恐人员一致性的程度，或者与普通人员的差异性程度，因此，判断涉恐主体的行为是否异常可以从两个角度来进行，一是关注对象的行为是否与涉恐人员的行为模式高度相似，另一个是关注对象的行为是否与普通人员的行为模式存在显著差异。在具体实现上，可以采用聚类和分类学习的方法，即从行为特征数据集中开展单一行为的聚类分析，发现关注对象在某些类型的行为上是否存在有显著的异常性或存在孤立点现象，然后，以各类行为特征的异常性作为分类标签进行分类学习，以判断其是否属于典型的涉恐人员行为特征。

（3）关系异常性分析

关系异常性指的是关注对象在关系方面与已确认的涉恐人员或事件的密切性程度，如关注对象与已确认的涉恐人员之间是否存在着关联性或伴随性联系，以及联系的强度，或者关注对象与涉恐类事件和行为之间是否存在一定的关联性等。关系异常性分析需要重点解决的问题是建立关注对象与涉恐人员和事件之间的关系连接，以及连接关系的强度。在实现途径上可以采取知识图谱的方法，即综合利用图形学、信息学、复杂网络理论和应用数学等工具建立与关注对象相关的知识网络结构，然后在此基础上进一步运用网络分析方法分析关注对象在其所在的关系网络中的地位、重要性以及关系强度等，以此作为其关系异常性的判断依据。

通过对三个维度的异常性分析，可以其和涉恐人员与事件的接近性和关联性程度，并作为涉恐主体预警分析模型的输入，最终得到关注对象的涉恐风险等级，进而开展相应的预警分析。需要强调的是，基于个人特征数据体系的涉恐主体挖掘和预警分析并非是一个单调的过程，而是一个不断迭代的过程。涉恐人员的挖掘和预警分析需要不断地收集信息，动态地更新关注目标的身份、行为与关系特征数据，才能实现对目标的精准识别。

十二、反恐情报分析中的数据障碍及改进思路[1]

反恐行动涉及的大数据囊括从人员踪迹到组织网络等所有能够映射的海量信息，而情报分析研判系统无疑就是要“海中捞针”，尤其是涉恐情报的核

[1]　万向阳：《反恐行动情报分析系统大数据障碍及其改进》，载《情报杂志》2015年第5期。摘编后收入本书。

心数据湮没混杂其中，其价值更是难以发掘。一方面是因为反恐行动多属秘密的侦查过程，其数据不能共享；另一方面也是因为恐怖组织封闭的自我保护方式，基本没有连续可供分析的数据流；另外，因为恐怖分子的行踪过于孤立，其单线接触方法让情报完全混同在正常的社会交往中。因此，反恐行动中的数据看似很庞杂，实则是供给不足，严重影响情报分析研判的精度和效率。

（一）情报分析中的数据障碍

反恐行动中的数据只是在一定领域内映射的信息规则，受反恐策略、反恐手段和合作方式等因素制约，并不具备大数据的鲜明特征。

1. 涉恐信息总量缺乏，很难进行相关性分析

传统的反恐怖措施是将反恐怖工作视为刑事侦查的范畴，即将恐怖主义行径和恐怖分子的活动列为刑事犯罪的主客体，采用刑事侦查手段，致力收集恐怖组织和恐怖分子犯罪活动的证据。可是，刑事犯罪侦查程序通常都是在犯罪活动发生以后再启动的，倘若现实社会中警方等待恐怖袭击发生后再企图通过司法方式惩戒此类犯罪行为，这显然属于又“亡羊”又“补不牢”的单方臆想。所以，各国反恐工作高度一致地采用了预防与打击并重的策略，而情报是开展有效反恐怖工作的关键。

从刑事侦查角度来看，反恐行动中情报工作的难度主要有三种情况：

一是对已知的恐怖组织和恐怖分子的情报工作，因其高度组织化和活动隐秘性造成情报信息资源的匮乏。倘若只能通过深入恐怖组织和接近恐怖分子的常规方法收集情报，那么这种“卧底式”和“深喉式”的侦查方式显然难以进行；即便是侥幸潜伏到恐怖组织的内部，要收集其可信的、确凿的、完备的犯罪证据，以期望在刑事诉讼中通过举证等法庭诉辩方式对恐怖分子按照其罪行适量定刑，成功的概率几乎为零。

二是对尚未确实的恐怖组织和恐怖分子的情报工作，需要大数据的筛选、碰撞和追踪，但是由于基础数据库的信息采集的限制，没有足够用于分析的数据，多数无效的信息中也不难以分析出有效情报。当然也有恐怖分子被抓获后警方再去收集证据的，但这种情况往往是犯罪行为已经实施，甚至造成了严重的社会危害，而且这类事件在案发之前并没有足量的大数据用于预警分析，但充分说明了反恐大数据的局限性。

三是对付“独狼”式恐怖分子的情报工作，包括那些现在没有获知的恐怖组织，他们从不对自己的行动承诺负责，外人也不知其存在；还有些松散的恐怖组织，其形态可能就是信奉恐怖主义的个体偶然的集合，他们的恐怖活动几乎就是少数几个人甚至是个人的行动，其社会活动轨迹没有凸显其涉恐的迹象。因此，在案发前，警方是没有理由对其进行监控或预测的，即便是实施了普遍的大数据分析。

2. 涉及恐怖活动的信息过于泛滥，数据准确性差

以“9·11”事件之后，美式反恐战争为主导的反恐怖模式，只需要把恐怖组织当成一个集合体，对此进行军事打击就行了，这种不必履行繁琐的举证和诉讼程序，以入侵主权国家为前提的粗暴方式不被国际法所认可，伤及无辜的战争也倍受公众的谴责。由于把反恐怖工作升级成为战争，各种相关信息会以摩尔定律的数量级增长，因特网、手机、电脑、摄像头等，无一不是数据的载体；各种网络日志、文本索引、社情警情，以及天文、地理、气象、生物、基因，无一不是数据的来源。泛滥的海量大数据或有联系或无因果，数据之间的交互价值胜过了精准信息的提取，即便有计算机的辅助也无法快速有效地遴选出有价值的情报。因此，军方对信息的现实研判多基于双方的胜负因子，对大数据的处理不会考虑敌对方个体是否真的从事过恐怖活动，顶多考量其在组织中的地位和角色，并施以武力打击。这种战争形式的反恐方式尽管有着大数据优势，但大数据的撷取来自周边环境和对敌方军事实力的判断，真假混杂的信息使得军方参谋人员对这些大数据很难甄别，尤其是不能将大数据分析与敌方个体行为联系起来，即使消灭其生命，也无法体现罪责相称的公平法则。

3. 国际反恐合作中，可共享的数据受限

由于恐怖主义往往涉及较深的国际政治和民族历史的背景，这会使得政府反恐怖工作投鼠忌器：一方面，政府并不希望加重恐怖气氛，也不情愿媒体的过度渲染，因为扩大恐怖影响正是恐怖组织和恐怖分子的期望；另一方面，恐怖活动虽然是困扰国家安全的毒瘤，但作为独立国家的内部事务，政府也不会让国际势力插手，这也是国家主权和国力的体现。在这种情形下，国际反恐怖合作与协助只能在一定层面上进行，表现在情报信息交流上就是彼此要设定能够共享信息的渠道和尺度，通常这种信息在数量和质量上一定会有折扣的。

一般认为，反恐情报包括有四个方面的内容：一是反恐数据，主要是恐怖组织的成员、结构、行动、资金渠道等内容，是反恐情报的机密和核心，当然一般不会进行信息共享；二是情报通报，以及当反恐行动需要其他国家（地区）警方协作时“单向交流”的涉恐情报；三是认知共识，涉及对恐怖组织的国际认定、共同反恐机制建设、情报交换系统等；四是反恐经验，包括国际论坛、专家交流、经验教训等内容。通常反恐情报交流只是情报通报、认知共识和经验交流，并没有涉及核心数据。此外，基于网络安全的因素，绝大多数国家采用局域网的拓扑结构组建政府部门网络和军事网络，普遍采用物理隔离的方式，实行“点对点”的情报传递方法，基本断绝了与外部的实时信息共享。

（二）数据分析系统的改进策略

多数情况下反恐行动的数据既不充分也不开放，这是与反恐行动区域性和秘密性相契合的，也影响着大数据分析的效率。然而，伴随着恐怖主义和恐怖活动的全球化趋势日渐增强，国家之间和地区之间的反恐合作与协作的需求也不断增长。在当今网络和交通快速发展的同时，反恐情报分析也应该走出故步自封的境地，主动参与基础数据交换和共享。

1. 尽快完善反恐体系，搭建大数据平台

中国反恐的主要力量是军队、武警和公安。但是，负责传统安全的军队是为对付外国敌对势力即战争而存在的，由他们来打击境内的恐怖组织并不合适，现实中军队也并未参与国内的反恐斗争。武警是中国特色的现役力量，虽然他们具备战术和武力优势，但武警没有单独的基础治安网络，也没有完善的犯罪信息库，他们的情报来源于警方，更希望能够有大数据的信息交换。所以，目前国内多数地区采用的武警和警察联合的反恐行动，需要在指挥、通联、协作等方面加强匹配和畅通，尤其是行使现场指挥权时更需要情报的支持。

反恐怖工作中比较特殊的一支武警是在边境（边远）地区的边防武警，他们从事的工作几乎就是警察的职责。目前，中国的反恐体系是“国家安全委员会”下设立“反恐怖工作领导小组”，成员单位如公安、安全、武警、外交机构等职能部门，以及交通、卫生、民政等配合单位的共同参与。鉴于反恐怖工作的长期性、复杂性、具体性和专业性，倘若能够单独设立反恐怖工作的专业委员会，在一定范围内直接行使指挥处置权，则更有利于工作。此外，我国发布的《反恐怖主义法》，详细规定了反恐机构、反恐力量、反恐策略、反恐奖惩等，这为反恐数据收集中涉嫌侵犯公民隐私和公司商业秘密等争议扫平了障碍。

2. 调整反恐工作策略，实现数据价值

反恐行动是一个高度融合政治、军事和司法的全方位、立体的策略，中国境内恐怖势力的一个明显的特点在于其是秘密的地下组织，他们的恐怖活动完全不像“基地”组织那样明目张胆，恐怖分子更不敢“抛头露面”，这同时也证明了中国式反恐基本归属于刑事侦查的范畴；相反，一旦他们因组织、策划和实施了恐怖活动而被迫曝光，依据中国政府对恐怖活动的高压严打态势，他们在境内几无生存空间。基于境内恐怖组织的地下秘密勾连，警方企图通过“卧底 + 线人”的贴身抵近侦察来获取情报的可能性不大，因为我们根本就没有获知这些恐怖组织是否存在的信息。然而，中国治安防范的成本最低廉、且结果最有效的方式是发动群众，由他们提供相关数据，结合刑事侦查手段，可以有效防范和打击这些恐怖组织；金融系统严格托管使得境内恐怖组织与境外的资金往来账户更加困难，随时能够阻断其资金来源；边境控制让恐怖分子难以渗透，企图偷运武器弹药愈发迂回曲折。这些传统路径遭到国家封杀后，恐怖组织和涉恐人员转向网络和移动通信领域，他们利用网络翻墙、手机群发、社区圈子等技术传递信息和获取指导，这反而暴露了其诸多的马脚，使反恐数据空间更加丰富。需要提及的是，虽然反恐信息的累积效应不是很明显，它往往随着某个恐怖团伙的消灭而一时沉没，但在恐怖主义的引导下还有可能死灰复燃，所以反恐行动中对历史数据分析和经验交流非常重要，不能把这些涉恐信息当成“一次性”的数据，而不再保存积累。

3. 主动进行数据共享，畅通大数据处理

我国公民实行的是身份和户籍的双重管理，每个人都置于单位和社区的监管之中，公安机关建立了治安和刑事犯罪数据库，银行完善了存贷记录的信用体系，社会保障和商业保险拥有公民的生命医疗和财产的信息，电信公司保存着每个人的通信上网数据库，还有水电气等企业的消费记录系统等等。这些数据资源基本都独立存在于各自的系统中，彼此之间不能共享。在这方面，美国经验值得借鉴，在“9·11”事件之前，美国就有专门用于反恐行动的数据库，加上联邦警察局长期经营的犯罪司法信息库和执法在线系统，以及地方的信息共享系统，美国政府搭建了比较完备的数据平台。但是，美国在“9·11”事件之后认识到仅有数据库还不够，更需要数据共享和数据分析，为此他们在原有基础上做了升级版的反恐数据库 ISE，搭建了政府与企事业的数据交换的超级分析中心，仅用了 5 年时间，全国 100 多个信息系统就完全能够并网共享了。

由于社会信息资源离散程度较高，信息库建设分属社会各个部门，且都比较封闭。这种格局不利于信息共享。鉴于反恐行动作为最高级别的侦查活动，警方必须拥有最高的查询权限，在保密的前提下跨平台应用数据，因此国家实行反恐怖情报信息平台联合坐席制，通过共担责任破除信息壁垒，实现数据共享。

4. 加强反恐国际合作与协作，提高数据利用价值

以“世贸袭击”为峰值的恐怖主义活动鼓舞着世界各地的恐怖组织加紧勾连，有的恐怖分子投身“圣战”，有的前往境外训练营受训，更多的恐怖分子通过互联网接受境外恐怖组织的指导，而反恐国际化合作就是对恐怖主义国际化蔓延的响应。常规的国际警务合作与协作可以向国际刑警组织提交申请，要求对在逃的恐怖分子发布国际红色通缉令；或者利用外交手段敦促有关国家限制其活动；或者达成双边或多边的警务合作与协作协定。但这些措施针对的是那些在国内已经掌握其内幕信息，只是行动时需要他国提供配合的恐怖组织和恐怖分子，而且并非完全有效，因为跨国和跨境的恐怖组织成分比较复杂，限于侦查范围很难获知其准确情报，尤其是那些国内没有其资料，如恐怖组织遣派入境的人员或是出境参加恐怖活动的危险人物，这就需要国际间的大数据共享。但是，各国之间基本不可能建立完全共享的数据库，更不用说不同意识形态国家之间了。在这种背景下，反恐情报一方面照旧依赖通报，以双边和多边协定为基础加强情报交流；另一方面还是要充分分享现有的开放信息系统和云资源，注重国际间信息流的分析，提高数据的综合利用价值。

第四章
反恐情报保障

一、情报导侦模式下的反恐情报工作[1]

（一）国内外反恐怖斗争形势综述

从国际反恐形势来看，暴力恐怖犯罪活动多发频发，影响范围空前广泛。受中东恐怖活动刺激影响，东南亚、南亚地区依然呈高发案率，欧、美地区发生的恐怖案件呈现大幅增加趋势。以“伊斯兰国”为代表的恐怖组织在全球攻城略地、制造事端。从现实情况看，国际恐怖组织和人员活动滋生的根源性因素将长期存在，恐怖极端事件仍将维持高位，全球恐怖威胁不容低估。恐怖分子受暴力和极端思想驱使，多通过网络与境外组织或人员进行勾连，策划在西方国家发动“网络圣战”，传播恐怖主义极端思想，筹集恐怖活动资金，实施恐怖破坏活动。尤其是特朗普当选美国总统后，反恐政策重心将逐步向美国国内调整，特别是“限穆令”的提出更加激化社会矛盾。加之欧洲移民难民政策调整、俄罗斯对驻土耳其大使遇刺事件的报复性行动、叙伊战

[1] 李恒：《基于域外情报导侦模式下的我国反恐情报工作探究》，载《情报杂志》2017年第5期。摘编后收入本书。

局变化等重大情况叠加，使得国际反恐形势依然扑朔迷离。

从国内反恐形势来看，一方面，随着全国严厉打击暴恐活动专项行动的深入推进，反恐形势大局总体平稳，但所面临的反恐怖斗争形势依然严峻、复杂、尖锐。受国际恐怖主义活动持续升温刺激，“东突”势力煽动滋扰更加频繁，仍有暴恐极端人员在内地潜藏蛰伏、筹集资金、暗中活动。涉恐人员的隐蔽性逐渐增强，非法出境通道不断变换地点，内地高校学生群体参与宗教极端活动时有发生。“东伊运”等向我国境内渗透活动更加频繁，防回流、防入境、防渗透、防颠覆的形势近期难以改善。另一方面，境外暴恐极端分子“回流”入境开始凸显；恐怖组织网上煽动“圣战”、发布传播暴恐音视频活动持续，企图加大对境内人员的思想洗脑、拉拢渗透，“伊吉拉特”人员暗流涌动。总体来看，当前我国反恐怖斗争形势依旧复杂严峻，社会面维稳压力持续增大，必须对恐怖犯罪活动保持严打高压态势，必须深入持续推进群防群治、全民反恐战略。为在全国范围内对恐怖主义犯罪活动进行有效的预防和打击，必须建立行之有效的情报信息搜集、研判和预警机制，通过情报主导侦察模式能够追踪恐怖分子动向和行为轨迹，瓦解其意图通过实施恐怖袭击制造社会恐慌的图谋，有针对性地开展反恐情报信息化分析、情报信息联网共享、实施特别调查措施和启动反恐情报预警。

（二）国外主要国家的情报主导反恐侦查

1. 美国

（1）情报主导侦查源起

20 世纪 90 年代初期，美国纽约警察局实施创造性的警务改革计划。当时纽约警察局每周组织警务工作会议，要求 100 多位相关警长和情报信息专家，根据基层上报的数据实时分析犯罪动态，及时掌握犯罪总体现状。同时，要求专业警员在地图上标明各类案件的高发区域，根据案件的发案特点和规律性质，对该辖区的犯罪现状采取针对性打防措施，即情报主导侦察的工作模式由此诞生。纽约市警察局的“犯罪地图”分析对犯罪情报进行实时分析研判，精准打击违法犯罪行为，发案率明显下降，使得“情报主导侦查”这一全新警务理念成为发达国家现代警务工作的新趋势。情报主导侦查就是以信息化建设为引领，以综合情报搜集、分析、加工、整理、研判、反馈等环节为主要前提，充分利用“大情报”系统运行平台，引导侦查决策，提高警务效能，达到有效预防和打击犯罪的一种主动侦查方法。

（2）已有的基础条件

美国之所以提出情报主导侦查模式，是源于美国联邦执法机构已经具备了全美专业化、科技化、社会化的网络信息平台，犯罪记录系统和犯罪情报系统是美国两大主要犯罪情报网站。一是可以让警务情报人员共享情报信息大平台中的数据。诸如国家刑事犯罪信息中心（NCIC）、国际刑警组织（INTERPOL）情报室、埃尔帕索情报中心（EPIC）、金融犯罪情报中心（FINCEN）等，数据涵盖量更大，系统维护更新快。二是具备丰富的犯罪情报信息来源。美国联邦调查局统一犯罪报告记录、报案求救记录、讯问笔录、线人报告、群众志愿者的线索举报、社区治安积极分子的谈话记录等情报信息都为侦查工作提供了情报支持。三是健全的数据库支撑。美国情报信息中心数据库包含十余种资源信息：人员档案、枪支档案、跨州人员身份鉴定、通缉档案、指纹档案、图像鉴别（如纹身、面部识别、签名、声纹）档案等。四是推出新型反恐预警系统。美国洛杉矶警察局针对新的恐怖主义威胁，认为需要动员全社会力量守望相助，推出了名为“I Wach”，也被称作“21 世纪的邻里守望”预警系统。该预警系统不仅提供了举报可疑活动的渠道，而且也培养公众识别可疑现象的能力。新型反恐预警系统目的是帮助公众识别和举报可疑现象，增加打击恐怖主义的概率，将给反恐部门增加数以百万计的“耳目”。这项计划列出的可疑行为包括有人绘制或测量重要的建筑物、陌生人询问警卫状况或安保措施、有人穿着不合时宜的服装、嗅到化学品的气味、发现可疑烟雾、购买可用来制作炸弹或武器的材料、非法购买军警制服等。可能发生这些行为的场所包括政府建筑、宗教和娱乐场所、学校、酒店等。

（3）反恐中的情报主导侦查

美国情报主导侦查模式，按照“警察部门—信息搜集—情报归类整合—调整侦查对策—评估现实威胁—警察部门”的周期往复循环，提高了警务工作的针对性、时效性。在反恐工作中，美国担负反恐防暴和处置突发事件的警种主要是联邦、州和城市警察执法部门设立的反恐防暴警察。情报工作主要以网络信息及时传递、网络情报整合、网络指导侦查工作逐一开展。例如，中央情报局（CIA）和联邦调查局（FBI）是分别研究搜集对外情报和对内情报工作的专业机构，中情局设有独立的反恐情报办公室，FBI 在“9·11”事件后也专门成立了国家安全分局以应对恐怖袭击。另外，时任总统布什签署命令，赋予中央情报局局长更大权力并成立国家反恐中心，国家反恐中心也就成为美国政府关于恐怖威胁的“情报总库”。美国国家反恐中心主要职能包括：研究恐怖犯罪组织及其活动能力、计划与意图、威胁美国国家安全的潜在问题；领导或支持部门机构间联合工作，整合政府反恐分析力量并逐一分配；制定跨部门、跨区域的联合情报分析，及时发布相关公告、警示；维护和更新已知恐怖分子或潜在嫌疑人数据库；就世界范围内、主要反恐国家的恐怖事态发展提出独立分析报告；积极为总统办公室和其他部门分享反恐情报的工作进程；为联邦反恐行动战略、目标任务的对接提供支持等。其基本战略包括：一是分析和识别恐怖主义现实或潜在威胁；二是与其他部门、机构共享情报；三是整合团结联邦政府的所有情报机构，确保团结作战，美国情报主导侦查模式就此应用到反恐怖情报工作之中。

2. 以色列

（1）情报主导侦查模式

以色列情报来源有以下几方面。一是情报机构间的信息共享。特别是“辛贝特”“摩萨德”、军事情报的“阿穆恩”等几个互相独立的机构情报信息能够实时共享情报。“瓦拉西”定期会议是该三大主要情报部门保持日常联系的专门会议制度，每周召开一次，相互报告部门间的最新情报信息研判成果，实现情报资源共享。二是对收集对象实施技术侦查手段，“辛贝特”负责境内安全警卫和反间谍工作，军情局负责搜集全球范围内的各种大情报，所有搜集到的情报与外交部综合情报一并进入内阁的战略决策层实施综合研判。以色列在其境内外建立了众多监控侦查网络系统，对侦查目标实施 24 小时不间断全面监控，涉及重要目标情报信息会被存档归类，录入计算机、通信和监控等专门系统平台，被监控对象的通话内容和行动轨迹会受到多部门侦控。三是利用“卧底”或“线人”获取对象动机、行为方式和目标情报，以便实施后续侦察措施。四是利用情报直接开展侦查。侦查员为专业特工或国防军特种侦察部队人员，有的隐藏在居民区楼房里，有的化装潜入目标对象内部开展侦查。五是审讯俘虏、获取口供情报开展情报线索侦查。

（2）反恐中的情报主导侦查

“大数据”分析技术是以色列开展反恐情报导侦的关键。以色列各情报机构会把看似毫无关联和无任何使用价值的视频文件、图片资料、文字信息、录音录像等材料，运用“大数据”分析技术开展挖掘、串并、分析与比对，提炼精简成有价值、可操作的情报线索，上报给高级别的情报专业分析员做出后续加工研判，最终由以色列军方利用这些情报开展反恐侦查工作。以色列和美国有一套运转良好的国家反恐情报信息共享网络体系，根据以美两国签订的协议，两国之间能够共享有关恐怖犯罪活动组织和人员的情报信息，实时开展共享、分析、研判与侦查。例如，对恐怖犯罪活动组织和人员的背景调查和资金信息流动监控，两国反恐专家会定期就应对恐怖犯罪事件、恐怖犯罪危机管理、恐怖犯罪案件线索侦查等技术合作开展经验交流。“9·11”事件后，FBI 装备配置了由以色列提供的计算机联网反恐数据库，可以将不同来源的各类情报资源与恐怖犯罪活动组织和人员相关情报线索串并比对，最终转化为集中管理的数据库模式，这种数据库模式的建立，让 FBI、CIA 和国土安全部及其他联邦机构之间能够共享与恐怖主义犯罪有关的情报信息，情报分析员会利用该数据库从数以十亿计隐藏的信息中分析、研判出真正重要的涉恐情报。另外，以色列国家反恐部门提出了“预防性反恐”措施。该措施主要特点在于并不只是对恐怖犯罪活动组织和人员内部涉密情报信息开展分析，更为重要的是对网络实施监控，对恐怖主义的网络舆情进行实时分析，利用情报主导侦查工作。这样可以从涉恐人员最基本的影像资料、文章话语和宣传组织中获得恐怖主义犯罪的动机、目的、目标等情报，并判断他们的能力和现实危害，也可以从其他网络媒体和新闻报道的关注角度来进行再分析，及时进行侦查协作和反恐预警，以便提高和预防打击恐怖主义的能力。

3. **英国**

（1）英国反恐情报机构

一是国家安全委员会（NSC），全面负责英国反恐战略的实施，每周由首相组织召开一次例会，从战略层面就恐怖主义、外交、国防、资源安全及灾后重建等国家安全重大事项情报信息进行集体研究并讨论应对策略。二是国家安全局军情五处（MI5），是英国国内反恐情报领导机构，负责全面搜集、研判涉恐情报信息。包括研究反恐情报工作重点、监控恐怖组织与人员、向政府提供措施建议，为相关部门提供情报支持，指导警方开展情报搜集工作等。除建立情报通报和工作指导机制外，还通过开展联合行动、联合情报报告、共享情报技术项目和互派情报工作人员等形式进行合作。早在2003年英国就建立了联合反恐中心，中心成员来自英国安全局、秘密情报局、政府通信总部、国防部、内政部、警方及其他部门，中心是跨部门的情报协调单位，负责汇总分析所有涉恐情报，并深入研究恐怖威胁发展趋势、恐怖主义网络及其能力和影响，分别形成恐怖威胁等级评估报告。三是秘密情报局军情六处（MI6），负责海外反恐情报工作，主要包括在全球搜集涉恐情报信息、开展调查并打击恐怖主义，保护重点基础设施和人员密集场所免受恐怖袭击，与盟国情报机关和其他部门开展反恐合伙。四是政府通信总部（GCHQ）主要负责通信领域技术监听，承担反恐职责包括：通过监听大量通信和电子信号获取反恐情报，根据需求向政府各部门和军队提供通信信号情报和有关信息。

（2）英国反恐中的情报主导侦查

一方面，英国把反恐工作分为四个领域或称“4P框架”。一是跟踪（Pursue），通过获取的情报信息开展先期调查，尽早发现恐怖犯罪活动组织和人员，以便阻止恐怖袭击事件发生。二是预防（Prevent），通过情报信息分析恐怖分子被招募和煽动的原因，开展有针对性的预防，阻止国民成为恐怖分子或支持恐怖主义。三是保护（Protect），根据《英国国家风险评估报告》和相关情报信息，加强对英国海外利益的安全保护，减少安保漏洞，防止发生恐怖袭击事件。四是准备（Prepare），通过加强危机应对能力和灾难救助准备，尽量减轻一旦发生恐怖袭击的危害后果。另一方面，英国为搜集反恐情报、开展反恐行动、预防恐怖主义和调查涉恐案件，创立了“警务网络反恐”的情报主导侦查模式。英国建立了伦敦大都市警察厅反恐局，在大伦敦地区开展反恐情报搜集和专业行动，并牵头协调统筹全英反恐工作。同时，伦敦大都市警察厅反恐局与英国国家安全局、秘密情报局、地方政府及社区等机构密切合作，搜集和研究涉恐、涉极端主义情报，预防和阻止恐怖活动，成员包括金融、刑侦、社区警务、情报分析、法庭科学、高科技等领域高级人才。全英八个地区反恐情报处负责搜集区域性反恐情报和证据，开展反恐侦查，阻止和预防涉恐案件发生；协调所在区域各警局开展反恐工作，并提供支持与指导，并与英国安全局建立日常联系机制，共享情报信息。地方警局特别行动处搜集反恐情报，与地方政府合作开展去极端化措施，保护公共场所、交通系统、重要基础设施；在发生恐怖事件后协调地方各机构开展侦查调查和应急措施，提供情报支持。

综上对美、以、英三国反恐情报工作模式分析，总体上讲，美国情报主导侦查模式呈现螺旋式运行，FBI 已经建立了较为完备的反恐情报共享机制，为打击恐怖主义，保障美国国家安全提供了强有力支持。以色列的“预防性反恐”措施将反恐情报分析、反恐情报主导侦查、反恐形势管控、截获恐怖信息等措施综合考虑。《英国反恐战略》的施行规范了英国政府、警察及有关组织机构的责任，明确了要求警察、安全和情报机构之间要以公开透明的方式开展反恐情报侦查合作，并据此接受相关工作评估。对我国反恐情报工作起到积极的借鉴意义。

（三）我国反恐工作中的情报主导侦查模式

1. 反恐情报信息化

（1）反恐情报信息化

反恐情报是与恐怖主义犯罪作斗争的前提和基础，具有时效性、综合性、隐蔽性、关联性和分散性等特征。反恐情报信息化是指为了预防和打击恐怖犯罪组织和人员，由专业反恐部门采取公开或秘密方法，利用各种信息技术和计算机网络等手段开展情报信息搜集，依法获取的与恐怖犯罪有关的恐怖组织和人员、各类违法犯罪分子及其他潜在对象进行危害国家安全、影响社会稳定和各类违法犯罪活动的重要情况等信息加工品，并通过查询、比对、挖掘、共享、分析研判和预警等手段，为反恐部门提供侦查打击依据，以便按照法定程序开展工作。数据挖掘、电子设备监听、秘密力量和群众举报是情报信息获取的三大手段。信息性、价值性、传递性和实效性是反恐情报信息化的最基本属性。例如：开展公安信息化应用法、数据碰撞法、串并研判法、追踪拓展法、轨迹重合法、高危关联法、号码分查法、频率分析法、跟踪调控法、比对溯源法、关系挖掘法。视频侦查技术战法包括：图像辨认法、时空锁定法、目标测量法、画像校正法、特征提取法、目标追踪法、信息关联法、情景分析法，以及追逃技战法、通信信息侦查法、GPS 定位法、合成作战法等。

（2）我国现行反恐情报工作机制

主要包括以下几个方面：一是国家反恐情报中心工作机制，我国《反恐怖主义法》规定，国家反恐怖主义工作领导机构建立国家反恐怖主义情报中心，实行跨部门、跨区域的情报运行机制，统筹全国反恐怖主义情报搜集、研判、共享、核查、反馈和预警工作。相关职能部门依托跨部门情报机制，实现情报报送、研判和资源共享。二是国家专门反恐情报部门工作机制，公安、国家安全以及中国人民解放军、中国人民武装警察部队设立专门情报机构开展反恐情报工作，搜集的情报信息及时通报国家反恐怖主义情报中心。三是地方性情报工作机制，地方反恐怖主义工作领导机构建立跨部门情报工作机制，组织开展情报信息搜集、研判，实现情报信息协作与共享。对重要的情报、线索来源及时报告上级主管部门，涉及其他地方的紧急情报及时通报相关地方开展相关工作。四是基层情报工作机制，公安机关、国家安全机关和有关街道、社区、乡镇等政府部门在做好辖区基层基础工作上，建立基层情报信息工作力量，物色建立相关治安耳目和刑事特情，提高反恐怖主义情报工作能力。

（3）情报主导侦查模式下的反恐情报信息化

情报主导侦查是一种主动进攻型工作模式，主要包括：一是信息化情报来源，反恐情报所包含的信息来源渠道十分广泛，情报信息化的来源主要包括：实地走访重点维稳地区调查研究所得情报信息；中国犯罪情报信息中心/侦查情报库；中国公安信息内网/全国情报平台、八大资源库；警务综合信息应用平台/情报侦查应用系统；现行案件—最直接的情报线索来源等。二是信息化情报作用，主要有三种方式：①通过信息情报化导侦可以掌握恐怖案件侦查信息，了解当前国内外反恐斗争形势，摸清恐怖活动组织和人员实时动态，为开展反恐专案侦查工作提供服务；②通过情报信息化导侦可以提高反恐工作的主动性，可以提高恐怖犯罪的预防能力，能够发现潜在涉恐犯罪线索；③通过情报信息化导侦能够使侦查人员发现涉恐案件线索、犯罪嫌疑人、潜在关联人，以便提高破案效率，实现准确侦查、精确打击涉恐嫌疑人。三是信息化情报分析研判，利用公安网、互联网、视频、通信、银行卡或有价值识别卡、GPS和其他社会信息资源开展信息化情报侦查。一般分为信息采集、查询与比对、分析研判三个步骤。

2. 反恐情报信息联网共享

信息化时代，网络是情报共享的重要载体。反恐情报信息联网是实现涉恐情报信息资源共享，利用互联网在不同地区、不同警种、不同部门之间纵横协调、交流共享的网络工作环境。反恐情报共享也是一项持续建设、长期积累的专业工作。

在情报主导侦查模式下开展反恐情报信息联网共享职能主要包括：一是落实反恐情报信息化管理与应用。有关计算机信息管理系统应当与国家反恐怖主义情报中心联网，实行“大数据”研判应用和数据挖掘信息分类、分级共享。由此，在功能上实现各个流程的人员通过反恐情报共享协作平台制作、使用案件线索分析、警情通报、恐怖形势分析专题报告等不同层次的情报产品，充分发挥情报在支持决策、预警和打击防范涉恐犯罪的作用。二是视频采集系统应当按照国家反恐怖工作领导小组的要求与国家反恐怖主义情报中心联网，实行信息共享。三是自动研判。计算机信息管理系统，应当实现对可疑情况自动研判、报警。综合运用多种手段，强化情报线索的串并分析，做深、做细、做精情报工作，做到精确研判、精准防控。一旦暴恐案件发生，现场关键的“变量”搜集、汇总、整理、加工、分析、研判的过程就变得十分重要。四是推动实现专业数据、政府各部门管理数据、公共服务机构业务数据、互联网数据这四大类数据的集成应用，实现“资源、数据、应用”三共享，全面掌握控涉恐维稳地区人、地、物、事、组织等基本信息及吃、住、行、消等动态信息。情报单位应充分运用“大数据”技术，加强对零散化、碎片化情报数据的综合分析和串并比对，把数据资源转化为情报资源。实现对社会治安要素的全时空感知，实现基层基础工作高效规范、业务有机协同、数据动态鲜活、信息高度共享，为增强社会面整体防控能力奠定坚实的基础。

共享搜集的反恐情报侦查重点包括：恐怖犯罪活动组织情报信息；恐怖组织人员情报信息；恐怖组织资金情报信息；恐怖组织行为活动情报；重点保卫目标单位的情报信息。

3. 实施特别调查措施

美国《爱国者法》授权允许执法机关在处理涉恐案件时使用窃听和秘密搜查等特别调查手段，并相应地改变了搜查和拘捕权限的举动。FBI 的特工可以使用包括窃听在内的侦查手段对涉恐嫌疑对象开展特殊调查。比如，使用商业性数据挖掘服务，以发现和阻止恐怖主义袭击。意大利反恐执法部门在调查涉恐案件时，可直接使用电话监听等技侦调查手段获取涉恐情报；特别是对与恐怖活动高度相关的地点，可通过行政监管和驻扎军人的方式进行管控。英国设有秘密通信电子监听中心，对恐怖主义组织等进行监听手段包括：窃听电话、无线电报、有线电传、微波电信和卫星通信等。法国执法当局对已知的恐怖分子始终保持在积极的和集中的人力与电子监控之下。菲律宾警方在全国各地设立反恐情报办事处，配备了专门搜集反恐情报的线人和密探。

恐怖活动嫌疑情报信息稍纵即逝，反恐部门接到涉恐嫌疑报告或者发现涉恐嫌疑后，认为需要予以调查核实的，应当进行调查；发现涉嫌犯罪的，应当依法立案侦查。根据国家有关规定，经过严格的批准手续，可以采取技术侦查措施。同时，我国《刑事诉讼法》规定，公安机关为了侦查恐怖主义犯罪和防止恐怖事件发生可采取电子侦听、电话监听、电信监控、秘密拍照或录音录像、密搜密取、邮件检查、邮件截取、控制下交付、隐匿身份侦查等特殊侦查措施。《反恐怖主义法》规定，调查恐怖主义活动嫌疑，可以依法对嫌疑人员盘问、检查、传唤、提取或者采集肖像、指纹、虹膜图像等人体生物识别信息和血液、尿液、脱落细胞等生物样本，并留存其签名。如需要继续盘问，传唤到公安机关接受询问；可以通知其他人员到公安机关接受询问。公安机关调查恐怖主义活动嫌疑，可以采取扣押、查封、冻结等措施，必要时采取一定的人身约束措施等。依照《反恐怖主义法》规定取得的材料，可以在行政处罚和刑事诉讼中作为证据使用，同时相关单位、个人应当根据反恐怖工作领导机构、主管部门的要求，提供相关情报信息和证据材料。

4. 启动反恐情报预警

反恐情报预警是通过系统地搜集和分析涉稳重点地区的恐怖活动信息，提前预测恐怖活动的爆发或形势升级，并提出预防措施，及时对恐怖事件实行预警制度和线索报告，促使反恐部门对恐怖事件进行防范管理。我国《反恐怖主义法》规定："国家反恐怖主义情报中心、地方反恐怖主义工作领导机构以及公安机关等有关部门应当对有关情报信息进行筛查、研判、核查、监控，认为有发生恐怖事件危险，需要采取相应的安全防范、应对处置措施的，应当及时通报有关部门和单位，并可以根据情况发出预警。"各级反恐办应启动反恐怖情报信息会商研判机制，紧密结合当前现实敌情，以"断通道、挖窝点、打接应、防蛰伏"为重点，切实加强情报工作。各有关部门主动搜集涉恐情报线索，并及时向上级反恐怖工作领导小组办公室报告。同时要健全完善"情指一体"工作机制，依托专业平台设置专门模块，将各类治安要素和动态关注信息汇聚到一个系统，强化情报综合研判预警，健全运转高效、覆盖全警的实战指挥体系，实现情报决策、扁平指挥，及时发现问题隐患、即时预警推送，有针对性地强化重点管控、精确打击，切实增强打防管控工作的主动性、针对性、实效性。

反恐情报预警是反恐部门通过对相关涉恐情报信息进行综合分析研判后，对其中具有苗头性和警戒性的涉恐维稳信息动态及时在指定的平台进行发布，让有关重点目标单位、部门及人员予以关注并采取针对性防控措施，达到防止暴恐事件发生的工作方法。

反恐情报预警、分析研判包括“警情监测”“警源分析”“警兆识别”“警限确定”“警级评估”五部分组成。警情监测即反恐部门情报预警的逻辑起点，通常以具体指标的形式表示；警源分析即分析警情产生的根源和征兆；警兆识别即警情出现的先兆和外部表现；警限确定是一个数值，是警情由变量转化为质变的临界点，是区别不同级别警情之间的警戒线，哲学上成为“度”；警级评估即为表达警情的严重危害程度而划分的级别形式。根据恐怖事件发生的可能性和危险程度，情报预警可分为一级、二级、三级和四级四个等级，分别用红色、橙色、黄色和蓝色进行标识。

反恐怖工作领导机构和有关部门、重点目标营运单位、重点目标管理单位应当根据预警等级来分级建立应对处置机制和处置预案。反恐怖主义工作领导机构，可以在本行政区域内发布恐怖主义事件预警。反恐怖工作领导机构同时应当根据事态发展，适时调整预警等级并重新发布；有事实证明恐怖主义危险已经解除的，应当宣布解除预警，并解除预警措施。相关主管部门和重点目标营运、管理单位，应当根据预警发布的实际等级，针对涉及各自领域、行业以及恐怖事件的种类、性质和影响，启动相应等级的安全防范、应对处置机制和预案。

二、反恐人力情报应用对策[1]

反恐人力情报与技术情报是获取情报的两种重要方式。在不同时代、不同国家，这两种情报发挥作用的方式不一样，受重视的程度也不一样。

[1] 周艳萍：《浅析反恐人力情报在反恐斗争中面临的难题与对策》，载《情报杂志》2015年第6期。摘编后收入本书。

（一）反恐人力情报的定义与作用

人力情报是一种相对于技术情报而言的情报类型。技术情报涵盖了图像情报、信号情报等各种通过技术手段搜集获得的情报。人力情报的定义有不同理解，通俗讲，反恐人力情报就是从人工渠道获得的有关恐怖组织、恐怖分子、恐怖事件等方面信息所提炼出的情报。美军认为反恐人力情报主要来源有：公开信息渠道、执法和情报机构内部渠道、近距离接触恐怖分子的线人渠道。

在现代反恐作战中，美国等发达国家长期以来非常重视技术情报在反恐作战中的作用。以数据挖掘技术为基础，美国等国家实施了“梯队”和“棱镜”等监控计划，技术情报在反恐怖和国家安全中的应用达到了一个新阶段。但反恐实践证明：反恐人力情报不可或缺。

反恐人力情报的特殊作用在于：反恐人力情报可以提供关于恐怖分子和恐怖组织思想动机、意图、能力等方面的特定情报，这是技术手段很难获得的。恐怖分子的思想动机、意图等主观思想方面的情报内在于恐怖分子的心中，虽然恐怖分子可以通过发表讲话、发布视频等方式向外界表达他们的主观态度和思想，采用技术手段获取这些讲话、视频资料可以评估他们的思想、意图等主观状态，但是，通过人力手段获得的各种信息更能真实反映恐怖分子的思想动态，更有助于准确评估恐怖组织的意图和行动能力。因此，反恐人力情报可以发挥技术情报难以发挥的作用并弥补技术情报的不足。

（二）反恐人力情报应用的障碍

虽然反恐人力情报作用不可替代，但是，从世界各国反恐实践看，反恐人力情报的应用却面临着诸多障碍或难题。

1. 反恐人力情报在法律层面的合法性障碍

反恐人力情报使用人力手段获得情报，这些人力手段形式多种多样。但无论哪种人力手段都会面临法律上的难题。例如，当情报人员通过渗透方式进入恐怖组织之后，那么，卧底情报人员如果跟随其他恐怖分子实施恐怖活动时，是否能在法律上能获得赦免？当反恐部门通过策反、招募恐怖分子提供情报，那么，对于那些愿意和反恐部门配合的恐怖分子，法律上是否能赦免他们之前的重大罪责？法律上是否允许这种恐怖分子为反恐部门提供情报？诸如此类的难题，影响着人力情报的广泛应用。所以，人力情报特别是反恐人力情报，在一些国家被看作是法律上的“灰色地带”。

2. 招募、训练和管理从事反恐人力情报工作的专门人员难度大

从哪里招募合适人员从事反恐人力情报工作？如何对招募来的人员进行培训？如何对反恐人力情报人员进行管理？这一系列问题是反恐人力情报工作在人员培养和使用方面不得不面临的难题，成为对反恐人力情报应用的瓶颈。

首先，在招募人员方面，很难物色到合适人员从事反恐人力情报工作。当前，恐怖组织都有其特定的身份认同体系。这种身份认同体系建立在民族、宗教、教派、语言等特征基础之上，具有较强的排他性。外部人员很难接近或进入恐怖组织，很难获得恐怖组织的身份认可。而恐怖组织的非法性就决定了它的隐蔽性、封闭性，恐怖组织往往限制其成员与外界的沟通。

其次，在反恐人力情报专业人才培养方面，反恐人力情报专业人才既要通晓语言、宗教、文化、心理学等各种知识，也要掌握爆破、射击、徒手格斗、审讯等技能，更要擅长把所学知识灵活运用于各种复杂多变的反恐环境之中。因此，反恐人力情报的专业人才很难在某个固定的知识体系中一成不变地模式化培养出来。

再次，对反恐人力情报的专业人才实现长线管理，操作起来比较困难。要获取反恐人力情报，必须要有情报人员或者与反恐部门合作的线人接近、甚至深入恐怖组织内部。情报人员或线人在开展行动过程中，受到多方面的制约，从而导致管理上存在难题。反恐人力情报人员忠诚度的问题、反恐人力情报效用的问题、反恐人力情报经费使用效率的问题、反恐人力情报人员身份保密的问题等，都是反恐人力情报在管理上所面对的难题。

3. 反恐人力情报的技术保障涉及多项技术难题，操作应用的难度较大

无论对通过渗透方式打入恐怖组织的反恐情报人员，还是对通过策反方式为我所用的线人，提供多种多样的保障工作是发挥反恐人力情报的关键环节。对反恐人力情报的保障工作主要表现在以下方面：第一，是给反恐人力情报工作提供技术支持。对于在前方和后方工作的反恐情报人员而言，技术支持必不可少。通过信息加密、信息传递、信息解密、语言翻译等各种技术手段，关键的反恐情报才能从战斗在前方恐怖组织内部的情报人员手中传递到决策者手中。离开了这些技术，情报人员很难卓有成效地开展工作。但是，由于恐怖组织在驻扎地点、沟通联系方式和行动策略等方面变化多端，相应地，如何根据具体特点向反恐人力情报人员提供合适的技术支持也需要采取灵活机动的方式。第二，是给反恐人力情报人员提供心理支持。在心理上如何为反恐人力情报人员提供持续的心理支持对于他们长期开展工作具有十分重要的意义。

（三）加强反恐人力情报应用的对策

借鉴国外反恐人力情报建设的若干经验，全面提升反恐人力情报的管理与应用水平，可以从以下几方面着手：

1. 从法律上为反恐人力情报应用提供保障

反恐人力情报对于预防和打击恐怖主义具有不可替代的作用，在国内外的执法实践中广泛使用。世界许多国家的反恐实践表明：从法律上为反恐人力情报提供保障是克服障碍，提高反恐人力情报效用的重要手段之一。

从法律上为反恐人力情报提供保障首先应当加强对情报工作的监督。监督并不意味着限制，相反，法治化的监督更有利于保障情报工作的开展。从国外的实践看，对情报的监督主要采取执法机关和情报部门内部的监督、立法和司法机关对执法和情报部门的监督、媒体监督和社会监督等多种形式。

从法律上为反恐人力情报提供保障还应当从法律上明确反恐人力情报的地位、使用原则和限制条件等核心问题。美国、英国等国家，通过一系列法律规范了人力情报和技术情报在反恐工作中的使用问题。例如，“9·11”事件之后，美国通过《爱国者法案》和《外国情报监控法案》等一系列法案强化了人力情报和技术情报在反恐工作中的地位，规定了情报搜集的手段与条件，明确了在情报搜集工作中采取秘密措施需要遵循的原则和程序。英国在

2010年制定了《秘密人力情报实施规范》，非常详细规定了人力情报的含义、授权、管理等问题，以应对当前打击恐怖主义和其他严重犯罪的需要。

2. 广泛开拓反恐人力情报的信息渠道

广泛的信息渠道对反恐人力情报十分重要。这些渠道可以有以下几种方式：一是吸引恐怖组织成员作为线人提供信息。恐怖组织的群体中，少数人员处于中立地位，这些人员容易在物质及精神方面受到诱惑，反恐部门可以积极对这些人员进行渗透，提供一定的物质及安全保障，策反他们，使他们提供关于恐怖组织和恐怖分子的核心信息。二是寻求宗教人士和社会群众的帮助。通过动员广大群体和社会人士（特别是宗教人士）参与反恐工作，鼓励他们提供各种信息，可以从中搜集十分有效的反恐情报。三是培养反恐情报专业力量，派遣他们到恐怖组织活跃的地区，近距离地搜集各种信息，通过与相关人员面谈、审讯在押的恐怖分子等各种方式获取相关信息。

3. 健全管理保障体系，保障人力情报人员的职业水平与人身安全

从事反恐人力情报的人员，是一个高危职业。对其加强管理，保障他们的安全性、保密性，对反恐人力情报人员来说至关重要。在管理过程中，主要做好以下两方面的工作：一是加强入口管理。招收反恐人力情报人员，必须严把入口关，加强对其调查与审查；在从事情报工作的过程中，还必须建立定期审查制度，招募的人员可以从多个渠道秘密招聘，坚持高标准，高要求。二是保障其人身安全。在从事反恐情报收集过程中，管理部门必须对其身份严格保密，如果其暴露身份，反恐方必须展开积极的营救。退休后，必须建立其人身安全保障体系，确保不被恐怖分子报复。如果发生牺牲情况，需要建立健全其家人的生活保障体系，确保其家人的人身安全及生命保障。

4. 强化培训与训练，提高情报人员的专业素质

反恐人力情报的特殊性需要反恐情报人员必须具有较高的觉悟、责任及专业素养。因此，必须强化反恐人力情报队伍的整体素质，强化培训与训练，确保反恐人力情报人员的质量。严格有针对性的培训是提高情报队伍战斗力的关键。其培训必须贯穿整个情报人员的职业生涯，更新他们的知识与能力。对反恐人力情报人员的培训可以采取内部培训及情报机构外部培训两种方式来完成。内部培训过程中，可以借助警察类院校来完成，主要培训其情报专业知识、获取情报的途径及手段，强化情报人员的职业技能。而情报机构的培训主要是加强对其情报知识的拓展及更新，重点强化获取情报的技术手段，如联络技术、侦察技能，为情报任务的多元化服务提供支撑。

综上，反恐人力情报的保障对我国的反恐怖工作具有重要的战略地位，对维护我国的国家安全及社会稳定具有重要的价值。面对日益严峻的反恐形势，必须强化与拓展反恐人力情报的来源，直视反恐人力情报中存在问题，从培养机制、法律保障机制、人才培训及训练等角度立体的提高反恐人力情报的综合保障能力，努力建立一个高效的反恐人力情报保障体系，以适应未来可能面对的反恐怖战争。

三、反恐核心区作战的情报保障 [1]

反恐怖核心区作战是我方与恐怖分子斗争最激烈的环节，其成败决定着整个反恐怖行动的成败。但是，纵观国内外发生的近几起具有重大影响的恐怖袭击事件，反恐怖核心区作战并没有取得预期的效果。由于恐怖分子的动态流动性和网络电磁空间的极大覆盖，使反恐怖核心区正由相对封闭走向开放和运动状态，处置力量面临的陌生环境将不断出现。情报保障滞后于目标变化的矛盾将越来越突出。

（一）情报保障的主要特点

反恐怖核心区是处置力量与恐怖分子斗争最激烈的区域，具有作战进程快、情报难以获取、关乎全局等特点，是恐怖袭击发生后，处置力量与恐怖分子斗争的关键场所。包含两方面的含义：一是恐怖袭击已经发生，反恐怖核心区作战的主要任务是歼灭或抓捕恐怖分子，最大限度保护人民群众生命

---

[1] 陈明、凌云翔：《反恐怖核心区作战情报保障问题研究》，载《情报杂志》2016年第2期。摘编后收入本书。

和财产安全；二是一次恐怖袭击会形成一个或多个核心区，可以存在于社会面上的任何一个角落，可以是相对封闭，也可以是动态变化。反恐怖核心区作战情报保障表现出了以下特点：

1. 事发突然剧烈，情报需求多样

恐怖分子为了实现其不可告人的目的，在采取恐怖行动前往往要经过缜密的谋划、踩点、购置作案工具等行动，这一系列行动短则数月，多则数年，很难被发现。一旦确定了作案时间、地点后，恐怖分子迅速将前期的作案要素集中起来，并在预定的地点、针对预定的目标展开恐怖袭击。突然爆发的恐怖袭击不仅会对当地人民群众的生命和财产安全造成损失，还会在公民中产生极度的恐慌情绪。为稳定混乱的社会秩序，情报侦察人员不仅要迅速获取核心区关于人员伤亡、财产损失、作案工具和恐怖分子数量等情报，还要对恐怖事件的性质、可能造成的影响、下一步动向等信息及时公布于众，特别是对网络的谣传要用事实及时澄清。因此，突然发生的恐怖袭击所带来的混乱的社会秩序，客观上要求充实、多样的情报信息来为其重新恢复提供必要的保障。

2. 现场态势复杂，情报真假难辨

自媒体的大量普及，人们可以将自己的所见、所闻、所感随时发布在互联网上，多渠道传播、层层放大事实真相的特征在危机舆情传播中尤为突出。恐怖袭击发生后，处于慌乱中的群众对现场情况未必能很好表达，有相当一部分内容是经过别人的转述而来，信息极有可能被放大。面对复杂的现场态势，处置力量在自我情报保障的基础上，对事件前期及当前的情报信息必须借助于调查询问、查阅权威媒体、浏览网站等方式来获取，所获取的信息由于被多次转发或放大，并不能很好地反映现场真实情况，甚至会与侦察力量在实地获取的情报相矛盾，形成情报信息真假难辨的局面。核生化恐怖袭击具有更强的隐蔽性，恐怖分子可以通过邮件、宠物或较小的容器就可以实施，无须多人协同，而且不易被发现，受害后有一定的潜伏期，并表现出与常见病相似的病理。因此，发生此类恐怖袭击后，很难回答核心区在哪里，谁是恐怖分子等问题。要侦取准确的情报信息，必须借助于更广泛的社会力量、调动更多的社会资源才能完成。

3. 敌我斗争激烈，要求高质量情报

面对我国日益健全的社会管控网络，恐怖分子会采取多种手段与政府、军队、公安等力量进行对抗，不仅在袭击目标、作案时间上会精心选择，而且在作案手段上也呈现出了复合化的趋势，这一趋势在形成多个核心区的同时，也使核心区由相对封闭走向了动态开放。核心区的动态开放不仅表现在恐怖分子与外界的联络极为频繁，更表现在地点会不断变化。激烈的敌我斗争迫切要求情报侦察人员必须准确回答“恐怖分子在哪里？作案工具是什么？有无劫持人质？主要企图是什么？下一步打算做什么？”等问题。回答上述问题，不仅需要大量的信息资料，更要求情报人员善于从恐怖分子与外界的一段通话联系、一个微小动作中鉴别分离出有效信息。可见，袭击手段样式的复杂化和袭击目标的多样化在加剧敌我斗争进程的同时，必然要求情报侦查力量快速、准确地获取情报，为作战行动提供支撑。

4. 社会责任巨大，国际合作紧密

在恐怖袭击多发地，往往具有深层次的民族、宗教和社会矛盾，长期受国内外关注。恐怖分子在敏感地区袭击目标的选择上已不仅仅集中于国家机关、重要军事目标、党政要人等目标，而是将范围扩大至基层政府机构、工厂、车站、码头、学校、机场等安防力量相对薄弱的公共场所。一旦针对上述目标发生恐怖袭击，不仅会造成大面积人员伤亡和财产损失，对当地群众心理上造成阴影，还会引发更深层次的社会矛盾。因此，严酷的斗争环境和复杂的社会矛盾使核心区情报保障在面临更大挑战的同时，也肩负着重大的社会责任。由于受到国内外的长期关注，恐怖组织往往采取境外策划、境内实施的方式，因此，情报保障不能仅仅聚集于浮出水面的恐怖分子，更要加强国际范围内的合作，对潜在的恐怖分子进行深层次挖掘，实现更高层次的社会治理。

5. 作案工具隐蔽，对高技术依赖性强

安防体系的强力推进使得恐怖分子越来越难进行大范围的流窜。相反，恐怖分子通过互联网来就地制作爆炸装置等作案工具以躲过我严密的安防体系。作案工具的隐蔽性主要表现在两个方面，一方面其所需材质在市场上大多可以买到，不易被引起注意；另一方面利用高科技手段制作更加隐蔽、威力更大的作案工具，从而顺利躲过层层安检，比如，目前恐怖组织使用的塑形炸弹可以塑成任意形象携带，藏匿于行李的空隙处，从外形上很难识别。作案工具是恐怖袭击得以实现的必要条件，决定着恐怖袭击的方式和下一步动向，而极具隐蔽性的作案工具使得反恐怖核心区敌情更加瞬息万变。为克服这一现实问题，必须依赖于大数据分析等高技术手段对恐怖分子的作案工具信息进行深层次挖掘，防止发生二次伤害。

（二）情报保障存在的难题

1. 目标资料难以快速获取

恐怖分子在目标的选择上一般表现出“三叉目标选择”特点，即，一个熟悉的目标，一个有能力袭击的目标，一个袭击以后影响重大的目标。但是随着我国经济社会的快速发展，重要目标的数量在急剧增加，特别是一些建筑物虽然从宏观上没有大的改变，但是局部已经历过多次改造，与担负反恐怖核心区作战任务的力量掌握的有关资料不论在内容上、时间上还是表现形式上都有较大差异。因此，一旦针对这些目标发生恐怖袭击，这一不足会严重影响反恐怖作战的效能。与此同时，恐怖组织为了成功策划恐怖袭击，在暴恐人员的选择上也极为隐蔽，并呈现出“聚则为恐，散则为民”的趋势，相比于传统的恐怖分子，这些人员大多没有犯罪前科，更没有战争经历，很难通过跟踪定位、适时抓捕等方式来避免恐怖袭击，因此，发生恐怖袭击后，其档案资料中几类有限的信息并不能反映其新近的社会关系及身份特征，这一信息空白将使作战力量不能更加有效地打击恐怖分子，比如，2015 年 1 月 7 日，法国巴黎发生的连环恐怖袭击事件中，正是由于处置力量没有及时获取恐怖分子的准确信息，致使一名女性嫌犯混在人质中逃走。

2. 现有侦察装备难以发挥有效作用

信息技术的高速发展在为侦察装备的信息化提供极大便利的同时，也使侦察装备暴露出了一系列不足，比如对电能、信息网络的极大依赖。事实上，恐怖袭击不仅会发生在大城市，而且也会发生在一些边远村镇。地理环境的不同，对于侦察装备的影响也不尽相同。大城市虽然具有极为发达的通信网络，可以为侦察装备实时传输信息提供便利，但是其中高楼林立，地下建筑物众多，电磁环境复杂，很容易存在通信盲区和观察死角。地域广阔，民风淳朴的边远村镇，有利于侦察分队的快速展开行动，但是恶劣的自然环境和微弱的信息覆盖率不仅使侦察分队与指挥机构容易失去联络，还可能影响部分侦察装备性能的发挥，比如，车载侦察装备在高原地区行进时很可能会由于温度过低、粉尘过多等因素产生车辆动力不足、侦察视野模糊、装备加速老化等问题。

3. 情报搜集、整理、分发等环节难以有效衔接

反恐怖核心区快速的作战节奏必然要求实时的情报保障。但是，作战区域的极大不确定性使得自动化的情报侦察体系难以快速展开，因此，在对核心区进行侦察时必须首先依托照相机、望远镜、摄像机等就便侦察器材对重点区域进行侦察。就便侦察器材虽然具有易于携带、易于伪装等特点，但是其整理、分析情报信息的能力极为有限，需要将侦察到的信息通过移动存储介质转存至现场指挥中心统一处理后再分发给处置力量。这一情报保障模式不仅使最新的情报信息无法实时传输至现场指挥中心，也使最新的情报需求无法传达给情报侦察人员，无形中迟滞了作战行动。

4. 人力情报保障面临多种困境

人力情报相比于技术情报，其特殊作用表现在：反恐怖人力情报可以提供关于恐怖分子和恐怖组织思想动机、意图、能力等方面的特定情报，而这方面的情报很难通过技术手段或其他手段获得。处于反恐怖核心区内的恐怖分子不仅追求社会恐慌，而且具有一定的经济、政治诉求，并将人、车、重要军事目标等作为与政府讨价还价的筹码。再精密的侦察装备也无法预测恐怖分子现在想什么、下一步会怎样行动、最终的目的是什么等问题。对这些信息的了解必须借助于人力情报才能实现。但是，人力情报保障面临多种困境：一是难以“进入”。高度紧张的斗争环境使恐怖分子有着较强的戒备心理，不会轻易允诺外界人员进入核心区。即使被允诺进入，其行动空间也受到极大的限制，并随时处于恐怖分子的监控之下。二是难以“融入”。人力情报人员只有与恐怖分子在情感、经历等某一方面达到共鸣时，才能赢得恐怖分子的信任，才能了解其内心世界的真实想法。但是恐怖分子具有很强的民族或宗教特色，其外貌特征、语言特点具有强烈的排外色彩，外界人员很难掌握其语言内涵。三是难以保证人身安全。为了有效获取情报，人力情报人员往往以谈判专家的身份出现。谈判专家在进入核心区时，身上很少带有武器装备，或只带有有效自卫的小型武器，并不能对恐怖分子进行歼灭性打击。谈判破裂或发现我方真实用意后恐怖分子会采取更加极端的方式来回应我方的行动。

5. 作战单元间情报难以实时共享

当前，“群狼”式恐怖袭击在我国及其他国家已经出现，相比于“独狼”式恐怖袭击，其具有更强的组织性、更明确的目标、更凶残的手段和更严密的行动计划等特征。因此，一旦发生“群狼”式恐怖袭击会形成多个反恐怖核心区，而此时情报共享机制上的壁垒就成为影响整个作战任务的突出问题。一是进行反恐怖核心区作战时原有的作战单元会被打破，形成多个子单元，侦察力量也会随之被分解至各个作战子单元，而各个作战子单元形成对目标不同角度的情报信息，只有将不同角度的情报信息共享后作战子单元才能对作战区域进行全面的了解，为核心区武力打击创造条件。但是，复杂的电磁环境、有限的实时通联能力和数据存储能力使得来自各方的情报信息难以汇总。二是担负反恐怖核心作战的部门，拥有各自的情报侦察力量，而力量之间在平时缺乏有效的协同配合机制，在高度紧张的战时环境下很难协调一致的行动。三是多部门联合处置的反恐怖作战模式并不能保证侦察力量同时到达现场。面对严峻的斗争态势，只能将先期到达的侦察力量配置在形势最紧张的地区。因此，“先到重用”的力量配置模式很容易产生力量错配，将导致重点部位、重要人员的情报信息难以获取的局面。

（三）情报保障的基本策略

反恐怖核心区作战情报保障存在的诸多难题，使这一形势更加严峻。对此，必须在进一步树牢“侦战一体，察打结合”理念的基础上，从强化现场指挥体系、优化情报保障装备布控模式等诸多方面入手。

1. **建立功能齐全、层级适应的现场指挥体系**

“9·11”事件后世界反恐形势复杂多变，国际恐怖主义的急剧变化在进一步影响我国国内安全稳定。严重的社会影响迫切需要我国政府建立与之相适应的危机化解机制。其中，快速有效的情报保障是有效克服这一问题的关键。

理想的情报保障网络是网格化的组织结构，它具有信息共享快，信息量足，抗摧毁能力强等特点。目前，我国危机管理沿用的是树状的指挥控制模式，树状的情报保障模式存在情报信息共享慢、稳定性差、协同配合难等诸多难题，必须从更高的层面加以重新建设和规划。然而要在现场极为混乱的情况下迅速建立网状的情报保障模式显然与反恐怖核心区快速的作战进程极不适应。因此，面对紧张的局势，必须立足于现有的保障条件，构建功能齐全、层级适应、重点突出的现场指挥体系。

（1）建立以情报保障、指挥控制主导的现场指挥机构。首先，在进一步充实现场指挥机构情报保障、指挥控制、通信联络、救援保障、心理干预等功能要素的基础上，将情报保障与指挥控制紧密相连，并赋予其更大的职权，直接为指挥控制服务。从而将现有的以指挥控制为中心，其他功能要素配合的结构模式变为以情报保障、指挥控制并重的多要素配备模式。其次，形成合理的指挥层级。恐怖袭击方式的不同，对现场指挥层级有着不同的要求。相对固定的反恐怖核心区其影响力相对较小，靠一国或区域内的力量就可以有效应对。但是如果发生劫机、核生化恐怖袭击将需要多个国家的配合，甚至需要在第三国进行反恐怖战斗。因此，恐怖袭击发生后，必须根据恐怖袭击事件的性质迅速建立合理的指挥层级，从而调动更广泛的情报保障力量保证反恐怖战斗的胜利。最后，各部门主要领导进入现场指挥所，对现场的情况进行共同研判，并根据任务分工下达命令，在增强命令权威性的同时，进一步缩短指挥机构与处置力量的“距离”，提高指挥效能。

（2）强化一体化的情报处理平台功能。反恐怖核心区情报保障相比于战略性情报与战役性情报，更具有针对性和操作性，要求精准的研判出恐怖分子的具体位置、使用的武器、劫持人质的数量等信息。因此，必须改变现有的情报搜集、传输、整理、研判、分发等环节相分离的情报保障模式，在现场指挥所内增设一体化情报信息处理平台，将上述各环节融为一体，并通过卫星通信、有线传输、无线传输等通信手段与现场情报侦察装备相连接，提升情报处理效能。为任务力量配备融语音通信、图像传输、卫星定位于一体的数字化单兵短波通信系统，使作战力量能够对现场语音、图像和数据实时共享的同时，能根据任务需要自主决定用什么方式去遂行任务。三是形成高度集中与高度分散相结合的侦察力量配置格局。反恐怖核心区作战情况复杂，受干扰因素增多，情报保障滞后于现场情况的情形将长期存在。现场指挥机构不可能对所有情况实时掌握，甚至不能针对一些突发情况作出合理的决断，客观上要求侦察力量在缺少相关情报信息的情况下能根据核心区具体情况灵活选择手段。对此，必须建立高度集中与高度分散相结合的侦察力量配置格局，在对侦察力量统筹配置、高效使用的同时，赋予侦察力量一定的临机处置权，以灵活应对核心区的各类突发情况。

2. 集中优势装备，形成多维一体的情报侦察装备配置体系

多维的情报信息是取得反恐怖核心区作战胜利的关键。对此，必须集中优势装备，形成多维一体的情报侦察装备配置体系。

（1）在空中、地面形成立体的情报侦察装备布控体系。空中侦察相比于地面侦察具有更宽广的视野和机动空间，但是易被发现；地面侦察隐蔽性较好，但是受地理因素限制较多，难以对核心区进行全方位的侦控。因此，必须集中优势装备形成立体的情报侦察网。在空中，可采取占领周边高大建筑物、发射飞行器等方式形成对核心区的总体布控，一方面可以从较高的维度把握恐怖分子的动向；另一方面可对空中出现的警情及时报知，弥补车载侦察装备易受气候、路面等因素干扰的不足。在地面，形成远、近结合，相互交叉的地面情报侦察网。具体来讲，就是要用侦察装甲车、卫星通信车等装备在核心区外围主要区域和街道来回交叉巡逻，将现场情况实时传输至现场指挥中心；利用望远镜、潜望镜、窥镜、夜视仪、激光测距机、隔墙听、侦察耳、一体化侦控箱等装备对核心区建筑物的内部结构、所隐藏的恐怖分子、人质数量等情报进行侦取，从而实现对显性与隐性现场的实时化监控。

（2）形成网络空间与现实空间相支撑的情报获取体系。利用网络来谋划、指挥恐怖活动已经是恐怖组织的惯用伎俩。对此，必须将情报触角伸入网络空间，对核心区恐怖分子的组织背景、家庭背景、心理状况、所购买的装备等信息进行深度挖掘，并与现场掌握的实际情况进行相互印证，为政治攻心等行动提供情报支撑。通过监听器、网络侦控系统等设备对核心区的电子信号进行侦听、识别，了解恐怖分子与外界组织的联络内容等信息，为更高层面打击恐怖主义打下基础。

（3）形成高科技侦察装备与常规侦察装备结合使用的情报侦取模式。立足于现有条件，将高科技装备配备在核心区关键位置，发挥主导作用，比如，针对核心区及各通道人员出入频繁、情报难以获取、恐怖分子易逃走等重要区域，将痕迹探测仪、中子活化探测器、新一代 X 光检测装置、炸药嗅闻器等装备配置在此类位置。而在次要位置或不利于高科技装备使用的空间，可广泛使用常规侦察装备，实现功能互补，最大限度发挥各类装备的功用。

3. 抽调情报专家，配强人力情报保障队伍

恐怖分子会采取发布虚假消息等一系列的伪装行动，甚至不惜用极为残酷的手段证明其欺骗的“真实性”。情报工作的本质和最高境界就是要求情报人员在敌人作出决定之前就洞悉他们的意图。最低限度使用武力，最大限度保护人民生命财产安全仍是反恐怖核心区作战的总指引。在核心区作战态势极为紧张的情形下，恐怖分子的思想变化并不能由程式化的数学模型得到，充分发挥人力情报人员的作用尤为重要。一是选择心理素质好、专业技能强、军事素质硬的侦察人员与恐怖分子近距离接触。恐怖分子在实施恐怖袭击前大多接受过专门的训练，具有很强的反侦察能力。因此，必须在现场指挥机构的总体协调下，选择素质全面的情报侦察人员深入反恐怖核心区与恐怖分子近距离接触，掌握尽可能多的关键信息。二是配强人力情报保障人员的装备体系。可采取“一种情况，多人研判”的模式，即为侦察人员配备数字型侦察器材，将核心区恐怖分子的面貌特征及周边信息实时传回现场指挥所，由现场指挥员组织的专家团队进行共研。三是配强情报信息分析队伍。激烈的斗争态势必将产生大量的情报信息。人脑在此类分析中有不可替代的作用。必须组织高技能的情报信息分析人员，确保情报分析准确和高效。其次，充分发挥人民群众等基层单位的作用，及时向现场指挥员提供在逃恐怖分子的社会关系、藏匿地点、逃离路线等信息。

4. 立足侦打一体，广泛开展情报攻势

反恐怖核心区的作战特点决定了情报侦察力量只有和作战力量保持密切联系才能使所获取的情报信息发挥应有的作用。对此，必须破除情报获取与使用之间的壁垒，特别是对侦察力量赋予一定的作战任务或临机处置权尤为重要。情报保障人员在发动情报攻势方面有着丰厚的实践经验和装备基础。因此，可以立足侦打一体，适时对恐怖分子开展情报攻势。一是对核心区信息环境进行“断源截流”，形成信息孤岛。对核心区外围进行严密封控，将恐怖分子与外界的信息交流切断，保持信息控制的主动权。二是针对恐怖分子开展心理战。由于人在信息上存在着对初始信息“先入为主”的知觉偏差，因此，在取得核心区信息环境的绝对控制权后，情报人员要削弱恐怖分子同政府的对抗意志，使其处于孤立无援的境地，最终迫使其放弃武力抵抗。三是在网络空间展开舆论战。恐怖袭击事件具有高度的敏感性，再加上西方有关国家在恐怖主义问题上所采取的双重标准，其影响容易受到境内外敌对势力的恶意炒作和渲染。反恐怖核心区由于外界难以进入，现场处置进程更容易受到外界歪曲报道，严重时还会引发大规模的社会骚乱，对此，组织新闻媒体素养较高的情报工作人员在实时发布权威信息的同时，时刻关注网络舆情动态，一旦发现歪曲报道，要以跟帖或召开新闻发布会的方式及时澄清谣言，稳定社会秩序。

四、反恐情报危机决策机制[1]

反恐情报危机决策是指在众多反恐情报危机处理备选方案中，选择最优

[1]　孙韶聪、靳娟娟：《国家安全与反恐情报危机决策机制构建研究》，载《情报杂志》2017年第3期。摘编后收入本书。

的危机决策方案的过程。反恐情报危机决策机制是指反恐情报危机决策活动中，各种反恐情报活动过程、反恐情报资源（反恐情报人员及队伍、反恐情报系统、反恐情报技术）、反恐情报法律制度、反恐情报理论与方法等各环节的高质量匹配。

（一）反恐情报危机决策机制构建的机理

1. 反恐情报危机决策的基本属性

（1）反恐情报危机决策解释

关于反恐情报危机决策，目前学术界有两种主流解释。一是指反恐情报系统工作中出现危机时所进行的决策活动；二是指以反恐情报为依据所进行的危机决策。本书取后一种理解，即反恐情报危机决策属于风险型和非确定型的科学决策，其基本属性具有风险型、非确定型。

风险型决策是指在未来情况不完全确定的条件下所作的决策，或者说已经拟定出的各种方案所依据的外部环境或自然状态是不确定的，但可获得发生概率的估计值情况下的决策。这种决策是有冒风险的，利用各自然状态出现的概率进行决策计算与分析，是这种决策区别于其他决策的一个重要特点。

非确定型决策是指无法获得对未来自然状态发生概率的估计值时，在对未来情况完全不确定的条件下所作的决策。恐怖危机事件具有突发性、危害性、不确定性等特征。因此，要求决策者和职能部门要在第一时间作出有效的反应。由于这种时间上的约束性，客观上不允许他们有充足的时间对危机有详尽的了解，他们往往需要在情报不充分的前提下作出决策。因此，反恐情报危机决策属于风险型和非确定型决策。

（2）反恐情报危机决策的特殊性

反恐情报危机决策除了普遍的基本属性，还有其特殊性。反恐情报危机决策的特殊性有：紧急性、模糊性、动态性。

紧急性是指反恐情报危机决策是在情势紧迫下作出的决策。这种决策是一种强制性的时间约束条件下的决策。模糊性是指反恐情报危机决策常常是在事态不明朗、事件发展的前因后果不清楚的条件下作出的。动态性是指决策者随时根据多变的复杂因素调整管理方法。在恐怖危机管理中，要根据危机发展的不同阶段，影响危机不同因素的发展变化而改变危机管理方式。

2. 反恐情报危机决策系统的构成要素

反恐情报危机决策系统通常是由决策者、决策对象、信息和情报、决策理论与决策方法、决策结果等基本要素构成。

决策者是决策中的基本要素，是决策系统主观能力的体现者。这种主观能力的体现者，有时以个人的形式出现，有时以集团的形式出现。决策对象就是人的行为能够施加影响的系统。信息和情报把决策者、决策对象和外界环境联系在一起，是决策系统运动、变化、发展的根据和条件。决策成功与否在一定程度上取决于获取的信息和情报的数量和质量，要想使各种杂乱的信息变成可靠的有效情报，必须加强信息情报系统建设，重视信息情报工作。决策者根据获得的信息与情报运用正确的决策理论和决策方法，从而得出决策结果，应对恐怖主义活动。

3. 反恐情报危机决策的方法

反恐情报危机决策的方法从性质上分可分为定性法和定量法。

定性法主要使用简约决策法与智囊技术法两种方法。简约决策法通常要具备以下步骤：一是甄别信息选准决策者；二是形成两套以上的可行性方案；三是评估最优方案，选定应变方案；四是建立及时反馈渠道，不断完善方案。智囊技术法是一种发挥专家集体智慧和创造优势的“软”技术。这类方法的形式有多种，如头脑风暴法、对演法、专家咨询法等。由于反恐情报危机决策机制构建属于非确定型决策，所以关于反恐情报危机决策机制构建的定量决策方法主要有乐观准则、悲观准则、乐观系数准则等可能性准则、后悔值准则。

（二）反恐情报危机决策分析机制

1. 反恐情报危机决策分析流程

根据第二次世界大战结束后，危机管理理论的发展，形成了四阶段模式、五阶段模式和三阶段模式等危机管理理论。三阶段模式是一种常用的危机管理模式，具有简洁明了、实用性强等特点，对于反恐危机管理而言具有很强的指导作用。根据三阶段模式，将反恐情报危机划分为反恐危机发生前的情报决策分析、反恐危机发生中的情报决策分析和反恐危机发生后的情报决策分析三个阶段，并在此理论基础上，对不同阶段反恐情报危机决策分析机制的构建模式进行研究。

（1）反恐危机发生前的情报决策分析流程

反恐危机发生前的情报决策分析是指在恐怖主义危机事件还没有实际发生前，反恐情报部门开展各项情报分析工作，为情报决策提供依据的过程。分析的目的主要有：分析反恐主义风险，提供恐怖主义预警，管理恐怖主义风险，解决潜在的现实威胁。反恐危机发生前的情报决策分析工作要遵循以下流程（如图 4.1 所示）：

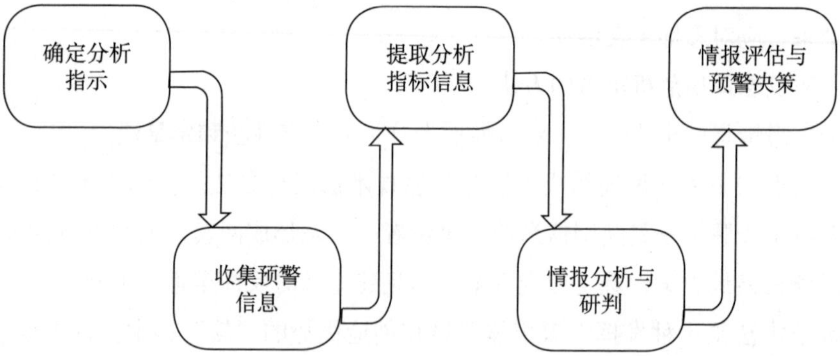

图4.1　反恐危机发生前的情报决策分析流程图

（2）反恐危机发生中的情报决策分析流程

反恐危机发生中的情报决策分析模式与其他阶段的情报决策分析模式相比，任务和特点都不尽相同。研究反恐危机发生中情报决策分析，可以为评估恐怖主义事件综合影响作出处置决策提供支撑，可以为快速处置恐怖主义事件、控制社会危害性提供支持。反恐危机发生中的情报决策分析工作要遵循以下流程（如图 4.2 所示）。

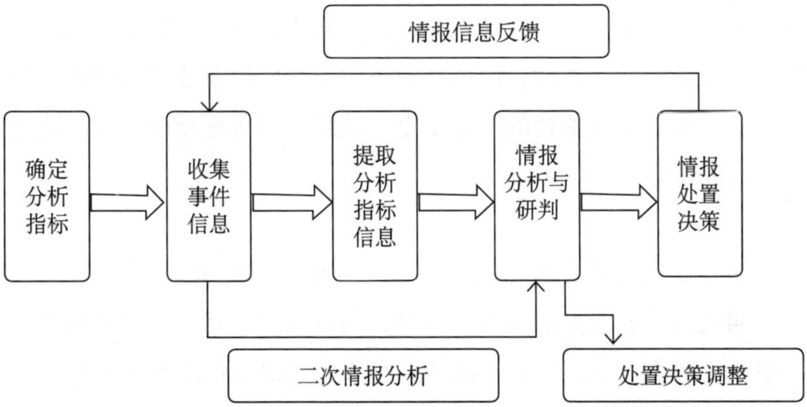

图4.2 反恐危机发生中的情报决策分析流程图

（3）反恐危机发生后的情报决策分析流程

反恐危机发生后的情报决策分析是反恐危机管理的重要组成部分，具体指在恐怖主义危机事件发生后，反恐部门对恐怖事件进行情报分析，为处理危机善后工作、消除恐怖事件不良影响、开展案件侦查和危机管理总结提供情报决策依据的过程。反恐危机发生后的情报决策分析，在维护社会稳定、恢复政府形象等危机管理工作中发挥着不可替代的作用。反恐危机发生后的情报决策分析的目的主要有：破获恐怖犯罪案件、评估恐怖袭击造成的影响、为恢复重建提供情报支持。

2. 反恐情报危机决策的分析要素

反恐情报危机决策的分析因素可分为组织要素、人员要素和文献要素等三种。

（1）组织要素

反恐情报危机决策分析的组织要素主要体现在两方面：组织硬件和组织软件。组织硬件是指国家安全与反恐情报危机决策机制所规定的机构设置状况等较稳定的因素；组织软件是指决策者群体决策行为造成的群体环境。在当下严峻的反恐形势下，传统的金字塔型层级控制组织结构弊端明显，即国家安全与反恐情报危机决策组织虽然设计得轮廓分明、条理清楚，自上而下实行统一的直线控制，便于权力快速、高度集中，却也因此造成组织内部制度僵化，整个结构缺乏弹性。因此在改革组织结构时要注意构建刚柔并济的组织结构，要建立全面整合的国家安全与反恐情报管理系统，要优化危机决策的群体决策环境。

（2）人员要素

反恐情报危机决策分析的人员要素主要包括：决策者的决策能力建设，反恐部队的机制构建两大部分研究内容。同常规决策相比，恐怖危机时的决策权一般由少数人掌握，因此，决策者个人因素对恐怖危机决策有相当大的影响。决策者个人因素，是参与决策的成员，特别是最高决策者的个人经历、学识、信仰、风格、能力、习惯、家庭等因素，以及由这些因素所决定的决策者对恐怖斗争环境、国家安全状况与国家利益的认识与理解。在严格反恐队伍成员的选任及训练时，要注意选用政治觉悟高、身体素质强、体能过硬、反应敏捷的人，并且能够胜任各种执法工作的复合型专门人才。并且要从日常体能、反恐业务、情报业务三方面加强训练。

（3）文献要素

反恐情报危机决策分析的文献要素是指，通过运用文献计量学的方法，对某一时间段的所有关于反恐情报危机决策分析机制领域的文献进行分析，了解反恐情报危机决策分析领域的研究关注度；该领域的研究团队情况；该领域的研究短板和存在的问题；该领域高质量的研究成果情况；各类型基金项目对该领域的资助情况。

3. 反恐情报危机决策的分析方法

关于反恐情报危机决策分析机制的分析方法有多种组合形式，基于 AHP-SWOT 分析法及情景分析法，是及时、准确的确立反恐情报危机决策的一个有效方法。

现阶段反恐情报分析主要以定性分析为主，过多依赖于经验使其主观成分较多，分析结果缺乏科学性，引入 AHP-SWOT 分析法，将定量分析法与定性分析法相结合，科学准确地分析反恐情报工作的当前形势，为提高反恐情报水平进行探索。将AHP引入到SWOT分析法中，通过对现阶段反恐情报工作的内、外部因素的重要性以及影响力进行科学合理的判断，构建SWOT矩阵，并将这些非量化的因素进行科学量化，解决SWOT分析法中因素难以科学整合的难题，以定性和定量相结合的方法对反恐情报工作的外部环境和内部环境条件进行综合评价，通过分析当前我国反恐情报工作所面临的机会和威胁、所处的优势和劣势，进而得出适合反恐情报工作有效开展的决策和评价。

情景分析法在反恐情报危机预警中的运用主要是通过分析对国家安全未来发展造成影响的各类反恐情报可能出现的状态及它们的可能性，划定一定范围内的反恐情报危机预警环境，并针对未来出现恐怖事件概率最高的发展趋势提出恐怖事件预警方向和应对措施。

（三）反恐情报危机决策体系的构建

1. 反恐情报危机决策系统

反恐情报危机决策系统是指，打击恐怖活动中的政府或相关机关的反恐情报危机决策管理系统，由反恐情报危机决策系统、情报系统、智囊体系、制度体系四项基本要素构建。其中情报危机决策系统是情报危机决策机制系统的重要组成系统，其余三部分属于辅助部分。

（1）决策系统

反恐情报危机决策系统是反恐情报危机决策机制的主干，是反恐情报危机决策谋划的主体。反恐情报危机决策中的一切活动都要围绕反恐情报危机决策系统来进行，反恐情报危机决策系统由反恐情报危机决策中枢和反恐情报危机决策辅助机构构成。反恐情报危机决策中枢是指，在打击反恐活动中，能够进行自主反恐情报危机决策、自主行动并能够承担一切反恐情报危机决策后果的反恐情报危机决策主体，是反恐情报危机决策系统运转的大脑，也是一切反恐情报危机决策活动的中心，主要由最高反恐情报危机决策人和反恐情报危机决策圈构成。反恐情报危机决策辅助机构通常分常设机构和非常设机构两大类，二者都是反恐情报危机决策中枢运转的基本机构，其职责是：

预测反恐情报危机，为反恐情报危机决策中枢提供专业情报咨询，执行反恐情报危机决策方案并向反恐情报危机决策中枢提供执行反恐情报危机决策方案的反馈信息。

（2）情报系统

任何类型的反恐情报危机决策都离不开及时有效地情报保障，而情报保障需要高效运行的情报系统。反恐情报危机决策上的失误不一定归咎于情报保障失误，但情报保障失误必然导致反恐情报危机决策失误。目前，反恐情报系统分为综合情报系统和部门情报系统。综合情报系统负责制定国家情报政策，起草相关情报法律，统领国家情报事物，对相关部门进行情报指导和管理，在情报政策、情报处理和情报分析等方面具有权威性。该系统通常由国家反恐情报危机决策中枢和最高反恐情报危机决策人直接掌控和督导。部门情报系统是国家情报体系中不可或缺的重要组成部分，通常隶属于政府各职能部门。

（3）智囊体系

智囊体系是反恐情报危机决策者在反恐情报危机决策过程中所倚重的高级幕僚、幕僚机构及重要的学术咨询机构的总称，是打击恐怖活动，构建反恐情报危机决策机制中不可或缺的重要组成部分，也是对反恐情报危机决策质量高低进行有效监督的重要保证。不同层次、不同职能的智囊组合成了不同的智囊体系，并在打击恐怖活动中发挥着不同的作用。

（4）制度体系

制度体系是指所有与反恐情报危机决策相关的，用来保障反恐情报危机决策机制平稳高效运行的法律、政策、原则、规定、程序等要素的总称，是反恐情报危机决策机制运行的基本依据。制度体系不完备，反恐情报危机决策机制运行就会缺乏动力、活力与强制力，就会发生系统混乱和偏转，可以将反恐情报危机决策制度体系分为反恐情报危机决策运行制度体系和反恐情报危机决策监督制度体系。

2. 反恐情报危机决策方案制定

反恐情报危机决策方案是指反恐情报危机决策者为应对恐怖主义而制定

的使用与调配国家力量和资源的具体执行计划。无论反恐情报危机决策方案如何变化，构成反恐情报危机决策方案的要素基本相同，具体包括：

（1）性质与目标

反恐情报危机决策性质与反恐情报危机决策目标是反恐情报危机决策方案构成的前提与基础，反恐情报危机决策方案中的其他要素都必须以反恐情报危机决策的性质与目标的确定为基础。反恐情报危机决策的性质主要从五方面进行判定：一是该犯罪活动属于何种类型；二是该犯罪活动何时发生；三是该犯罪活动为何发生；四是该犯罪活动如何发生；五是该犯罪活动发生的危害程度。反恐情报危机决策目标是整个反恐情报危机决策方案的总纲，事关整个反恐情报危机决策的成败。在反恐情报危机决策实践中，反恐情报危机决策目标主要分为最高目标、最低目标和最佳目标三类。

（2）组织与指挥

组织与指挥是反恐情报危机决策方案筹划与实施过程中的关键环节，其内容主要包括：组织与指挥机构、责任与权限。组织与指挥机构是保障反恐情报危机决策效率的关键环节，是组织指挥有效性的基础和前提。专门的组织与指挥机构包括：新建、依托、组建和改造等四种形式。指挥责任与指挥权限是指挥机构高效运行的前提，在反恐情报危机决策方案中应同时同步明确指挥机构的指挥责任与指挥权限。指挥责任是指挥行动的基本依据，也是机构发挥作用的内在动力。指挥责任的方式主要有三种：一是逐项确定，是指将责任人担负的责任明确罗列出来；二是范围确定，是指将责任人应担负的全部责任划定一个明确的范围；三是原则确定，是指不具体明确责任人的具体责任，也不划定责任人的责任范围，而是通过明确责任原则赋予责任。

（3）资源配置与运用

资源是一切反恐情报危机决策活动的基础和前提，没有与资源相对应的反恐情报危机决策，方案再完美也毫无价值。反恐情报危机决策方案的目标实现，最终都要落实在相关资源的配置与运用上。与反恐情报危机决策有关的资源配置主要包括：政治资源、国防资源、人力资源、重大设施资源、战略信息资源和财政资源等资源配置。各种资源在反恐情报危机决策过程中承担着不同的地位，也表现在不同的具体资源上。

（4）决策方案

反恐情报危机决策方案的生成是指发现反恐危机到反恐情报危机决策方案确定的基本过程，反恐情报危机决策方案生成是反恐情报危机管理的关键步骤，也是反恐情报危机决策方案的重点和难点。反恐情报危机决策方案生成内容包括以下五项基本要素：确定目标、情报的搜集与分析、预案构建、预案评估与方案确定、方案补充。在确定目标时，目标要准确、目标要区分主次、精炼数量、目标应当分解落实、目标变更时要慎重并留有余地。在资源有限的条件下，情报搜集与分析工作必须保障重点内容搜集与分析。经过情报的搜集与分析，构建反恐情报危机决策方案要符合以下几项要求：紧紧围绕反恐情报危机决策目标，对预案进行可行性分析，确保预案完整清晰，确保预案的灵活性。随后，要对预案进行评估，预案的分析与评估主要包括两项内容：一是论证对比，二是预案排序。一般情况下，反恐情报危机决策人应从以下四个方面权衡备选方案：方案的全局性，方案的稳妥性，方案的效益性，方案的长远性。反恐情报危机决策方案确定后，随即进入组织反恐情报危机决策的实施环节，补充反恐情报危机决策方案通常在方案的实施过程中产生。补充反恐情报危机决策是不断完善反恐危机决策方案的重要手段，也是不断增强方案效果的必要途径，及时有效的方案补充构成了“反恐情报危机决策—执行—反馈—补充—再执行—再反馈—再补充”的互动链条。

3. 反恐情报危机决策的主要内容

反恐情报危机决策的主要内容主要涵盖以下几个方面：

（1）加强边境情报管控，防止涉恐人员潜入潜出

境内具有极端主义思想的人员出境以后，受到境外“东突”组织的拉拢，成为“东突”组织成员，在训练基地接受训练，并通过参与国际恐怖主义活动获得实战经验，目的就是为了学成后潜入我国进行恐怖主义破坏活动，这些人斗争经验丰富，一旦在国内进行恐怖活动，所造成的危害不可估量。因此，必须不断加强对边境地区的管理，及时发现境外潜入的涉恐人员以及境内具有极端思想企图偷越国境参与“圣战”的不法分子。

（2）重视毒品情报，打击涉恐资金来源

贩卖毒品的暴利收入是“东突”恐怖势力筹措活动经费的一个重要方式。“9·11”之前，“东突”80%的资金来源“基地”等境外恐怖组织；而“9·11”之后，“基地”和塔利班遭到严重打击，“东突”失去了财政上的靠山，贩毒及其他犯罪活动所募集的资金由原来只占20%，猛增到现在的一半以上，其中贩毒所得是大头。因此，通过打击毒品犯罪，可以有效遏制“东突”资金来源。

（3）不断加强与周边国家反恐情报交流协作

打击境内外的恐怖势力，单靠我国的反恐力量是远远不够的，必须依靠周边国家的共同努力。我国与周边国家联合起来打击国际恐怖主义取得的成绩斐然。在中亚地区，依托“上海合作组织”，建立反恐交流协作机制，互通情报；在巴阿地区，严守阿富汗与我国的唯一通道——瓦罕走廊，在防止“基地”组织成员逃窜以及境内“东突”分子入阿作战方面作出了一定的贡献。因此，通过与周边国家进行协作，可以有效打击恐怖主义势力。

（4）加强宣传监管，防止境外思想渗透

近几年来，恐怖组织不断对我国进行极端思想的渗透。千方百计利用一部分群众朴素的民族感情和宗教感情，大肆宣扬“圣战殉教进天堂”的荒唐谬论，严重地毒害、蒙骗、煽动信教群众，给国内敏感地区的社会稳定和长治久安造成了极大的危害。对此，可以从以下几个方面着手：加强口岸检查力度，防止非法宣传品流入；加强网络暴恐情报工作，严打网络暴恐；加强宣传工作，防止极端思想蔓延。

（四）反恐情报危机决策的质效评估

1. 决断效能评估

决断效能是考察做出决断所形成的结果的时效量值。该量值直接反映了决策者的决断能力和决策效率，同时也反映出决策中枢乃至整个决策系统的综合协调效能。反映情报危机决策决断效能直接影响决策方案的生成与完善，甚至关系到危机管理的成败。

在反恐情报工作实践中，效能评估问题往往表现为对若干对象进行综合评价的问题。在全面综合评价前，首先需要建立合理的评估指标体系。就反恐情报危机决策决断问题而言，其决策决断效能指标体系主要包括决断的时效性，不确定情报的数量，对决策分歧的处理，方案的完整性和方案的准确性等五个方面。

在确立评估的内容后，评估人员要将整个方案进行详细的评估分析，效能评估方法多种多样，经典的效能评估方法主要有层次分析法、ADC 分析法、系统效能分析法、模糊综合评估法、指数法等，其中层次分析法最适用此类问题的效能评估。

2. 情报效能评估

情报效能是反恐情报危机决策中情报系统所具有的情报价值，是决策效能中重要的指标。情报效能的评估指对影响决策的反恐情报进行甄选，综合各方面考量确立起价值维度、置信度、时间效度的过程。反恐情报危机决策情报效能主要有以下几种特性：间接性、累积性、真伪性、时效性、完整性。根据反恐情报危机决策情报效能的特性，在进行反恐情报危机决策情报效能评估时，通常从信息获取效能、信息利用效能、信息配置效能三方面进行评估，具体评估指标如图 4.3 所示。

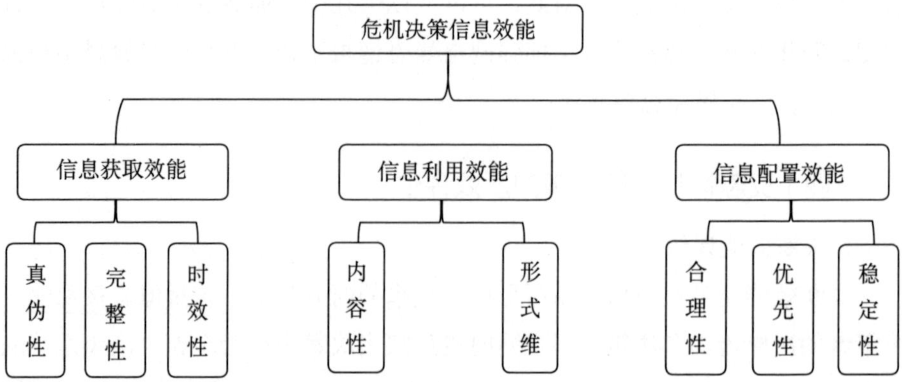

图4.3　反恐情报危机决策情报效能评估指标

3. 资源保障效能评估

资源保障是一切决策活动的前提和基础，没有与资源相对应的决策，方案再完美无缺也毫无价值。危机决策方案中的资源主要指国家战略资源，能否在决策方案中对相关战略资源进行科学有效的配置与运用，是决策目标能否顺利实现的基本保证。

在对反恐情报危机决策资源保障效能进行评估时，通常从三个方面进行评估：一是反恐情报危机决策基础资源保障能力评估；二是反恐情报危机决策管理资源保障能力评估；三是反恐情报危机决策运输资源保障能力评估。根据反恐情报危机决策的特殊性、重要性，所评估的三个方面包含了相应的具体方面，具体指标如图 4.4 所示。

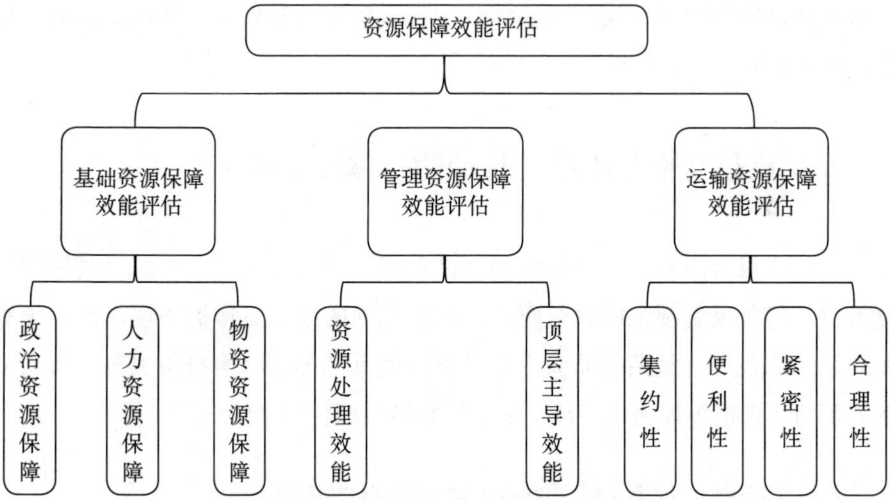

图4.4　资源保障效能评估指标层

4. 过程监控效能评估

反恐情报危机决策过程监控评估效能是指决策系统对危机发展变化的全过程进行管理和控制的效率和能力。危机决策的监控可看作是及时发现问题的有效手段和措施。由于国家反恐情报危机决策是一个复杂的互动过程，而对危机的监控则是一项持续的活动，那么对过程监控效能的考察，应根据危机形成不同阶段分别展开。反恐情报危机决策过程监控效能评估分为两个过程：一是反恐情报危机决策过程监督效能评估；一是反恐情报危机决策过程反馈效能评估。

反恐情报危机决策过程监督效能指决策系统对危机决策和危机发展全过程进行监督的效率和能力。过程监督是过程调控的基础和前提，没有及时有效的过程监督，调控就缺乏基本依据。过程监督效能按危机发生的周期分为危机潜伏期决策效能、危机形成期决策效能、危机高潮期决策效能、危机消退期决策效能。

反恐情报危机决策过程反馈效能指决策系统对危机决策和危机发展全过程进行监督的基础上反馈有效情报的效率和能力。过程反馈是过程调控的关键环节，没有及时有效地过程反馈，不可能实现危机的有效调控和管理。反恐情报危机决策过程反馈效能的评估主要从预先反馈效能、即时反馈效能和滞后反馈效能三方面进行。

五、反恐情报与决策、行动的一体化联动[1]

反恐情报与决策、行动是反恐怖活动中不可或缺的三个要素（简称“三要素”）。随着反恐环境的日益复杂，三者之间的线性运作机理逐渐转变为更加复杂的非线性。复杂的非线性作用机理使反恐部门对情报与决策、行动内在关系的认识也更加困难，甚至由于认知错误而付出了惨痛的代价。

（一）反恐“三要素”一体化联动的基本模式

1. 基本线性关系

反恐“三要素”的内在作用机制是一个能量传递与生产的过程。信息贯穿于三大子系统，信系的输入意味着系统获取了能量，并依次经过情报、决策、行动三大系统的转换后形成对能量的释放，能量释放的方式表现为对恐

[1] 陈明、凌云翔：《反恐情报与决策、行动一体化联动的内在机理及其优化》，载《情报杂志》2017年第3期。摘编后收入本书。

怖主义的有效打击和相关信息的传播。其基本的线性关系如图 4.5 所示：

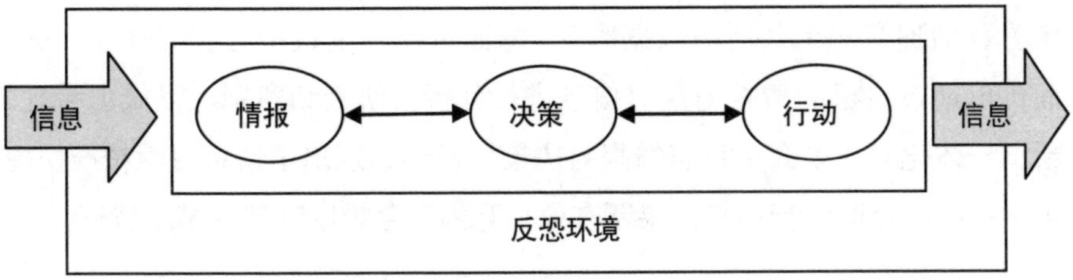

图4.5　反恐“三要素”的基本线性关系

反恐环境是指反恐系统周围存在的各类自然和社会因素的总和。在图 4.5 中，反恐系统通过信息感知体系对反恐环境进行感知，并将感知结果传递给情报系统，信息经情报系统分析处理后形成情报；决策部门接收到情报后，采取制定行动计划，发布行动命令等措施；反恐行动系统接到行动计划或命令后，迅速集中所属反恐资源，采取具体的打击行动。反恐信息贯穿于整个过程。

2. 反恐“三要素”的一体化联动模式

对于一个系统而言，情报主导下的系统运行具有更大优势。一体化联动下的反恐情报与决策、行动，将面对一个共同的数据库，相互之间具有更加密切的联系，更加快捷的反应机制和更加顺畅的互动机制。借鉴美国《国家犯罪情报共享计划（NCISP）》的运行模式，反恐“三要素”的一体化联动模式可用图 4.6 来表示：

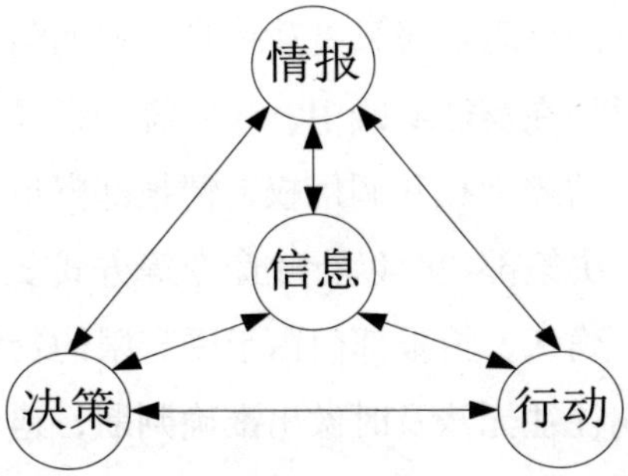

图4.6　一体化联动模式下三要素的内在关系

图4.6中，反恐情报与决策、行动表现为非线性的复杂作用模式。在非线性相关关系框架内，将打破情报系统是唯一信息感知源的局面，反恐情报与决策、行动拥有一个共同的数据库，一方面可以与情报中心实时通联，另一方面可以通过自己的情报力量对信息进行分析、研判和甄别，以做出合理的判断。一体化联动模式下反恐情报与决策、行动表现出了情报保障精准快捷、决策判断细致全面、行动打击果断有效、互依互存难以割裂等基本特征。

（二）反恐“三要素”一体化联动的内在机理

1. 反恐情报与决策

反恐实践中，情报服务于决策是无可辩驳的事实。除常纠结于情报与决策孰是孰非的难题外，更由于反恐情报与决策各自拥有独立的体系，体系内外存在的诸多问题已经影响到二者之间的良性互动。

情报部门利用专业化的力量对多源情报信息进行充分研判，力争对所面临的反恐局势做出客观的研判，其中不乏情报空白的存在。但是处于决策部门的人员生活在“拟态环境”之中，并不是现实环境的“镜子”式的再现，而是传播媒介通过对象征性事件或信息进行选择和加工、重新加以结构化之后向人们提示的环境。因此，决策人员由于生活、任职等经历的不同致使其所处的拟态环境也不相同，对情报空白的填充也体现出多样性。然而，对情报空白的每一次填充都符合决策者或当时主要负责人对形势的判断。这一不足成为制约反恐情报与决策良性互动的首要难题。

一体化联动模式下的反恐情报只是从信息流通的角度获取了与决策平等的地位和互动机制，但是在反恐实践中，政府统一领导下的处置模式使决策部门对反恐资源有绝对的控制权和调用权，情报部门也处于其领导与管理之下。情报空白形成后，决策部门会以行政命令等方式要求情报部门快速对不确定的信息进行核实、确认，情报部门由于受有限的资源以及反恐情报的无法验证性等因素的影响往往无法及时做出准确判断，迫于压力会向决策部门提供看似合理的情报。

情报人员和决策人员由于个人经历、世界观、部门文化、研究方法等因素的不同，常常在证据评估、因果认知、概率评估、评估情报报告等方面存在不同程度的偏见，认知偏见的存在会影响情报理解的结果。情报人员与决策人员虽有部门上的隶属，但是平时独自建设。其相互之间以信任为主的关系模式占据了主导地位。良好的信任关系可以使情报人员与决策人员之间的互动更加良性，但也很容易受削弱。当情报由于多种因素不能满足决策部门的要求或使决策失利后，决策与情报的信任关系将被进一步弱化，轻则决策部门对情报部门提出苛刻的要求；重则会绕开情报部门，采取重新抽组人员等方式获取情报。

信息系统的高度发展已经将反恐情报与决策置于一个开放的环境之中，开放的环境一方面有利于从多方面验证情报信息，为决策提供参考；另一方面来讲情报获取工具的多样性势必会形成格式复杂的多样化信息，并会同时涌向指挥信息系统，增加系统对信息的处理难度。

2. 反恐情报与行动

反恐情报与行动的密切联系可以进一步提升情报的价值，促使反恐行动向“智能化”发展。反恐行动向“智能化”发展的趋势可以使情报部门直接接触到反恐现场的原始数据。这一系列变化无疑又促使情报机构可根据反恐形势将情报在合适的时间和地点提供给用户。但由于反恐行动并没有特定的区域和战法，一旦发生恐怖袭击，反恐情报与行动也将面临复杂的互动困境。

情报中心对于建筑物、道路规划、街市等地志资料的收集主要通过与有关部门协商或调阅等方式，实时畅通的信息共享机制并没有建立起来，因此，面对城市化发展中异形建筑物的快速出现、街市布局变化快等现状，情报中心对于上述资料的掌握较为滞后，致使任务力量到达恐袭区域后，对当地地理环境不熟悉，建筑结构不了解，民俗风情知之大概的情形时有发生，甚至产生短期无法填补的情报空白。

由于恐怖主义追求的是一种集体效应，并不过分看重个体的牺牲。行动力量向反恐情报中心传递的现场处置情况会迅速在多个部门数据库中共享，这些信息很容易流传到网络空间。各个网站为了谋取丰厚的经济利益，会进行多角度的解读和传播。如此，或产生更大的社会恐慌，或使部分公众对恐怖组织产生认同。

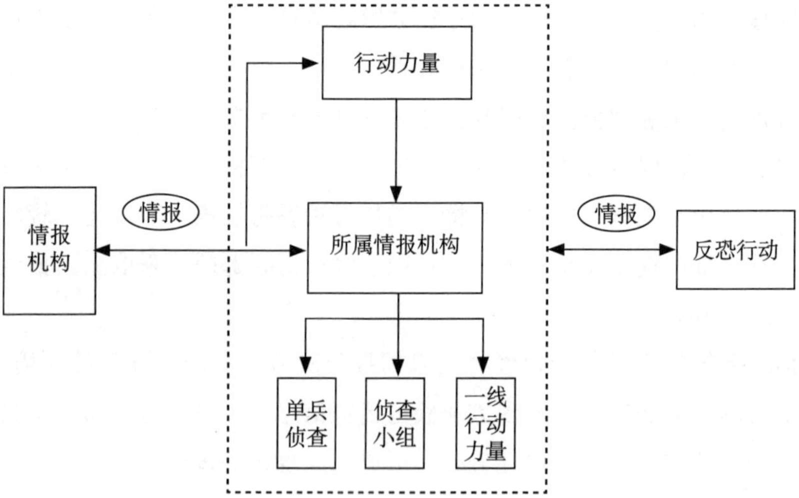

图4.7　情报机构之间的基本关系

为保证反恐斗争的胜利，反恐行动力量也配备必要的情报侦查力量。因此，在反恐行动中就至少会出现两级情报保障力量，如图 4.7 所示。情报中心与行动力量所属情报机构分别从宏观和微观两个层面提供情报保障，互为补充。恐怖袭击发生后，情报中心对现场情报的掌控相对匮乏，需要现场情报机构层层上报，用以制定宏观打击策略。但是，情报中心与现场情报机构互不隶属，只是根据当地应急预案规定搭建临时的协同机制用以保障现场情报的交流。部门利益或责任机制的多重作用使得现场情报机构只是将有限的情报信息上报给情报中心。而情报中心也由于同样的原因不会将过多的情报信息传递给行动力量所属情报机构。

3. 反恐决策与行动

一体化联动模式下，反恐决策部门发布命令指示后，行动力量能够立刻正确领会，与友邻明确协同机制，主动采取措施应对恐怖主义。反恐力量可将现场情报实时报告给决策部门，促使决策部门进一步完善行动计划，调整控制方式。这一良好的联动模式的前提是决策系统与行动系统的高效融合。

恐怖袭击发生后，恐怖分子的动态流动性和网络电磁空间的极大覆盖使核心区正由相对封闭走向开放和运动状态。面对现场瞬息万变的情形，行动力量需要对新情况、新问题进行层层请示，以获取打击的授权命令和指示。权责的不一致无形中会贻误战机，造成反恐资源浪费。上述情形在封闭空间或电磁环境复杂的环境中更为突出。

行动力量在总体上服从于上级决策机构的领导，同时也接受本级领导机构的指挥控制。但是，由于上下级决策机构之间的协同机制都是临时构建而成，而且受领导偏好、部门文化、占有资源差异等因素的影响，其内部工作机制存在诸多不同。从行动重点来讲，上级决策机构着眼于反恐全局，重点突出决策的全局性和政治性，而行动力量所属指挥机构则更注重决策的操作性与实用性。实时动态的现场信息传输系统会将行动力量的位置、装备、手段等信息及时传递给上级决策机构，由于对任务理解的差异，现场很容易出现同一支行动力量接收到不同行动命令的情形。

行动力量不仅来源于众多部门，而且在同一行动力量内部也聚集着来自多部门的行动力量。上述力量在反恐行动中构成了松散的组织关系。在松散的组织关系内，各行动力量在所属部门的领导下不仅是理性的，而且也面临共同的任务，构成了“一荣俱荣，一损俱损”的利益共同体。但是，在所属不同部门的同时，行动力量对于恐怖威胁的感知不一样，所担负的任务更有差异，从而在反恐行动中所要获取的目标效益不尽相同，各部门对反恐行动有限的理性很容易出现“搭便车”行为。

（三）反恐“三要素”一体化联动机制的优化

1. 反恐情报应融入决策与行动，解决“三要素”所需不一致的问题

（1）情报系统应与决策系统紧密联系

根据《国家反恐怖主义法》相关规定，当地反恐情报中心在反恐怖工作领导小组的领导下开展相应的情报工作。这一规定为情报系统与决策系统的密切联系提供了有力的行政权力保障。一是将情报人员交流进入决策系统进行任职锻炼，熟悉政府应对恐怖主义等社会公共安全事件的决策程序，了解

主要领导人的决策思维，掌握情报在决策部门的使用机制等问题；二是将情报中心的客户终端接入决策系统，在指挥中心利用电子屏幕等载体将当前的情报装备分布状态、情报空白、情报保障进度等问题以直观的方式展现在决策人员面前；三是情报中心主要负责人参与决策，以保证有更大的行政权力向相关部门调阅信息资源。

（2）情报人员要熟知整个行动过程

一是要制定严格的情报人员选拔机制，把好“入口关”，将具有参与反恐行动经历的人员充实到情报人员队伍中；二是要与国内反恐怖主义重点地区建立代职学习机制，定期将情报人员派往该地区参与情报保障、反恐行动等工作，在实战的环境中掌握反恐行动中情报保障的重点和关键环节；三是加强在复杂条件下反恐行动的演练，探索情报人员参与反恐行动的新机制、新理论，从多方面提升情报人员的实战能力。

2. 建强信息系统建设，解决“情报来源单一指导力不强”问题

（1）建强反恐情报数据库

强大的数据库是自动化信息处理系统的基础。一是依据国家反恐怖主义法等法律法规，将情报触角延伸至政府、企业和社区，做到情报网络全域覆盖；二是由于金融、交通、电信等部门数据库不仅涉及公民的隐私，而且也关系国家金融安全等重大战略性问题，其数据库与情报中心的实时通联会涉及更多体制性问题。可通过与上述单位建立关键信息调阅机制等方式，对恐怖犯罪嫌疑人的金融、刑事犯罪等信息专门调取；三是私营企业等部门在数据存储方面考虑到成本等问题会定期对监控数据进行清理，对销售记录等信息的录入也有较大的随意性，而这些部门的信息很可能就记录了恐怖分子的日常生活，因此，可引入云存储等手段存储上述数据，并保证其安全。

（2）为行动力量配备功能齐全、小型多样的自动化情报终端

反恐行动的特殊性决定了部分任务只能由单个行动人员去完成，现场情报侦查装备无法对此类任务区域信息进行实时传输。因此，要实现对行动人员的精确化控制和行动所需情报的精准化保障，必须将融图像传输、实时对讲、准确定位、视频转播、情报分析等多种功能于一体的自动化情报终端配

备至每位行动人员，使其更加智能化。

3. **完善跨部门反恐协同机制，解决“部门独立，各自为政”的问题**

（1）树立“有责任提供”的协同理念

国家反恐怖主义法要求公众在享有公共安全权利的同时，必须承担起为打击恐怖主义提供情报、技术支持等各项义务，实现了公众权责的统一。“有责任提供”必须按照“组织指挥、情报保障、医疗救护、灭火消毒、交通管制、舆情控制、对外联络、核心区突击、恐怖分子抓捕”等基本任务区分，将各部门置于严格的管理之中，确保能够有序开展相应的打击与救援工作。

（2）建立“层级合理、多方参与”的情报融合中心

各行政区域范围内，部门内部、外部之间信息传递机制正逐步完善，短期内可实现“多方参与”；在层级合理方面，可将“县—市—省—国家”四级情报中心设置模式改变为“县—省—国家”三级设置模式。其中，县一级反恐怖情报中心主要依托下辖的派出所、社区治安办公室、场站检查点等基本单位展开情报工作；省一级反恐情报中心主要依托县级反恐情报中心对本省范围内的情报信息进行深度融合、综合研判、按需分发，担负本省区域内反恐行动的情报保障任务；国家反恐情报中心主要从国安全局出发，对有效打击国内恐怖主义、国际恐怖主义做出形势研判，建立国际范围内的情报交流机制。

（3）重点加强社区反恐新机制的研究

有研究调查显示，多团伙聚集地更有可能会发生犯罪事件。社区集中大量的外来人口，社区居民之间互不熟悉，往来较少，特别是治安警察难以深入每户进行走访，上述困境为恐怖主义蔓延提供了温床。国内外近几次恐怖袭击的发生就证明了这一点。我国社区反恐机制的形成还需要致力于解决以下几个方面的问题：社区反恐是“以社区为主体”还是“以上级为主、社区支援”；如何对大量的流动人口进行有效管控；如何衡量个人安全与集体安全；如何建立个人隐私与严密监控的共生机制；社区安保力量如何建立等几个重点问题。

4. 构建科学严密的数据管束机制，解决“表述不一，认知偏差”的问题

（1）开发标准统一，功能齐全的数据录入机制

对恐怖犯罪嫌疑人信息进行举报渠道的多样性无疑要求开发标准统一，功能齐全的数据录入机制。要将数据录入机制进一步划分为“是谁、在哪里、在干什么、可疑行为、判断依据、如何处理、周围环境、主要动向、明显特征”等几个板块，并用标准化语言表达。对于标准化语言的选择一方面可以运用专业术语；另一方面可以将答案分解为众多菜单式的信息，输入时只需要选择对应菜单即可。

（2）健全小语种信息分析机制

恐怖分子常常以血缘关系为纽带发展组织成员，在组织内部，恐怖分子利用当地方言进行交流，这些语言不仅与官方语言差别很大，而且大多为小语种，如果对当地社会文化、风俗习惯没有透彻的了解，很难进行深层次挖掘。因此，可依托强大的信息网络，将小语种信息分发给当地情报中心进行深层解读，防止由于无法翻译而失去击败恐怖袭击的机会。

（3）构建基于相关关系的数据分析模型

因果关系虽具有严密的逻辑性，但是分析结果对于条件的假设和认定具有较强的依赖，某一条件的变化或缺失就会影响分析结果。事实上，大数据也无法保证对所需信息的全部搜集。相关关系是基于各类信息的相关性而进行情报分析的一种方法，它能在部分信息缺失情况下勾画出事物之间的内在联系。因此，要在传统的基于因果关系的数据分析模型的基础上，大力研发基于相关关系的数据分析模型，从根本上缩小对情报信息认知的偏差。

总之，反恐情报与决策、行动一体化联动是信息化时代反恐斗争的迫切要求。在一体化联动模式下，反恐“三要素”之间依赖性更强、融合度更高、自组织性更好。但是三者在一体化联动的过程中，系统与系统之间需要进行深层次融合，突破情报信息认知上的偏差，以实现情报“按需保障”，才能发挥最大效能。

六、反恐智库决策中的情报保障[1]

（一）反恐智库的决策支持功能

国际上普遍认同智库的主要功能是“三出”：出对策、出思想、出声音，核心是支持决策、引导舆论。我国智库建设处于起步发展阶段，无论是公安智库还是适应反恐需求的智库，其功能都应该体现在这三方面。就反恐智库的职能而言，具体指以下几个方面：

1. 预防功能

为了应对复杂的反恐形势和未来反恐战争，需要构建反恐智库。通过智库的组织，联合可以联合的力量，有针对性地监测恐怖组织和其他有组织犯罪。反恐智库需要有计划性地加强对恐怖活动有关情报的侦察和监测，应用现代技术和手段，特别是社会网络分析技术等手段加强对恐怖组织的监测，加强对数据的处理能力，通过分析寻找恐怖组织的弱点，进行有针对性的处理，构建恐怖人员和案件数据库，实现数据和情报的共享，优化资源配置，防止恐怖事件的发生。

2. 预测功能

对于打击恐怖主义来说，有效地动态监测是取得胜利的根本保证。有效的预测功能需要动态的情报数据库的构建以及对各种信息的动态监测。反恐智库要想发挥更好的作用，需要具有对恐怖信息实时动态监测的能力。比如利用互联网对恐怖组织和恐怖人员进行网上监控，掌握其信息、资金、人员的流向；利用挖掘技术对各种相关的网络舆情进行动态的监控；应用动态社会网络技术对恐怖组织和人员的资金网络和社交网络进行重构。通过一系列的动态监测，可以有效地预测恐怖人员和恐怖组织的现实危害，为及时采取应对措施做好基础。

3. 预警功能

恐怖主义的风险具有特殊性，主要表现为恐怖主义事发突然，造成的恐

[1] 陈成鑫：《基于智库功能视角的反恐智库情报支撑体系构建》，载《情报杂志》2017年第8期。

怖效应和破坏性极强。反恐智库的重要功能之一是对恐怖事件进行预警，通过各种系统对反恐情报进行广泛收集，对开源情报进行数据挖掘，结合人工情报对所用的情报进行聚类、分类、挖掘，进而发出早期预警，及时切断其资金和人员的流向，分析其人员结构，为相关部门和人员及时预警做好坚实的基础。

4. 决策支持

智库的重要功能是出对策、出思想、出声音。出对策就是决策支持。反恐智库支持决策的过程主要是：通过反恐情报的收集和信息的深度分析，发现有价值的情报信息，对各种风险进行评估、研判，得到各种不同的结论，提供给相应的决策部门，决策部门根据实际情况对相应线索进行评估、核查，做出决策。

5. 宣传引导

从国际的角度来看，智库献计献言的主要方式是通过公开方式发声，这一方式被学者称之为“第二轨道”政治和政策。通过这样的方式宣传自己的政治见解和看法，对决策者形成影响，让民众知晓形势。在具体的政治和政策的参与过程中，智库的角色定位也不一样，有“批评者”“建言者”和“谋士”等。反恐智库需要发挥宣传职能，让民众更多了解恐怖动态和形势及政府的对策和应急策略；形成全民动员的形势，更好地打击恐怖主义和恐怖活动。

（二）反恐智库决策中的情报需求

反恐智库的主要功能是进行风险评估和决策支持。强大的反恐智库需要有强大的情报能力。

1. 反恐决策与情报研究的关系

（1）情报资源是反恐决策的基础

在国家安全战略中，足够的战略和战术情报可以让决策者有更多的主动权；在商业竞争领域，足够的竞争情报和金融情报可以让企业决策者有竞争优势。情报在反恐决策过程中发挥着基础性、不可替代的先导作用，情报的收集、分析、研判、整理等贯穿于反恐决策的整个过程。反恐工作的决策过程中需要的情报类型繁多，主要包括实时情报、基础情报、经验情报、衍生情报等。情报对于反恐决策过程像是河流的源头一样，如果情报出现各种差错，比如遗漏、迟缓、隐瞒等情况，反恐决策的效果肯定要受到严重的影响。如果情报产品具有准确性、全面性、规范性和时效性等特征，就能为反恐决策提供很好的支持。

（2）情报分析是反恐决策的重要依据

反恐智库要想生产科学和有效的成果，有效辅助决策，需要有科学、合理的生产流程。智库成果的生产流程包括深入的调查和分析，信息的收集、分析、整合和积累等。这个过程不是简单的“信息汇编”，而是“情报分析和研判”。这一系列情报收集、整合、分析、传播和使用的过程也是情报工作的过程。其中，情报分析是关键环节。情报分析的最终目的是为决策提供服务。任何类型的决策都以情报分析为基础，决策支持功能也是以科学合理的情报分析为基础。智库的决策错误与情报分析失误并不是一一对应的关系，但是情报分析失误必定会造成智库决策分析的错误。

（3）反恐决策的过程就是情报工作的流程

反恐智库一方面对日常的反恐形势进行评估和预警，提供决策支持；另一方面针对突发情况提供应急方案。情报活动的终极目标是对决策过程进行优化。情报机构的任务不是给决策者提供“唯一”的答案，而是提出尽可能多的方案，并评估每种方案的优劣和可行性，由决策者做出最后判断。

西蒙将决策的一般过程划分为“情报活动—设计活动—抉择活动—审查活动”4 个主要阶段。情报工作的过程主要包括搜集各种情报和信息、对搜集的情报进行研判、对研判的情报进行分析和使用等。反恐工作的应急决策过程是动态变化的，需要做出快速、综合、准确的反应。在“情报活动”阶段，情报工作需要识别和搜集面对的问题，判研应急决策的环境和应急决策的条件等。在“设计阶段”，伴随着恐怖事件可能随时出现的新情况，情报工作需要识别和探测新情况和新问题，拟定各种备选方案。由此类推，情报活动应该始终贯穿于“抉择活动”和“审查活动”，对这两个阶段发生的新情况和新问题进行识别并为各种决策方案提供参考依据。

在智库服务实际应急决策的过程中，每个阶段不是呈线性的简单推进，而是经常伴随着各种新情况和新问题。这些过程错综复杂、交错循环。总之，情报工作和决策活动是交织在一起的过程。情报工作为决策活动提供情报支持，情报人员为决策人员提供情报产品，是一个“情报人员”将“情报来源”通过“情报流程”为“情报用户(决策者)”提供“情报产品”的过程。

（4）反恐智库建设与情报研究的相似性

国内外对于智库和情报研究机构的关系、图书馆的智库功能等有很多研究。所有的研究表明，智库建设和情报研究具有密切的关联性，反恐智库也是如此。优秀的智库应该具有非凡的情报能力，某种程度上说，情报研究机构应该是智库的一种。情报机构和智库都是开展应用研究而不是纯学术研究；情报机构和智库学者是各种专家学者与决策者之间的纽带，其研究成果不应是纯学术成果，而是综合了学术成果、实践成果（比如调查数据、调研报告、专家智慧等）；情报研究和智库研究必须有立场。智库与情报工作具有相同的流程，一般来说，智库的建设和研究需要搜集资料、分析资料、提出对策三个步骤，这分别对应情报工作和情报研究的收集情报、分析情报和应用情报。智库也需要广泛的情报收集和科学的情报分析，情报学是智库建设的支撑学科，智库是情报学理论进行实践深化的工具。

2. 情报方法在反恐智库中的应用

在反恐智库的辅助决策过程中，应该充分使用情报的预防、预警和预测的功能和方法，根据需要引入完整的情报学的方法体系，特别是大数据环境下的关联处理方法，大数据的优势在于通过数据间相互关系分析能够能揭示事物内在关联性、能对事物未来发展进行预测、能对潜在风险进行防范干预。

反恐智库中引入情报学的研究方法，需要把情报研究的相关过程一并引入智库的建设中。在反恐智库的各项活动中都是遵循收集的基础上进行情报研判，使用科学的方法进行情报分析，情报分析的结果进行科学的评估后再用于指导实践和决策。同时根据工作需求设置“技战法”，自动提取两个或多个条数据进行交叉比对、融合碰撞和相互甄别，发现工作短板、数据漏洞，自动生成“问题清单”，实现“问题发现”的自流程化。

（三）反恐智库决策中的情报方法应用

反恐智库决策过程就是融入情报学理论和方法的过程。情报学的理论、方法有很多，反恐智库根据决策的进程分别融入不同的情报学方法（如图 4.8 所示）。

1. 信息资源保障

反恐智库的情报支撑首先要关注资源建设，丰富的信息来源是智库研究的基础，没有合适的资源，预警、决策都是无源之水。各种信息资源的采集、整合以及信息资源的标准化等是情报分析任务完成的重要保障和基础。资源的建设我们要关注大数据、小数据以及各种资源库的构建。

（1）关注大数据

在大数据时代，反恐智库需要的情报源是多方面的，包括互联网信息、监控终端、人际交流的各种信息等，数据的结构包括结构化的和非结构化的，比如各种音频、视频、图像等，这些具有大数据特性。由于知识服务的升级，反恐智库的情报源需要延伸至一切可利用的网络资源、数据库资源、人力资源等。我们可以依托公安网的体系建设，利用一切可以利用的公安业务信息和社会信息等资源。通过全息检索、全息模型等方式整合人、车、电、网、像等各类数据资源相关数据的大融合。比如对于涉恐被关注人员，可以通过整合住宿、上网、暂住、铁路、公路、民航、上学、办理驾驶证和护照等轨迹信息并结合其背景内容做出其轨迹分析和趋势研判，结合人与案件关联、人与车辆关联和人与图像关联等积极构建大数据格局，实现情报主导、精确制导，全面提升打击恐怖主义的战斗力。

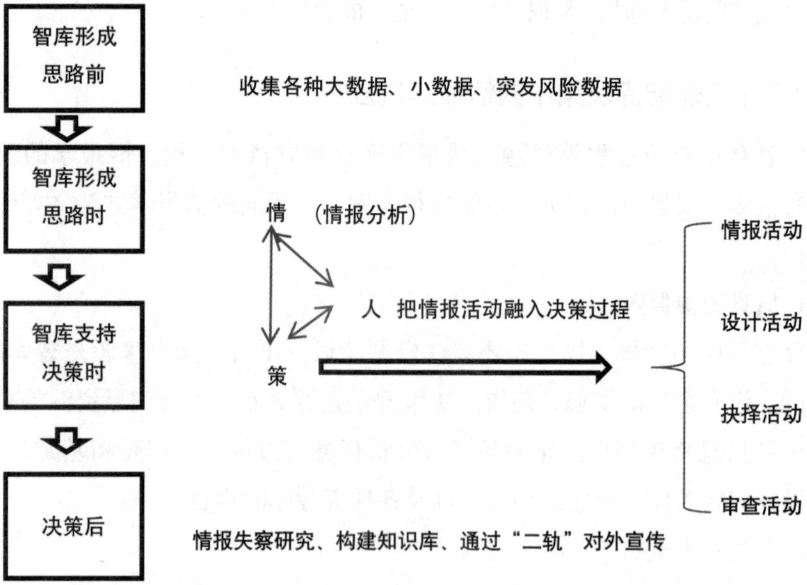

图4.8 反恐智库决策中的情报方法应用

（2）关注小数据

在关注大数据的同时，也要关注小数据。所谓的小数据，即个体化的数据，是每个个体的数字化信息。数据的数据和价值并非成正比，很多时候，大量的数据可能造成大量的噪音。有些恐怖组织很少向外透露信息，外界难以捕捉到有用的信息；有些恐怖组织反侦查能力很强，为了防止被打击，几乎很少使用各种技术手段传递信息和活动，从而使各种数据的样本偏低，数据来源有限。但这些只言片语的信息中可能蕴藏着真正的情报。与大数据相比，小数据的数据质量也许更可靠。反恐智库的数据采集中可以通过各种手机采集设备、WiFi 地址和 MAC 地址采集软件、移动基站采集仪、互联网邮件数据采集软件等设备捕捉各种线索和挖掘各种隐形的关联关系。

（3）专题数据库构建

整合网络资源，即融合各种数据库并实现不同数据库之间的兼容，根据需要有区分地对不同使用者开放，如恐怖嫌疑分子数据库、刑事犯罪人员数据库、在逃犯罪嫌疑人数据库、以及其他的各种社会信息的数据库如通信数据库、法人数据库、地理信息数据库、信用数据库、水文资料库、天气数据库、交通及导航数据库等。将这些数据库通过标准化的构建，实现异构系统的整合，可为反恐智库提供强大的资源支撑，提高智库的工作效率和效果。同时构建面向各种突发恐怖事件决策的知识库和模型库等也应是智库的核心业务。在数据库的基础上构建知识库，使反恐智库成为知识共享和知识生产的最大基地，极大地提高智库的影响力。

2. 科学的情报分析

情报分析是情报工作的重要环节，也是情报决策和预警的重要前提。收集的情报不管数量多少、质量好坏，都不能直接为决策者的决策提供支持，只有对情报进行整合、分析，找到内在的各种联系，揭示趋势，并尽可能地发现各种隐性的规律，形成可行性的报告，才能成为决策者需要的依据。反恐智库的建设中，由于其特点和需求，其情报分析过程中应该注意以下几个方面：

（1）事件为中心的集成化分析

决策科学倡导的知识生产方式是“以问题为中心”而非“以学科为中心”。反恐智库致力于制定相关的反恐怖法规和政策，最终打击和消灭恐怖主义，这是反恐智库的中心目标和问题，所以反恐智库的情报分析需要以这个目标为中心而展开活动。同时，在海量的大数据环境下，数据的生成方式分为主动、被动和自动三种，反恐怖相关的各种数据也是这样的生产方式。这些数据的存在方式是分散存储的。这些数据是决策的基础，对这些数据进行深度分析可以更好地把握各种特点和规律。为了更好地分析，需要对不同系统的数据进行集成分析。所以反恐智库的研究活动需要集成化的信息分析。集成化分析是大数据环境下解决复杂问题的分析哲学，也是一种具体的操作方法，这种操作方法可以有效地解决大数据环境下的相关复杂问题。反恐智库的情报集成化分析主要包括数据源的集成、信息分析方法与信息分析工具的集成以及信息分析结果的集成。

（2）注重相关性分析

数据的价值是隐藏的，但数据是客观的，只有在海量繁杂的数据库中挖掘出数据背后的价值，让数据真正说话，数据价值才能实现。数据挖掘的价值能提升反恐工作的预见性。

开展传统的各种警务活动时需要寻找因果关系，大数据环境下反恐智库建设更多的是寻找相关关系，各种相关关系的存在不能直接证明因果关系的有无。反恐智库分析通过伴随关系、时空碰撞、特征画像、社会关系、异源对象匹配等形式找出数据之间的关联性，提供的相关性分析可以让研究人员更加全方位、多角度的思考各种情况，尽可能地创造机会和利用条件，将看起来没有任何内在联系的各种信息建立关联关系，全面认识形势，对于理清思路非常有价值和意义。同时相关关系可以给我们进一步确定因果关系进行指引，各种相关关系中隐藏着因果关系，因果关系必定是高度的相关关系。通过相关关系可以为进一步探究是否存在因果关系提供方向。

（3）通过相关关系预测犯罪

相关关系的重要价值是揭示风险、预警危险、提醒防范。对于反恐怖工作来说，事前预警，提前防范，比事后处置能更有效地减少危害损失，故遏制犯罪的发生，是首要职责。通过相关关系的研究可以更好地监控各种犯罪形式。同时通过相关关系还可以预测犯罪。情报的核心价值是预测。通过收集各种结构化或非结构化的数据，通过已有的各种数据模型，可以对潜在的危险人员、危险地点进行预测，也可以从宏观上预测恐怖案件和恐怖犯罪的发展趋势，这可以为防范和打击恐怖事件的发生提供更好的机遇。

（4）非结构化数据为主的分析

从数据结构的角度，可以将数据划分为结构化数据和非结构化数据。对处理数据的各种系统而言，结构化数据的处理是简单、方便且易于实现，而非结构化的数据处理复杂，是各种系统处理的焦点、难点和重点。但是对于恐怖事件的发生来说更多的是非结构化数据的产生，所以我们需要更多地关注半结构化和非结构化的数据如何有效采集、更好地转化成结构化的数据和清洗冗余数据。对数据的产生方式进行分析，发现非结构化数据并针对非结构化数据构建相应的数据表示、数据操作平台等。

3. 开展情报失察研究

情报失察研究是一种逆向思维，通过这种反思和理解，找到情报流程各个方面的相关失误，比如搜集失误、分析失误和使用失误等，从而找到情报活动、情报过程、相关体制、机制、氛围等方面的弱点和缺陷。反恐智库通过情报失察这种逆向思维，让决策主体更好地了解事件的本来发展脉络，更清楚地知晓问题的原因和失误，更好地提高决策主体的应变能力和应急反应能力。这样可以有效地预防类似事件的发生，为以后更好地进行预测和预警提供帮助。

（1）探究情报失察的原因

各种恐怖事件的发生具有不确定性，多源信息的异构性等特征使科学理性的分析恐怖事件变得尤为重要。在恐怖事件发生时，迅速地获取相关信息、有效的沟通信息、科学的分析信息、判断、评估和识别各种信息变得特别困难。人类的认知过程本身有很多固有的局限性，存在很多偏差比如信息处理的偏差、过分自信偏差、归因偏差等。这些固有的局限性和偏差容易造成情报决策主体对于事件本身的认知偏差，同时还有各方面的利益主体存在利益的均衡、较量和博弈等，就会造成整个情报过程出现偏差。

在实际决策过程中，反恐工作的决策者，在决策之前会听取多种来源的情报，这些情报可能来自不同的“价值观”。这种“潜移默化的妥协”，已成为情报视察和决策失误的重要因素，更多的变现为“隐瞒重要的情报”和“顺从领导”等。

（2）提出应对情报失察的对策

反恐智库需要与决策者建立起更好沟通和交流的桥梁。智库需要从主体的情报素养、情报技术和知识、情报意识等“情报素养”的多个方面对信息的提供者和反恐智库的决策者提出更高的要求。特别是面对各种恐怖突发事件时，信息提供者和决策者的信息获取、理解、处理和交流等能力就特别重要。智库需要在日常的工作中应该加强培训，让情报提供者和决策者能够进行正确的自我评价和事件评价，以及他们对于危机信号的敏感度和触觉，知晓智库情报工作的目的和意义，准确鉴别情报资料的真实性和可信度，杜绝

“拍脑门”式的工作作风。通过反恐智库的中间作用让情报提供者和决策者在恐怖事件的各个阶段都能做到实时的学习、相互沟通，更好地交流和反馈，树立起决策部门的正确的决策理念。

情报视角下的反恐智库建设应关注情报服务中的人文因素，为决策者提供良好的制度保障。研究多元反恐环境、信息生态、决策主体认知（情报素养）、群体信息行为、突发事件相关信息政策法规等，为反恐智库建设提供“软环境”支撑点和创新之处。

4. 积极发挥第二轨道的作用

以往传统的情报研究机构，大多数研究报告处于封闭或保守的状态。而现实中很多的冲突和误解来自信息不对称条件下的各种误判。反恐工作亦是如此，需要多方合作与充分沟通。

（1）平衡相关部门的关系

复杂的恐怖事件发生后，前所未有的问题相继出现，可能牵扯多个部门之间的相互协调，事件的处理容易出现部门间相互推诿等问题，进而影响到内部的情报交流。在这个过程中反恐智库需要以独立的姿态，积极发挥“第二轨道”的作用，提供政策分析、职能定位，引导舆论导向，构建价值观传播网络，从而理顺各部门的职责和定位。

合理的制度以及相应制度的执行力度可以保证情报信息的顺畅流转。反恐智库应该成为各种制度制定的协调机构、信息中枢和议程设定者，通过这种“第二轨道”的专业解读和论证对各种敏感问题的可行性和可接受性进行阐释，引导制度制定者的思路，为情报信息顺畅流通提供智力支持和政策保障。

（2）发挥国际交流的作用

需要充分和深入的国际交往，革新传统的交流方式和信息公开方式。通过互联网、社交媒体等新的信息传播方式多方位、全角度的宣传我们的反恐立场、政治政策和价值观。通过反恐智库这一更加专业、更科学、更理性的政策解读和舆论引导去发声，在各国反恐政策制定者之间建立人际传播网，对于双边和多边的反恐交流和合作，建立新型的合作机制有重要的价值和意义。

在运行机制上形成独到、客观和中立的机构形象。在国际争端的过程中赢得话语权的主动地位，发挥对外交流的“第二轨道”的作用，用自己的软实力去影响国内外的反恐战略和反恐工作。

总之，反恐智库要想发挥预防、预警、预测和决策支持等功能，需要构建自己的情报支撑体系。除了需要常规的情报工作流程外，还有自己的特殊的资源需求、分析特点和开展情报失察研究等。在合理的有力的情报支撑体系下，反恐智库才能发挥更大的效能。

七、反恐情报预警与响应体系构建[1]

恐怖主义犯罪案件不同于普通刑事犯罪案件，暴恐案件一旦发生，后期案件侦办破获再完美，也难以弥补已经造成的损失。反恐工作关键要靠情报信息的支撑，而加强情报信息工作，特别是在大数据、云计算和“大情报”发展的大背景下的反恐基础信息采集、情报信息共享是关键环节。因此，情报预警与响应体系构建是反恐工作的第一要务。

（一）域外反恐情报预警体系考察

1. 美国反恐情报预警体系

美国是全球最早建立恐怖主义威胁情报分级预警体系的国家之一。“9·11”事件后，美国建立了反恐情报分级预警系统，即国土安全预警系统(HSAS)，将恐怖威胁划分为严重、高、较高、警戒、低等五个等级，分别用红色、橙色、黄色、蓝色和绿色五种颜色代表。“9·11”事件后到2010年期间，美国以危机管理为理论指导，结合本国反恐形势，陆续开发了一系列情报预警等。2012年3月，美国政府又推出“大数据研究与开发计划”战略，提出了通过搜集、处理庞大而复杂的数据信息，从中获得具体而清晰有用的知识，以提升各种能力，加快科学、工程领域的创新，同时强化美国国土安

[1] 李恒：《域外考察下的中国反恐怖情报预警与响应体系构建》，载《情报杂志》2017年第7期。摘编后收入本书。

全。美国国家反恐体系由情报、执法和救助三大机构群组成。

2011 年 4 月，美国启动了更为精简的新国家恐怖主义预警系统（NTAS）。NTAS 建立的主要目的是为更有效地向民众、政府、重点目标单位特别是机场和其他交通部门等人群聚集的公共场所，提供真实可靠的恐怖威胁信息，以便防范和减少恐袭带来的后果。美国国土安全部负责管理原国土安全预警系统和新启用的国家恐怖主义预警系统。国土安全部长在与其他联邦机构协商后决定是否发布或更新恐怖威胁警报，并定期对实施效果开展评估，以便决定是否调整、延长或结束情报预警。美国以恐怖活动组织人员或潜在涉恐分子可能实施袭击的目的、能力、目标、方式、时间以及情报信息来源的真实可靠性等因素为依据，将预警分为两级，即较高威胁警报和紧迫威胁警报。

恐怖威胁情报预警的发布面向全美或属地民众、政府、私营企业及重点目标单位，但可按照威胁性质，选择性地发布给特定的对象、区域、关键基础设施或重点目标单位。国土安全部通过四种渠道向民众发布恐怖威胁情报预警：①通过 NTAS 官方网站发布；②向已注册登记该预警系统的对象发送电子邮件；③向该情报预警系统的社交媒体如“脸谱”等注册用户发送；④通过预警系统数据源选择发送。

2. 俄罗斯反恐情报预警体系

2011 年，俄罗斯新反恐法修正案规定，俄实行预告恐怖主义危险的三级分色情报预警体系。2012 年 6 月，俄罗斯总统普京批准了第 851 号《关于确定恐怖危险级别的程序，以此采取补充措施保障个人、社会和国家的安全》的命令，该命令目的是及时向民众通报恐怖事件的威胁，并开展反恐行动。此命令解释了三种级别的使用规则和防范措施，规定了在发生暴恐袭击或出现恐怖主义威胁时反恐部门的应对办法。联邦安全局是全俄日常反恐情报预警的主导单位，拥有国家指挥权。其下属的国家反恐委员会主要负责协调俄联邦及联邦主体各成员单位的反恐情报预警，并组织政府和社会团体开展反恐预警工作。俄国家反恐委员会下设打击恐怖主义活动协调局、预防恐怖主义活动协调局、情报分析局及信息中心四个机构。

俄罗斯恐怖威胁情报预警共分三个级别，分别用“蓝”“黄”“红”三色来替代表示，蓝色即威胁提高级，黄色即高威胁级，红色即极高威胁级。①威胁提高级（蓝色）。在得到恐怖犯罪活动正在谋划的情报信息之后及时确定。②高威胁级（黄色）。反恐部门在获知恐怖犯罪活动计划实施的情报信息后，但在其时间、地点不详的情况下确定。③极高威胁级（红色）。在恐怖事件的发生时间与地点情况确定后，或者是已经发生恐怖袭击事件之后开始确定。此时，除了采取蓝色和黄色级别的安全防范措施外，还有下列补充防范措施：反恐部门进入战备状态；相应的医疗组织进入紧急状态；加强对可能遭受恐怖袭击的设施的保护；设立人员疏散临时安置点，使其撤离进行反恐行动的建筑设施和区域，保障食品和服装供应；采取紧急措施营救人员，保护无人监管财物，协助营救部队的工作；组织交通工具进行人员疏散，医疗组织收治恐怖事件受伤人员，心理疏导中心做受害人及其家属的工作；加强对俄联邦主体行政边境的交通工具的监督，用武器和爆炸物探测仪等技术手段检查交通工具。

3. 哈萨克斯坦反恐情报预警体系

2013 年 9 月，哈萨克斯坦总统签署了第 648 号《2013—2017 年反对宗教极端和恐怖主义国家纲要》的总统令，该总统令旨在通过预防、打击和消除后果等措施，意图铲除恐怖主义和宗教极端势力的滋生土壤、活动条件和危害结果。社会参与和全民反恐是监控和及时防范恐怖威胁的重要组成部分，哈萨克斯坦全国实施“黄色”反恐预警后，民众报警率增加了一倍。根据哈《国家信息监测与通告系统的组织和运行批准规则》规定，国安委主席或临时履行其职责的代理主席有权批准在哈全国或部分地区进入反恐预警状态的具体期限和响应级别，并可根据恐怖威胁实际情况进行临时调整，由主管机关通过互联网、电视、无线电广播或电话短信等形式向全社会公民发布。哈萨克斯坦反恐情报预警体系共划分为三个级别，从低至高依次是：黄色即中度预警、橙色即高危预警、红色即最高预警。

目前来看，国际反恐怖斗争形势呈现出许多新变化新特点，突出表现在：境内与境外遥相呼应的关联性不断增强、传统安全因素与非传统安全因素相互叠加的复杂性更加明显、以网络恐怖主义为代表的“虚拟社会”与现实社会相互作用的互动性凸显。反恐情报预警是对潜在的恐怖主义犯罪活动威胁进行先期预测与报警的主动防御活动，核心是对涉恐情报信息的搜集、评估、分析、研判与应用等。在反恐情报预警理念方面，美、俄、哈三国均以危机管理理论为主导的预警理论为防范基础，强调预防为先、打击在前的理念，以反恐情报信息分析研判为核心，及时规范、完善情报信息搜集、分析流程，其构建理念，对中国反恐怖情报预警与响应体系构建有一定借鉴意义。

（二）我国反恐情报预警与响应体系的组织管理

国泰民安是人民群众最根本、最普遍、最直接的愿望。当前中国面临的恐怖主义风险尖锐、复杂，反恐怖斗争任务依然严峻，受境外恐怖主义势力渗透加剧、境内宗教极端活动升温等影响，暴力恐怖活动正处于多发期和活跃期。暴恐分子作案方式多样，暴力程度逐渐增强，手段极其残忍，攻击目标也不断变化。恐怖活动所产生的安全问题体现在境内与境外、网上与网下、民族与宗教相互交织影响，是当代主权国家共同面临的全球性问题与现实挑战。由于恐怖主义犯罪活动可能发生在任意时间、任意地点，不受国家边界和地缘限制，分裂破坏、恐怖袭击的可能性将大大增加，反恐怖斗争工作需要系统应对。《中华人民共和国反恐怖主义法》规定："国家反恐怖主义情报中心、地方反恐怖主义工作领导机构以及公安机关等有关部门应当对有关情报信息进行筛查、研判、核查、监控，认为有发生恐怖事件危险，需要采取相应的安全防范、应对处置措施的，应当及时通报有关部门和单位，并可以根据情况发出预警"。在总体国家安全观的指导下，中国应加快建立反恐情报预警与响应体系，进一步提升反恐怖情报搜集、预警与响应处置能力。建立统一、权威、高效的反恐怖情报预警机制，着力提高反恐怖各职能部门、成员单位的情报侦查与防范应对能力。立足国内，放眼国际，密切跟踪敌情动态，及时获得第一手原始情报信息，分析、研判并提出预警与响应对策。

《中华人民共和国反恐怖主义法》规定："国家设立反恐怖主义工作领导机构，统一领导和指挥全国反恐怖主义工作"。国家反恐怖主义工作领导机构下设办公室（简称"国家反恐办"），承担国家反恐怖主义工作领导机构的日常工作事务，统筹归口全国反恐怖情报信息；组织、指导反恐怖应急力量的训练、演练和响应；组织、协调、推动反恐怖防范和打击工作。各省、自治区、直辖市和设区的市、州、盟、地区设立反恐怖工作领导机构下设办公室，制定并组织实施本地反恐怖工作方案与措施；组织、协调各反恐怖成员单位开展反恐怖日常工作；指导、监督、检查、评估本地和下级有关部门、成员单位的反恐怖工作。公安机关是反恐怖工作的主要职能部门，指导、协调、实施恐怖防范工作；搜集、研判和通报恐怖主义活动情报信息；调查、侦查恐怖犯罪活动；处置恐怖犯罪事件。

反恐情报预警是中国国家反恐怖主义工作领导机构或省级反恐怖主义工作领导机构，根据前期搜集掌握的涉恐情报信息进行分析、研判后，对恐怖活动威胁程度以及可能引发的危害后果进行综合性评估，由相关反恐怖职能部门在一定范围内对社会公众、境内外机构、设施、交通运输工具等发布分级别预告警示和启动响应措施。中国国家反恐办负责全国重大恐怖主义犯罪活动威胁评估，领导、监督和管理全国范围重大反恐预警与处置工作。省级反恐办或市级反恐办负责本地区恐怖活动威胁评估，并及时根据国家反恐办要求和预警标准，指导、监督有关重点目标单位落实分级响应措施。恐怖主义犯罪活动威胁情报分级预警与响应，应当做到及时准确评估，提前应对防范处置，社会面反应适度，最大限度防止暴恐案件发生或减少实际危害。

（三）我国反恐情报预警与响应体系构建思路

1. 反恐情报预警机制

一是反恐情报预警体系。反恐情报预警体系以情报信息搜集、分析、研判、共享、传递、应用为先导，包括反恐情报信息归口处理制度、反恐情报信息汇总研判机制、恐怖威胁分级预警评估和发布制度构成。反恐情报预警机制构建模式见图 4.9。二是反恐情报职责分工。公安、国安、外交、解放军、武警和省（市）反恐办为国家反恐情报预警工作体系成员单位，负责为预警工作提供情报支撑。各地反恐办、反恐各成员单位对内幕性、前瞻性、行动性情报信息做好搜集、分析和研判结果的报送，并及时反馈核查结果。

三是反恐情报预警评估。由国家反恐办牵头组织省、市两级地方反恐办、各成员单位有关专业人员和专家开展反恐预警评估工作，包括情报预警分析与研判、预警响应等级评定等。各省（市）级反恐办通过跨部门情报信息工作机制和反恐怖情报汇商研判机制，组织相关重点行业、政府部门、重点目标单位等社会力量参与，组织开展本地反恐情报预警评估工作。四是评估因素，建立分级预警体系。根据恐怖主义犯罪活动情报信息综合分析、研判的结果，结合国内外反恐怖斗争形势特点，以及影响社会安全稳定的风险因素等，综合评定预警与响应等级。反恐情报预警与响应体系构建模式。

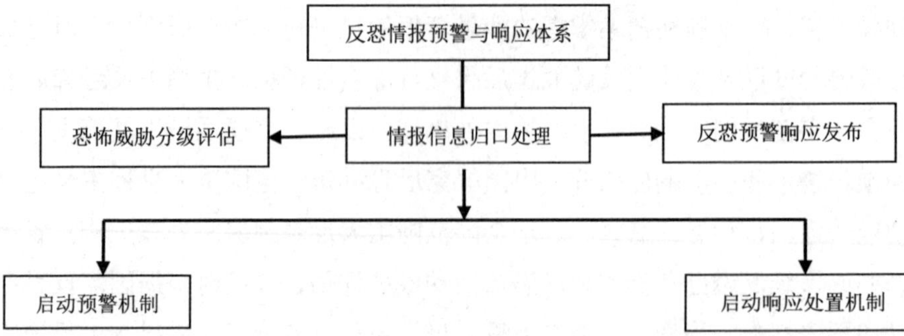

图4.9 反恐情报预警机制构建模式

2. 反恐情报预警响应等级建立与发布

依据恐怖活动现实威胁和危险程度，参照域外反恐国家预警响应体系，我国恐怖威胁预警等级由低到高可以分为四级：①四级为一般性反恐情报预警响应（用蓝色标识）；②三级为较大反恐情报预警响应（用黄色标识）；③二级为重大反恐情报预警响应（用橙色标识）；④一级为特别重大反恐情报预警响应（用红色标识）。

预警发布的范围可以分为全国、全省（市）、境外三种。涉及全国和全省范围内的一、二级预警响应由国家反恐怖主义领导小组报中央国家安全委员会批准后发布；涉及地方范围和一定区域范围内的三、四级预警响应应当由省（市）级反恐怖主义领导小组报国家反恐怖主义领导小组批准后发布。恐怖威胁情报预警响应发布分为公开和内部两种，分别采用内部通报和向社会公布两种方式实施。因不宜公开或侦查保密需要，应当以内部通报形式发布。符合下列情况可以公开发布：一是相关涉恐信息已经被媒体等公开渠道披露并众所周知；二是恐怖主义犯罪案件已经发生，但并未排除二次发生的可能，提醒群众提高警惕并及时做好安全防范；三是有情报信息显示，恐怖主义犯罪可能针对某特定目标单位、重点地段或人员密集场所，需要提醒群众加强防范。预警发布的主要内容包括：当前面临的恐怖主义犯罪形势；提醒群众防范、应对恐怖活动的基本方法和注意事项，以及相关反恐怖成员单位采取的防范、应对与处置措施等。

3. 反恐情报预警响应措施

预警响应措施发布后，反恐怖各成员单位应根据职责任务启动预案，各负其责，紧密配合，协同作战。

反恐怖主要成员单位响应措施如下：(1) 公安、国安、武警等专业部门相应措施：搜集有关境内外恐怖活动组织与人员意图制造恐怖事件的情报线索，对涉恐重点组织和重点人员进行全面排查并作出风险评估，提供预警性情报信息；对涉恐苗头性情报线索串并分析，确定侦　方向，搜集相关证据，开展事件调　和前期处置，及时缉获涉恐人员；强化社会面整体防控，视情加大武装巡逻密度，根据事态发展及时提出实施戒严的建议。加大对重点警卫对象紧急避险、撤离和重点目标单位的安全保卫。按照最小作战单元为单位，严密防范暴恐袭击并控制事态发展。(2) 民航、铁路、公路等交通运输部门相应措施：通过实名购票、安检等手段发现可疑涉恐人员；对公共交通工具、物流、邮件、快递等寄递物品的安全检查；开展对出入境重点人员、敏感群体的　控工作，协助分析行为轨迹，防止其潜入或外逃；主管单位积极协调相关部门及时关闭、封锁交通枢纽，实施区域交通管制，维护交通秩序，保障应急车辆顺利通行；加强对涉恐重点人员可能预谋针对公路、桥梁、码头、渡口、车站、机场、城市主要街道，以及其他公共场所等人员密集区域的安全保卫。(3) 工信、公安、环保、交通运输、安监等部门和有关地方加大对武器、弹药、危险化学品、用爆炸物品、烟花爆竹、易制爆危险化学品、管制刀具、核、放射性物品和传染病病原体等物质的管控力度，加强对散装汽油、柴油的管理。(4) 金融机构主管单位根据分级响应措施启动预案，按照属地反恐办通报的恐怖事件情报线索协调银行等金融机构反洗钱、反融资部门依法采取相关措施，及时发现恐怖活动的资金流动情况， 清其资金来源和交易数额，截断资金来源渠道，追缴或冻结涉恐资金财产。(5) 水、电、气等主管部门负责所属相关重点区域的水、电、气供应管制，按照分级预警响应等级启动预案，随时准备停止水、电、气、热供应；协助加强对重点场所、要害部门、重点保护设施和标志性建筑物的安全保卫工作。(6) 消防部门及时做好应对恐怖事件现场的灭火、抢险和救援等紧急处置预备工作，封锁并保护人员密集场所等区域，做好疏散群众预备工作，配合相关单位做好现场遗留物、污损痕迹的清洗消除准备工作。(7) 网信部门对网络恐怖事件的舆情管控与处置，配合公安网络安全保卫部门开展日常信息安全监控，及时发现恐怖活动组织网络和联络情况；截获互联网和公共信息网络相关的涉恐信息线索，发现、封堵、删除各类涉恐或虚假恐怖信息。(8) 电信通信部门负责建立战地通信网络，沟通各级指挥部门及现场工作人员之间的通信联络，保障通信畅通；提供相应的应急通信手段及现场数据传输技术手段。(9) 媒体宣传部门在党委政府部门的统一领导下，协助配合做好宣传工作。对公开发布的预警信息，宣传部门要指导所属媒体严格根据权威信息进行报道，加强安全防范提示等信息服务，及时澄清相关谣言。

八、智慧城市的反恐预警机制[1]

近年来，境内外“三股势力”相互勾结，通过互联网等信息技术手段，“互通互联”勾结成为有组织、有规模的极端势力，他们选择国内城市的重要

[1] 都伊林、吴骁：《智慧城市视角下完善反恐预警机制研究》，载《情报杂志》2015年第7期。摘编后收入本书。

部位、重要时段和重要活动等，重点袭击手无寸铁的普通民众，制造了多起暴力恐怖事件。为了防止恐怖袭击给社会带来惨重的损失，国际反恐工作重心已经从“应急处置”向“反恐预警”转移，出台相关法律、启用先进技术、配置专业队伍等，以有效预防和控制恐怖袭击的发生。从美英等国反恐预警经验来看，“9·11 事件”之后，美国先后出台了《爱国者法》《情报改革和预防恐怖主义法》等一系列法律，经过多方整合与优化资源，构建全球监听系统，利用多种技术手段为美国反恐预警提供强有力的情报保障。英国也制定了《公共紧急安全法》等法律，配备装备先进的反恐情报部队。

所谓反恐预警机制，是指组织参与反恐预警工作的职能部门、执法机关、武装力量和社会组织就开展反恐预警工作所形成的相互关系的总称。

（一）反恐情报内涵

情报是反恐工作的重要环节，获取精准情报是反恐斗争成败的关键。对于反恐工作来说，情报是灵魂，预警是关键。所谓反恐情报，是指反恐机构为预防和打击恐怖主义，收集和获取的有关恐怖分子、恐怖组织及其行为和事件等有价值的信息。反恐情报工作流程包含了信息收集、整理、分析、分类、传递、反馈、印证等环节，其作为一种特殊的社会犯罪情报，既有普通犯罪情报的共性，也有区别于普通犯罪情报的个性与特征，如时效性、隐蔽性、综合性、关联性、分散性等。

由于恐怖分子隐藏于普通民众之中，伪装成遵纪守法的公民，从事合法职业，行动异常诡秘，很难发现其潜在的危险；恐怖组织相互之间联系大多处于隐蔽、分散状态，内部有极为严密的组织纪律与清奸行动，恐怖事件的突发性很强，破坏性又巨大。通过反恐经验分析，从技术层面上获取反恐情报为主要来源，辅之一定的人力情报，以提供较为准确的反恐情报。如果没有强有力的、先进的信息技术手段，以及丰富的实战经验、高超的侦察能力的情报分析人员，想要在茫茫人海、海量信息中提炼出有价值的反恐情报，将是一件十分艰巨的事情。

反恐情报能提供恐怖事件十分重要的预警作用，一切反恐行动也离不开及时、准确的反恐情报。反恐情报机构需要积极主动行动，通过各种手段获取暴恐袭击的情报，作出相应风险评估，并及时发出预警信号，启动相关应急预案，就有可能减少暴恐袭击的风险，降低人员伤亡和经济损失。

根据暴恐袭击的目标、时间、地点、方式等，可以将反恐情报分为三个等级：战术级情报、战役级情报和战略级情报。战术级情报是指暴恐袭击已有相对较为明确的目标，几天或几小时内即会发生的，事发区域和规模相对较小的，也有可能的攻击方式等，这种情报有很强的时效性，但是要获取以上关键性信息难度十分巨大。战役级情报是指暴恐袭击还处于准备阶段，没有明确目标和攻击方式，行动方案还没有确定，但是事发区域和规模相对确定且范围较大，事发时间的敏感性较大。战略级情报是指暴恐袭击会在6个月或更长时间内，在全国或更大范围内发生暴恐袭击风险。事实上，在"9·11"事件发生前两个月，美国情报机构已经获取暴恐袭击的战役级情报，但由于没有引起相关部门高度重视，以致造成事后损失惨重。实践证明，"情报比导弹更为重要"。

（二）智慧城市大数据情报

1.“智慧城市”建设工程

国内多个省市，陆续开始了“智慧城市”建设工程，且各具特色，但最基础的工程包括政务云平台、城市公共信息平台和综合应急指挥平台等，涉及智慧政务、智慧民生、智慧产业、智慧基础设施等多个领域，涉及的内容主要有：社会治安动态监控系统（包括治安监控、社会监控、移动监控、路面监控、地铁监控、景区监控等视频监控网络，涉及市内广场、公园、交通枢纽、机场等重要公共场所，重要部位布置高清摄像机）、道路智能卡口系统、视频智能分析系统、移动警务平台、和智慧城管应用系统、城市报警联网接入系统等。智慧城市建设不仅为广大城市居民生活提供了便利与保障，而且也为反恐指挥调度、情报分析、协同作战、快速反应、应急处置、服务管理等提供手段，为城市反恐行动打下扎实基础。

2. 反恐情报汇聚

情报工作一个重要的环节是搜集与汇总信息，即情报来源。根据各国反恐斗争经验分析，技术手段获取的情报为主要来源，结合一定的人力情报，以确保情报的准确性。反恐情报部门通过智慧城市建设的基础信息网络和重要信息系统，以及电信运营商和互联网的技术接口获取相关信息，可以设置数据中心，跨部门、跨平台将所有音频、视频、文本、数据、图片等信息进行汇聚、处理和显示，形成“天然的海量”信息，相当于一个庞大的“情报池”；也可以通过大数据技术进行针对性“过滤”处理，重点汇聚疑恐分子的相关情报资料，包括案件性质，疑恐分子的年龄、性别、特征、体能、特长、口音、衣着和人数等，活动经费和场所，是否持有凶器，可能藏身地点或区域等；还可以汇集智慧城市移动终端的相关实时信息，比如：移动警务通、现场执法仪、社区网格长智能手机、移动平板电脑等。应用智慧城市建设成果，构建“信息汇聚平台”，可以多渠道、多元化收集与印证反恐情报，获取反恐情报的“渠道”将延引至社区，形成一个社会情报网，以确保情报的广泛性和准确性。

情报“粗加工”的基本思路：一是针对城市监控海量视频信息，进行集中与分布式海量存储，应用视频结构化描述技术，根据目标特征、运动轨迹、属性特点等进行“视频标签”处理，将非结构化视频信息结构化处理，以实现可疑目标的智能检索、轨迹挖掘、跨区域跟踪等智能化操作；二是根据当前网站注册“实名制”、银行存款“实名制”、电信购卡“实名制”、交通购票“实名制”和出入境签证等实名信息，进行分类分级处理，建立相关数据库群，以便于情报分析、共享与交流；三是通过网络舆情分析工具，对网站首页、新闻、论坛、博客、贴吧、股吧等网络信息进行自动扫描与动态监测，提取相关“网络”信息，搜集有价值信息，网络安全是反恐斗争的一个新课题；四是通过一定审批手续，经过电信运营商的技术接口，获取特定疑恐分子的重要信息，即秘密情报，可作为情报分析的重要依据；五是通过人力收集相关反恐情报，此方式风险较大，但能获取作为可信度较高的重要情报。

3. 大数据情报分析

由于海量视频信息是典型的大数据，它具有大数据的四个特点，即容量大、类型多、价值低、速度快；又是典型的非结构化数据，信息量巨大，所以，处理起来较为困难。正是由于这个原因，目前的常规视频监控系统只能做到“事后取证”，即回放功能，很难实现“事前预警”功能。但是，从当前反恐形势来看，无论是国际恐怖主义，还是东突恐怖主义，短期内还是无法将其消灭。此时，预防与武力打击是反恐行动的良策，而且过度打击会出现“越反越恐”的问题，因此，预防远比打击更为重要，反恐战线应该“前移”。

通过智能分析平台，应用视频结构化描述技术可以解决此类问题，通过视频信息的结构化处理，将数据结构进行转变，进而实现“视频预警”功能。此技术通过将视频内容按照语义关系，采用时空分割、特征提取和对象识别等处理方法，组织成人机可理解的文本信息，即类似于网页信息，从而实现快速检索、智能检索、跟踪目标，发现与预防犯罪等。

通过学习暴恐案例的模式、规则和规律，如指纹、掌纹、人脸、异常行为、人群密度、步态等特征，设置一系列参数，收集一定数量样本，采用聚类、分类等算法，设计预警规则和阈值；建立案例数据库、犯罪数据库、情报数据库、规则数据库、基础信息数据库、重要信息数据库等数据库群；通过专用软件工具进行海量搜索、计算与识别，当可疑现象出现时，系统采集信号会超过阈值，触发预警信号，系统自动显示相关预警信息。也可以通过设计专用软件进行图表关联分析，或应用“数据挖掘”算法，结合集群式服务器的快速运算功能，从海量信息中寻找相关信息，以生成有价值的情报产品，致力于发现疑恐分子的蛛丝马迹。当然，还是要结合情报分析人员的丰富经验，进行情报分析，评估与印证技术情报，反复进行对比，定性分析与定量分析相结合，实现对反恐情报的“精加工”处理，提高情报的可靠性和准确性。大数据情报分析流程如图 4.10 所示。

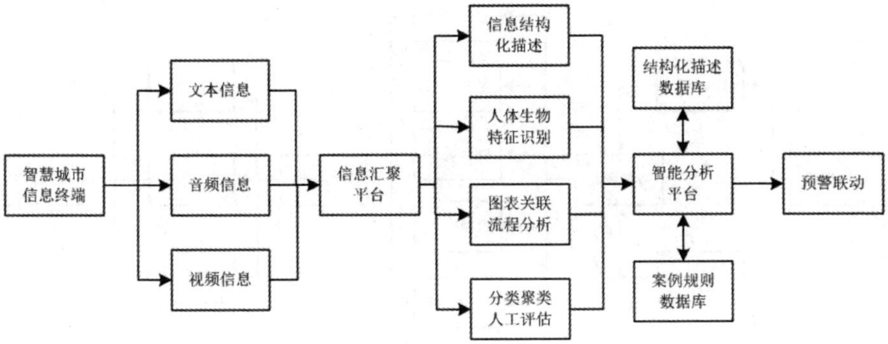

图4.10　大数据情报预警分析流程

（三）反恐预警机制设计

通过信息汇聚平台和智能分析平台，对智慧城市的海量信息进行粗加工与精加工，形成一个各级各类全源性情报产品的“加工车间”；既为城市反恐斗争提供了丰富的信息资源，也为实现反恐预警提供情报资源的保证。在反恐预警系统中，可以通过设置疑恐目标、时间、地点、方式、规模等相关参数，配合一定聚类分类算法，采集样本，制定预警规则、阈值和应急预案等；以“情报、预警、预案”三位一体，通过汇聚平台粗加工，智能平台精加工的情报处理流程，结合专业情报分析人员的比对、识别与研，将情报进行分级处理为三个层级，以构建一套三个层级的反恐预警机制，如图 4.11 所示。所谓预警机制是指能灵敏、准确地预报风险的前兆，又能及时发布告警信息的机构、情报、网络、制度等构成的预警系统，其功能是发布预警，及时布置，积极应对处置。主要由组织机制、联动机制和保障机制三大部分组成。

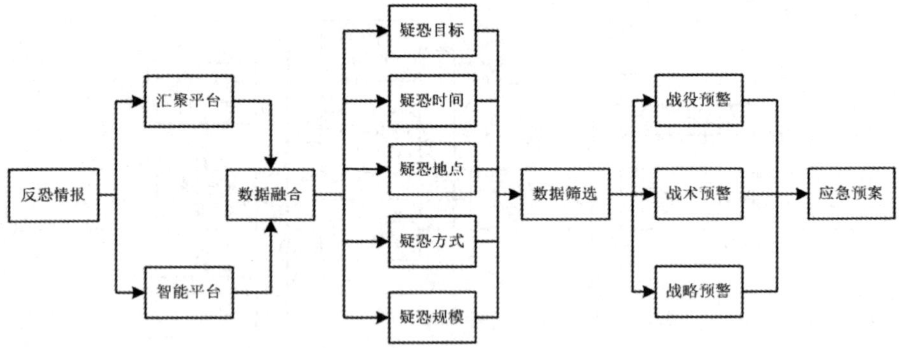

图4.11　三种反恐预警系统框图

1. 组织机制

根据我国“垂直式”的反恐组织机构体系，需充分利用新兴信息技术，加大专业反恐力度，融合情报、预警、机构、预案等要素，一一对应，分类处置，设置三个层级的应急预案，进行分级防恐与反恐；各部门统一指挥，分工明确，快速应对，协同作战，实行“扁平式”反恐实战模式。具体思路如下：一是针对战术级涉恐情报，由市级反恐机构成立应急指挥部，进行处置，省级备案，调动相关警察资源、社会资源，启动战术级应急预案。二是针对战役级涉恐情报，由省级反恐机构成立应急指挥部，进行处置，国家级备案，调动公安与武警资源，启动战役级应急预案。三是针对战略级涉恐情报，则由“国安委”组织协调，调动公安、武警等其他武装力量，启动战略级应急预案。这种组织机制一方面能保障快速有效地应对突发性涉恐事件，提高工作效率；另一方面能优化与整合政府与民间的各种资源，针对性进行处置涉恐事件，提高反恐行动的综合效能。

2. 联动机制

根据反恐行动的需要，参照相关法律法规，省市“反恐办”将组织重要职能部门、重要部位，制订相关反恐应急预案，并积极实地开展反恐综合演练，提高应急预案的实用性和可操作性。基层警务室可以选择相关社区，开展反恐防范知识培训，向广大居民宣传防恐知识和技能，提高公民反恐与防恐意识。根据恐怖主义事件频发的特点，动员社科院、高校智库、民间组织等相关研究力量，开展针对性反恐防恐慌理论研究工作，积极为相关职能部门提出建议和应对措施。

当城市情报中心发现涉恐情报时，应根据相关等级情报，在有关反恐机构的领导下，上下联动，分工合作，协同处置；并向公众发布预警信号，以便做好应对准备；同时组织各种力量，参照对应的应急预案，积极开展处置工作，将可能的社会损失降至最低程度。

3. 保障机制

由于我国反恐工作起步较晚，要健全与完善反恐预警体系，必须尽快出台专业级反恐法规。其次，在军队院校、警察院校设置相关反恐专业，培养反恐情报专业人员，提升专业反恐能力；通过相关研究机构，专门研制反恐工作急需的“高、精、尖”警用器材，配备“一线”反恐指战员，提升反恐作战水平。再者，为反恐情报中心开展工作，提供运行经费的保障；电信与互联网部门也要根据国家相关法律，为反恐机构提供必要的信息资源。

总之，随着我国智慧城市工程的不断扩大和完善，不仅城市安防设施不断转型升级，而且也提供了“天然的海量信息”资源；将智慧城市建设与反恐预警机制完善有机结合，构建“一个核心、两个平台、三个层级”的预警机制，融合政府与社会智库，应用新兴信息技术，研究反恐预警技术，确保城市居民安全与社会稳定，构建主动型城市反恐预警机制是城市安全的新常态与发展趋势。